创新创业教育译丛

杨晓慧 王占仁 主编

广谱式创业教育

G. 佩奇·韦斯特三世
〔美〕伊丽莎白·J. 盖特伍德 编
凯利·G. 谢弗

孔洁珺 王占仁 译
陈欣 李佳璐 王祎 韩蕊 校

商務印書館
创于1897 The Commercial Press

HANDBOOK OF UNIVERSITY-WIDE ENTREPRENEURSHIP EDUCATION

Copyright © G. Page West III, Elizabeth J. Gatewood and Kelly G. Shaver, 2009

This edition arranged with Edward Elgar Publishing Limited

through Big Apple Agency, Inc., Labuan, Malaysia.

All rights reserved.

中译丛书序言

高校深入开展创新创业教育，对于提高高等教育质量、促进学生全面发展、推动毕业生就业创业、服务创新型国家建设发挥了重要作用。高校创新创业教育的基本定位是培养创新创业型人才，造就"大众创业、万众创新"的生力军。为了切实提高创新创业型人才培养质量，就要把创新创业教育真正融入高校人才培养全过程，以培养创新创业型人才为核心目标，以把握创新创业型人才成长规律为基本依据，以创新创业型人才培养质量为主要评价标准，在创新创业型人才培养视域下规划和推进高校创新创业教育。

培养创新创业型人才是国家实施创新驱动发展战略、促进经济提质增效升级的迫切需要。在创新型国家建设的新形势下，国家对创新创业教育有了新的期待，希望创新创业教育能够培养冲击传统经济结构、带动经济结构调整的人才，这样的人才就是大批的创新创业型人才，以此来支撑从"人力资源大国"到"人力资源强国"的跨越。

培养创新创业型人才是世界高等教育发展的必然趋势。创新驱动的实质是人才驱动，国家需要的创新创业型人才主要依靠高等教育来培养。但现有的高等教育体制机制还不足以满足创新型人才培养的需要，必须进行深入改革。这种改革不是局部调整，而是系统革新。这恰好需要高校创新创业教育先行先试，发挥示范引领作用，以带动高等教育的整体转型。

培养创新创业型人才是高校创新创业教育当前所处历史方位的必然要求。我们要清醒地认识到高校创新创业教育当前所处的发展阶段，以及将来能够发挥什么作用。当前，高校创新创业教育已经在大胆尝试和创新中完成了从无到有的初级目标，关于未来发展就是要看它能为对它有所期待、有所需要的国家、社会、高等教育和广大学生创造何种新价值。国内外创业教育的实践都充分表明，高校创业教育的核心价值是提升人们的创新意识、创业精神和创业能力，即培养创新创业型人才。这是高校创新创业教育能够有所作为并且必须有所作为的关键之处。

在我国深化高等学校创新创业教育改革的同时，世界范围内的很多国家也在大力发展创新创业教育。其中，在有些创新创业教育起步较早的国家或地区已经形成了"早发内生型"创新创业教育模式，如美国的创新创业教育。在起步较晚的国家和地区形成的"后发外生型"创新创业教育模式也值得学习和借鉴，如欧盟的创新创业教育。因此，我们需要从中国创新创业教育的发展逻辑和迫切需要出发，进行国际比较研究。创新创业教育的国际比较面临着夯实理论基础、创新研究范式、整合研究力量等艰巨任务，其中一个非常重要的前提性、基础性工作就是加强学术资源开发，特别是要拥有世界上创新创业教育相关理论和实践的第一手资料，这就需要开展深入细致的文献翻译工作。目前围绕国外创新创业教育理论及实践，学界虽不乏翻译力作，但成规模、成系统的译丛还不多见，难以满足创新创业教育的长远发展需要。

正是从创新创业教育的时代背景和学科立场出发，我们精选国外创新创业教育相关领域具有权威性、代表性、前沿性的力作，推出了具有很高研究价值与应用价值的系列翻译作品——《创新创业教育译丛》（以下简称"译丛"）。译丛主要面向创新创业教育领域的研究者，帮助其开阔研究视野，了解全世界创新创业教育的发展现状；面向教育主管部门的决策者、中小学及高校从事创新创业教育的工作者，帮助其丰富教育方法，实现理论认知水平与教育水平的双重提升；面向创新创业教育专业及其他专业的本科生与研究生，在学习内容和学习方法上为其提供导向性支持，使之具备更为广阔的专业视角和更为完善的知识结构，从而为自我创业打下坚实的基础并能应对不断出现的种种挑战。

基于以上考虑，译丛的定位是体现权威性、代表性和前沿性。权威性体现在译丛选取与我国创新创业教育相关性大、国际学术界反响好的学术著作进行译介。既有国外相关领域知名专家学者的扛鼎力作，也有创业经历丰富、观点新颖的学术新秀的代表性著作。代表性体现在译丛选取在全球创新创业教育领域位居前列的美国、芬兰、英国、澳大利亚和新加坡等国家，着重介绍了创新创业教育在各国的教学理念、教育模式、发展现状，有力展现了创新创业教育理论研究与实践探索的最新现状及前沿发展趋势。前沿性体现在译丛主体选取了自2000年以来的研究专著，确保入选书目是国外最新的研究力作。在研究主题上，入选书目聚焦近年来学界集中关注的热点难点问题，紧扣我国创新创业教育发展的重大问题，把握国外创新创业教育理论与实践的最新动态，为深化创新创业教育改革提供前沿性理论支撑和实践引导。

译丛精选12本专著，计划分批翻译出版，将陆续与广大读者见面。它们分别是《本科生创业教育》《研究生创业教育》《创业教育与培训》《创业教育：美国、英国和芬兰的论争》《创新与创业教育》《创业教育评价》《国际创业教育》《广谱式大学创业生态系统发展研究》《广谱式创业教育》《创业教育研究手册（第一卷）》《创业教育研究手册（第二卷）》和《创业教育研究手册（第三卷）》。

译丛坚持"以我为主、学习借鉴、交流对话"的基本原则，旨在丰富我国创新创业教育在国外译著、理论研究与实践探索等方面的学术资源，实现译著系列在学科定位、理论旨趣及国别覆盖上的多重创新，为推动学术交流和深度对话提供有力支撑。

杨晓慧
2015年12月25日

目 录

图目录……………………………………………………… vii

表目录……………………………………………………… viii

编著者……………………………………………………… ix

致　谢……………………………………………………… xii

第一章　跨校园的合法性：又一个创业挑战……………… 1

第一部分　理念与理论

第二章　从商业到文化：主流中的创业…………………… 20

第三章　提高真实性：知识型创业与商学院在艺术创业
　　　　课程设计中的角色………………………………… 29

第四章　创业学习与教育的微观基础：创业认知的体验式本质…… 52

第五章　创业——一门人文学科…………………………… 92

第二部分　规划与实施

第六章　学术创业：可能性与缺陷………………………… 112

第七章　创业教育：满足爱尔兰毕业生的技能需求…………… 142
第八章　创建创业型大学：应用新型创业发展方法的
　　　　案例研究……………………………………………… 161
第九章　通过科学为导向的团队与项目开展创业教学：
　　　　三个案例研究………………………………………… 184

第三部分　跨界与实践

第十章　油醋汁案例：文理科领域的创业………………… 206
第十一章　广谱式创业教育的跨学科性…………………… 221
第十二章　灯光、摄像机就位，开拍：通过创业推进
　　　　　人文价值观……………………………………… 250
第十三章　创业模拟游戏研讨课：理科、文科和商科学生的
　　　　　感知学习效果………………………………… 265
第十四章　创业与法律的交叉：一场体验式学习交流……… 286
第十五章　创业教育影响评估：一种方法论和法国工程
　　　　　学院的三个实验……………………………… 303
第十六章　领导力研究、公民参与及创业：探索博雅教育
　　　　　实践层面的协同效应…………………………… 321

译后记……………………………………………………… 348

图目录

4-1	我们在创业教育中真正做了什么	57
6-1	获得伊利诺伊大学香槟分校的学位后你计划马上做什么？	128
6-2	在职业生涯中的某一刻，你计划过独立创业吗？	129
6-3	新生对创业课程的兴趣度	132
6-4	4D战略管理框架	135
6-5	4D模型的动态过程	139
11-1	跨学科教学方法的概念模型	224
11-2	瑞姬·科利特的跨学科维度评估	237
14-1	创业和法律学生的体验循环模型	290
15-1	创业教育课程评估模式	309

表目录

4-1	有关现代教育学如何发展的简要观点	61
6-1	教师职业生涯探讨	125
6-2	从战略性计划到战略性目标	137
7-1	灌输式和创业型学习模式	148
7-2	创业教育的过程框架	149
7-3	国际创业管理专业（IEM）商学硕士（MBS）介绍	152
9-1	教学策略一览表	190
11-1	学生满意度调查：部分结果（部分认同和完全认同的学生百分比）	239
12-1	创业职业跟拍和纪录片时间表	252
13-1	不同学习效应之间的符合率（%）	278
13A-1	不同感知学习效果的方差分析——各因素的平均平方和报告	285
15-1	创业意向和创业前因的平均水平	312
15-2	学生特征的影响（里昂群组，n=144）	313
15-3	创业教育课程对初期意向各种程度的影响	315

编著者

索菲·巴克（Sophie Bacq），比利时新鲁汶市，鲁汶大学（Université Catholique de Louvain）鲁汶管理学院任教兼研究助理。

加里·D. 贝克曼（Gary D. Beckman），哥伦比亚南卡罗来纳州，南加利福尼亚大学（University of South Carolina）音乐学院客座助理教授。

娜奥米·伯德西斯尔（Naomi Birdthistle），爱尔兰利默里克市，利默里克大学（University of Limerick）管理和营销系创业讲师。

理查德·A. 彻尔威茨（Richard A. Cherwitz），得克萨斯州奥斯汀市，得克萨斯大学奥斯汀分校（University of Texas at Austin）传播与修辞写作学系教授。

琳内特·克莱尔（Lynnette Claire），华盛顿特区塔科马市，普及桑大学（University of Puget Sound）商学院助理教授。

罗伯特·德因蒂诺（Robert D'Intino），新泽西州格拉斯堡，罗文大学（Rowan University）罗勒商学院教授。

瓦莱丽·埃克豪特（Valérie Eeckhout），比利时新鲁汶市，就职于鲁汶大学（Université Catholique de Louvain）大学教育与多媒体研究所。

阿兰·法约尔（Alain Fayolle），法国里昂市，里昂商学院（EM Lyon Business School）教授。

贝努瓦·加伊（Benoît Gailly），比利时新鲁汶市，鲁汶大学（Université Catholique de Louvain）鲁汶管理学院教授。

伊丽莎白·J. 盖特伍德（Elizabeth J. Gatewood），美国北卡罗来纳州温斯顿—塞勒姆市，维克森林大学（Wake Forest University）创业与文科办公室主任。

威廉·斯科特·格林（William Scott Green），佛罗里达州科勒尔盖布尔斯市，迈阿密大学（University of Miami）高级副教务长兼本科教育主任。

杰里·古斯塔夫森（Jerry Gustafson），威斯康星州贝洛伊特镇，贝洛伊特学院（Beloit College）经济与管理学系教授。

小塞缪尔·M. 海因斯（Samuel M. Hines，Jr），南卡罗莱纳州查尔斯顿，要塞军事学院（The Citadel）教务长与院长。

谢里·霍斯金森（Sherry Hoskinson），美国亚利桑那州图森市，亚利桑那大学（University of Arizona）麦奎尔创业中心主任。

朱塔·许布希尔（Jutta Huebscher），德国帕绍市，帕绍大学（Passau University）创业项目中心组织与人力资源管理系主任。

布里格·海因斯（Briga Hynes），爱尔兰利默里克市，利默里克大学（University of Limerick）管理和市场学院创业学讲师。

弗兰克·詹森（Frank Janssen），比利时新鲁汶市，鲁汶大学（Université Catholique de Louvain）鲁汶管理学院教授。

A. 丹尼尔·约翰逊（A. Daniel Johnson），美国北卡罗来纳州温斯顿—塞勒姆市，维克森林大学（Wake Forest University）生物学院生物学讲师。

辛西娅·基欧（Cynthia Kehoe），伊利诺伊州香槟市，伊利诺伊大学厄巴纳－香槟分校（University of Illinois at Champaign）创业领导学院信息和研究服务副主任。

小诺里斯·F. 克鲁格（Norris F. Krueger，Jr.），爱达荷州博伊西，就职于西北创业马克斯·普朗克研究所（Max Planck Institute of Economics）。

克里斯琴·伦德纳（Christian Lendner），德国代根多夫，应用科学大学（University of Applied Sciences）机械工程系教授。

杰德·C. 马科斯科（Jed C. Macosko），美国北卡罗来纳州温斯顿—塞勒姆市，维克森林大学（Wake Forest University）物理学院助理教授。

马修·M. 马尔斯（Matthew M. Mars），美国亚利桑那州图森市，就职于亚利桑那大学（University of Arizona）麦奎尔创业中心技术转让办公室。

安东尼·门德斯（Anthony Mendes），伊利诺伊州香槟市，伊利诺伊大学厄巴纳-香槟分校（University of Illinois at Champaign）创业领导学院执行主任。

德蒙德·米勒（DeMond Miller），新泽西州格拉斯堡，罗文大学（Rowan University）文理学院院长。

米歇尔·奥德怀尔（Michele O'Dwyer），爱尔兰利默里克市，利默里克大学（University of Limerick）管理和市场学院创业讲师。

爱德华·J. 舍恩（Edward J. Schoen），新泽西州格拉斯堡，罗文大学（Rowan University）罗勒商学院院长。

凯利·G. 谢弗（Kelly G. Shaver），南卡罗来纳州查尔斯顿大学商业与经济学院管理与创业系教授兼主席。

K. 马可·韦弗（K. Mark Weaver），路易斯安那州巴吞鲁日，路易斯安那州州立大学（Louisiana State University）卢克斯管理学院教授。

G. 佩奇·韦斯特三世（G. Page West III），美国北卡罗来纳州温斯顿—塞勒姆市，维克森林大学（Wake Forest University）韦恩卡洛维商学院和会计学院战略与创业教授。

萨拉·M. 约克姆（Sarah M. Yocum），美国北卡罗来纳州温斯顿—塞勒姆市，就职于维克森林大学（Wake Forest University）生物学院。

致谢

我们在此向以下几位审稿人表示诚挚的感谢，感谢你们为本书各章节提出的宝贵意见：

芭芭拉·伯德（Barbara Bird），美利坚大学（American University）；

拉基塔·布洛森（Laquita Blockson），查尔斯顿学院（College of Charlesto）；

基思·布里格姆（Keith Brigham），得克萨斯理工大学（Texas Tech University）；

坎迪达·布拉什（Candida Brush），巴布森商学院（Babson College）；

洛厄尔·布森茨（Lowell Busenitz），俄克拉荷马大学（University of Oklahoma）；

约翰·E. 克拉金（John E. Clarkin），查尔斯顿学院（College of Charleston）；

威廉·康纳（William Conner），维克森林大学（Wake Forest University）；

安德鲁·科比特（Andrew Corbett），美国伦斯勒理工学院（Rennselaer Polytechnic Institute）；

杰弗里·G. 科文（Jeffrey G. Covin），印第安纳大学（Indiana University）；

埃米·戴维斯（Amy Davis），查尔斯顿学院（College of Charleston）；

戴维·德斯（David Desplaces），查尔斯顿学院（College of Charleston）；

帕特·迪克森（Pat Dickson），维克森林大学（Wake Forest University）；

保罗·埃斯科特（Paul Escott），维克森林大学（Wake Forest University）；

詹姆斯·O. 菲特（James O. Fiet），路易斯维尔大学（University of Louisville）；

帕特里夏·G. 格林（Patricia G. Green），巴布森商学院（Babson College）；

戴维·汉森（David Hansen），查尔斯顿学院（College of Charleston）；

罗伯特·希尔（Robert Hill），得克萨斯州州立大学（Texas State University）；

杰尔姆·A. 卡茨（Jerome A. Katz），圣路易斯大学（St Louis University）；

雷蒙德·库恩（Raymond Kuhn），维克森林大学（Wake Forest University）；

本亚明·利希滕斯坦（Benyamin Lichtenstein），波士顿马萨诸塞大学（University of Massachusetts at Boston）；

G. T. 伦普金（G.T. Lumpkin），得克萨斯理工大学（Texas Tech University）；

J. 罗伯特·米切尔（J. Robert Mitchell），俄克拉荷马大学（University of Oklahoma）；

罗纳德·K. 米切尔（Ronald K. Mitchell），得克萨斯理工大学（Texas Tech University）；

卡尔·H. 维斯帕（Karl H. Vesper），华盛顿大学（University of Washington）。

第一章　跨校园的合法性：又一个创业挑战

G. 佩奇·韦斯特三世　伊丽莎白·J. 盖德伍德　凯利·G. 谢弗

引言

在商学院推进一项强有力的创业课程计划是十分困难的。25年来，想要进行此计划的人都遇到了合法性的问题。创业教育是教育与研究领域中一个独特的部分吗（Shane and Venkataraman，2000；Busenitz et al.，2003）？创业研究的精确性、方法及累积性与在其他学术科目中所观察到的一致吗（Aldrich and Baker，1997；Low，2001）？创业研究和教学之间有实际的影响吗？会产生相互冲击的作用吗（Bygrave，1994）？存在与该主题相符的教学方法吗？具备连贯且严谨的优质教师培养体系吗（Brush et al.，2003）？人们通常认为从事创业教育的学者缺乏社会政治合法性和认知合法性（Aldrich and Fiol，1993），许多从事创业教育的学者一直被认为是"唐突闯进来的傻瓜"——一些人质疑他们将时间和精力投入到一个不能被称为"学科"的领域中的做法是否明智（Ogbor，2000），有时甚至他们自己也会产生这种疑问。

在此期间，商学院的创业课程首先发展起来，然后经历了爆炸式增长。现在，美国2000多所大学都开设了创业课程（Cone，2008），超过225所商学院开设了创业领域的专业课程或集中课程（Katz，2005）。现在有许多博士课程会授予创业最高学位，还有更多博士项目将创业作为其研究的主要领域（Katz，2007）。在 20 世纪 90 年代，管理学院的创业部是发展最快的部门。在同行评审的管理类期刊中，创业期刊的影响因子评分有所提高（ISI Web of Knowledge，2008），这些期刊的稿件数量也明显增多。

不论我们这些创业学者是否仅仅是一群愿意自讨苦吃的人，习惯苦中作乐，像受虐狂似地接受学术批评的人，抑或是像创业者那样，看到了机遇并想抓住机遇，当下各学术机构中都有一股新兴力量正致力于在商学院之外拓展创业教育。美国及其他一些国家的许多高校正在寻求一种全新的方法，可以将创业教育融入表演艺术、社会科学、人文科学、医学等专业中，融入更广泛的人文科学环境中。这一系列的努力为创业合法性问题打开了新局面。

问题及潜在问题

要想理解那些试图拓展广谱式创业教育的教师所面临的诸多挑战，我们需要正视那些会引起新的合法性疑义的问题。摆在所有人面前的第一个问题显然是：为什么有人想在非商学院环境下开设创业课程？如果我们能首先找出一些理由来说明它为什么有意义，那接下来就要考虑背景问题，而这些表面问题也会经常在非商科教师的脑海中浮现。但这些背景问题只是冰山一角。表面之下是实质问题，而实质问题是获得合法性的关键。下面我们将简要就这些方面进行说明，这也是对本书的介绍，在本书中可以读到关于这些问题的进一步观点，更全面的论述，以及给出的解决方案。

在商学院之外开设创业教育

在商学院环境之外拓展创业课程最现实的论据在于创业思维与技能现在广泛应用于学术界以外。在美国，超过 99% 的商业组织都是小型企业，他们雇用的劳动力约占社会劳动力的一半。根据《全球创业观察报告》（GEM）的研究发现，11% 至 15% 的美国成年人均在积极思考创业，40% 的美国成年人有时会在工作期间参与这种活动（Zacharakis et al., 1999）。其他一些参与全球创业观察项目的国家拥有更高的个人创业比率，例如，在秘鲁超过 40% 的人是新手创业者。虽然《全球创业观察报告》显示，不同国家正在创业的人数比例并不相同（例如，在比利时只有 3% 的成年人积极创业），但是根据估测，在全世界每时每刻都有 9% 的成年人在尝试进行创业活动（Bosma and Harding, 2006）。

我们也知道，企业环境下的创业活动可通过创新和产品开发促进经济增长和保持良好运行态势，这一点至关重要。此外，诸多的压力（例如：全球化、大规模变革、技术飞跃）都需要未来公司通过增强其创业能力，发现潜在机遇，充分把握机遇来化解（West and Meyer, 1997）。科技提供的新型力量，使人们可以在全球范围内合作竞争。虽然现有的企业并未被屏蔽在外，但事实是下一波全球化将主要由人的创业行为来推动（Friedman, 2005）。正如约翰·奈斯比特（John Naisbitt）所说，"随着世界经济整合的深入，国家经济的主导地位就会被削弱，而个人及私人企业对经济发展的贡献则愈发重要。"（1994：298）因此，宏观经济环境对于大学毕业生的需求，主要集中在一些既对创业思维和技能感兴趣，又具有一定认识和经验的人才上。

谁会投入这些工作当中并且选择这条职业道路呢？参与其中的不仅仅是商学院学生。这个群体中除了包括一些研究生（例如，法律、医学与商学）以外，还有一些非商科学生在本科毕业之后就直接进入创业这个领域。他们会步入与商学院学生一样的商业环境中。虽然对于投资银行分析和营销管理等功能职位来说，商科毕业生的技术准备更加充分，资历更加丰富，但非商科毕业生在一些看重全面综合的思考与行动的职位上则表现得更加突出。事实上，有许多证据表明，很多创业者并没有在商学院受过教育——在一项针对小型企业主的调查中，非商学院出身的创业者比例高达77%（Schweitzer，2007），在另一项针对500家公司创始人的研究中，受过大学教育的比例竟超过了80%（Bhide，2004）。

或许有个理由可以解释为何非商学院学生在创业活动及小企业中比商学院学生更加活跃。正如我们开始时对在商学院中创业的合法性给出的评价，在这种企业模式支配的环境下，"有效的范式……与更大的、运作中的企业相关，它们的目的是培养中级官僚，而且有一种倾向认为，小企业是大企业的缩影。"（Ray，1990：81）批评者认为由于受（职能）"筒仓"思维导向影响，典型商学院的毕业生有管理的能力，但却不清楚管理的内容。难怪许多成功的创业者了解到自己的局限后会雇用其他（很可能是商科毕业生）在特定领域具备优越技能的人（Brush et al.，2001）。这很好地证明了史蒂文森和冈伯特（Stevenson and Gumpert，1985）的观点，即把创业描述为超出自己掌控范围的资源整合。

最后，这里我们应该提到的是非商科学生对创业教育的需求正逐渐增加。许多非商科学生对如何通过创业创造价值提出了有趣又充满创意的想法，但由于他们对创业过程本身了解甚少，所以时常感到沮丧，这反映出市场的发展动态。在我们自己的院校——一座在烟草业、纺织行业、家具制造行业（这三个行业都在严重衰退）的笼罩下发展起来的传统私立文科大学——创业教育选修课程刚设立不久，大批非商科学生就选择了辅修这门课程。这门新课程设立不到两学年的时间就有超过6%的本科学生选修。在校园里，创业课程跨过商学院的铜墙铁壁，找到了自己的出路。因此，我们可以理解，创业课程已经走出了具有绝对权力的商学院所构筑的堡垒，而且我们相信，这种情况绝不会是特例。

事实上，一些文科教授和管理者将创业课程看作一种优化文科教育的手段。他们认识到只关注世界现象和我们自身生活本质的课程，具有存在的必要性和价值。然而他们也认为，在课程设置方面我们还有更大的空间去探究如何将这门课的知识应用到生活中去。

现实环境

在初步证明了校园内商学院之外的地方也有推广创业的实际需求和理由依据后，人们就要来面对大学特定的现实情况了。尽管对跨学科教育和研究（Klein，1990；Kleinberg，2008）表现出明显的兴趣与需求，各院校（包括文科类、理科类、社会科学类等等）毕竟还是按照学科组建起来的。每一学科的学者们都会提出设想，包括理念、目标、中心焦点、研究与指导方法及相关的文献流派等（Summer et al.，1990；Ogbor，2000）。"这些设想是很必要的，它们向这一领域的人揭示了重点和规律，并在这一领域周围划出界限以区分其他领域。"（Summer et al.，1990：370）这意味着非商科和商科一样，都倾向于按照学科独立开展教学，大多数教学内容都是紧密围绕着学科进行的，或是在某种意义上仅仅是为了完成某门学科的学习任务。而将新的教学内容和创业过程引入这些学科领域是非常棘手的。

关于这种必然的学术偏见，我们也要注意到每个领域的知识事实上都在不断扩展。当越来越多的拥有最高学位的学者们进入大学的各个学院，开始了各自的库恩式研究（Kuhn，1970），出版与发表的成果总量也随之增多。如果现代大学教育的目的之一是为了培养站在知识前沿的毕业生，那么，这对跨学科的挑战将更为艰巨。专职教师不仅必须在基础学科和传统知识上对学生进行教育，还必须不断地修改和更新课程，使课程内容更加丰富。要在大学四年有限的120学分中加入不必要的学科外的内容，不仅没有足够的空间、时间和师资，也没有足够的预算。

可以想象，很多院校给非商科学生开设商科课程，将给学生们造成（已经造成了）极大的痛苦。如今，许多学生（以及他们的父母）热衷于毕业后"捞个工作"。各学院、各系担心商学院通过跨学科的方式侵占自己的学科，商学院也因此常常被商学院环境以外的其他院系质疑。造成这种情况的原因有两种：第一，学院认为，对学生来说，大学教育就是一场零和博弈：如果学生们选择了商学院的课程，那么他们就会少上一些本院系的课程。学生在课堂上提出关于课程和（或）院系合法性问题的人数越来越少，而这也将会影响教师配置和未来预算。其次，人们认为商学院与大学中其他院系的教学目标有很大差别。这种差异在以文科为中心教学任务的学术院校中尤为突出。商学院被视为是主要从事技术或职业培训、技能培训的（"如何做"），但其他学科重点是培养学生的批判性思维，探究、发现和鉴别欣赏等方面能力的。

最后我们回到创业这个话题上来，创业自身也面临着接受度的问题。创业者和创业精神大都是（或仅仅是）通过新闻媒体而为人所熟知的。虽然有时媒体会赞颂这种创新的品质，但这样的话题很少能够脱离新商科发展下的经济因素——所需的金钱，亟待创造的财富，拿钱出来的富人，首次公开募股后暴涨的股价，考虑不周的风险投资引发的毁灭性金融危机，失业和投资损失，或是徒劳的创业者为了赚钱进行的非法活动（Baumol，1990）。创业被普遍视为一种有关商业和金钱的东西。一位英语系教授在大学报纸的客约专栏中，对在校园发展创业教育可能会引发的人类最本能的反应进行了反思总结（Hans，2007：7）：

（这）反映了我们今天生活中关注的基本上都是以自我为中心的

经济需求……迫使他们进入经济盈利或损失的狭窄境地中……束缚在创造金钱的经济过程中……我们必须改变他们,让他们理解生活的物质状况。将人类一切的努力简化为一种战略思维,目标是在一个长久以来忽视其他更多需求的世界中创造经济价值,还有什么比这个方式更好呢?

潜在的制度问题

前面讨论了一些广谱式创业教育中可能面临的一些实际问题和挑战。然而,这些问题和挑战只是潜在制度问题的表现,创业者们要想成功,便要努力解决这些制度问题。其核心是这样一个根本问题:创业到底是什么?创业学者也提出了类似问题。在创业领域,它的形式可能是关于分析层次的问题(Gartner,1988;Gartner et al.,1994;Davidsson and Wiklund,2001),可能是创新工作类型的问题(Baumol,1993;Aldrich and Martinez,2003),或其边界条件的问题(Busenitz,2003)。但在创业领域之外,围绕创业的更基本的问题是,创业是否只是为了赚钱以及创造经济价值。这就引出了对创业的广义概念与狭义概念的问题,即除了经济价值外,是否还有足够空间来考虑其所创造的社会价值、知识价值和文化价值。肯定的回答会使创业更吸引非商科院系。但一个同样很重要的问题是,创业教育是否只是仅仅教授技能,使学生了解"如何"创造价值吗?还是创业教育有更深层的作用,能与学校的其他院系的教育目标有更多实质联系?

一个更广泛的、更包容的创业观点可能促进校园内更广泛活动的开展。而难以建立这样一个创业观点的原因在于,到目前为止,没有任何理论依据证明创业教育有任何意义和用处。学术界将抵制那些与基本教育目标和结果没有因果联系的理念和课程。商学院之所以开设创业课程是因为它在商业社会中十分流行,并且其教学实践旨在让学生更有效地进行实践活动。但这种思维逻辑对其他学院的非商科教师并不适用。为了鼓励非商科教师接受创业教育,必须在创业教育与他们所要完成的专业教育类型之间建立更深层次联系,并且要用比他们目前所使用的方法和工具更令人信服的方式来实现。现在人们需要一个教学理念,这个理念可以将创业提升为一个能极其有效地达到更显著学习成果的方法。

对创业本质理解的普遍匮乏导致他们抵制改变。不管是对于创业还是其他绝大部分的教育创新,学院都有各种各样的理由抵制。学科和组织、组织文化一样,均会对其成员可接受的准则、行为和做法产生影响。这些偏见与学术界对学科内贡献的评价和认同有关,最终也是其成员在各自领域中发展个人合法性的一个重要组成部分,这些偏见与他们的任职和升职也密不可分。不享有终身职位的助理教授面对太多需要解决的压力,但又没有时间来解决——较之将时间投入研究中,几乎没有人会选择开发新课程。正是由于这个原因,创新通常受到阻碍;从专业的角度来看,创新的风险太大。这对新举措的实施带来了威胁,也使得其在推进过程中经常遭遇顽强的抵制。这主要是由于新措施会使教师和大学行政机构彻底地改变原有的资源流动方案。变化打破平衡。人们会对新事物的产生感到不舒服,因为它们要求人们改变自己既定的行为习惯,也可能因为资源流动的方式与他们已经习惯的方式有所不同。

最后,近期广谱式创业教育的案例数量很少。尽管在一些大学中,具有早期采纳者心态的非商科教师确信他们需要更广泛的创业理念,也确信在课程设置的范围内尝试新事物是合理的,因为这些做法也许能够完成更高层次的教学目标,可相比他们更保守一些的同事会怎样理解呢?他们典型的反应可能是,"可以,但有什么证据可以证明它行得通。"越来越多的大学开展广谱式创业教育,但尚未有研究成果公开表明这种创新方法具有教育价值。他们认为"创新是否可教"要视情况而定。因此全校范围的举措可能会因缺乏数据上的支撑和缺乏学术理念依据而受到抨击。

构建合法性

我们之前描述的是一种制度背景，在这个背景下，新成立的创新型公司会经历一个非常困难的执行期。正如奥尔德里奇（Aldrich）和菲奥尔（Fiol）所预测的那样，"当创业者们想要创建的活动没有先例可循……最好的状况就是他们可以在中立性较强的纯学术领域内找到方向，最坏的情况是在无先例可循的状况下还身处恶劣的环境中"。（1993：645）高等教育领域内创新教育项目的成功并不意味着创业教育的完成（Sarasvathy，2001）。仅仅追求一个抱负，设想一系列行动，采用某种边做边学的方法，是不能也克服不了上述几种制度阻力的。

面对如此强大的制度阻力，创新型新课程必须获得其合法性（Aldrich and Fiol，1993；Sundin and Tillmar，2008），其中两种类型的合法性至关重要。第一种是认知的合法性，当一个活动为人所理解，广为人知，人们理所当然认为它是可以接受的活动时，认知的合法性就建立起来了。在跨校园创业的情况下，新的举措可能被认为与非商学院相关。这往往是通过从实践中使用更高层次的抽象来实现的，因此，对这一现象的更普遍的看法就可以被不同的潜在参与者以不同的方式来理解。例如，虽然人们大都经常认为创业是对经济和物质财富的追求，但在更高的抽象层次上思考就会让人们产生一定程度的模糊，从而允许其他人考虑可以通过教育创造不同类型的价值。然而这也只是价值创造过程中诸多产物的一种。象征性行为对产生认知的合法性也有所帮助。为发展广谱式创业教育，我们在一个校区里设立一个单独的系，该系不属于商学院，地理位置也远离商学院。我们想向校园传递的信息是：这并不是商学院在对学校进行进的一步"殖民"。当我们发现其他校园为开展创业所做的努力具有方法的一致性时,那么认知合法性也就构建完成了。若跨学科创业活动的"主导设计"(Aldrich and Fiol,1993)显而易见,人们对新举措的效力便建立了信任和信心。

第二种是社会政治合法性,指新举措在多大程度上符合公认的原则、规则、标准。这好像是某种进退两难的境地。也就是说,为了能够符合并赢得组织利益相关者的广泛赞同,或者至少获得他们的默许,创新者必须使用符合条件的并且能够为人所接受的方法。对创新方法的价值进行理性争论可能是让学院接受的方法之一,也恰恰就能够实现教育哲学理论成果多产的需要。当创新型工作受到那些部门和大学意见领袖的认可时,其个人公信力会给新工作带来益处。接着,便会产生传染效应(Rogers,1983),其他人开始相信新工作终归肯定是具有某种价值的。

当我们在校园里努力开展新的广谱式创业教育时,我们亲历了制度挑战,认识到了对上述简要描述的两种合法性认识的必要性。本书能够应对部分挑战和需求。在初始阶段,我们几乎没有任何路线图,在教育改革的路上走过弯路,也取得过阶段性成功。因而,我们得出了一个结论,路线图对于教育改革是十分必要的,这样其他人就可以避免我们所经历的挫折,并有一个更加清晰的路线。2007年,我们呼吁编写一本文集,辑录一些囊括经营理念、规划执行,以及关于大学环境下创业教育举措的最佳范例。2007年年底在维克森林大学举办了一次主题会议,本书中的部分章节就来自会上提交的优秀论文。

本书内容

本书将研究当前广谱式创业教育的文章汇集成册。来自5个国家不同学科的29名作者,探讨了将创业教育扩展到除了商学院之外的学科教育（如科学学科、表演艺术、社会科学、人文科学和人文艺术环境）中所遇到的机遇和挑战。本书分为三部分。第一部分：理念与理论，为创业教育与大学里其他传统方法的融合或整合提供合法的智力基础；第二部分：规划与实施，探讨在商学院以外实施创业活动的举措和过程；第三部分：跨界与实践，探讨除商学院外，在大学主要部门实施创业教育的详细方法范例。这三部分总体上为教育者们提供了一种解决社会政治合法性和认知合法性问题的途径，由于"（创业者）想要创建的活动没有先例可循"，社会政治合法性和认知合法性问题便成为了核心问题（Aldrich and Fiol，1993：645）。综上所述，广谱式创业教育的提出开拓了一条激动人心的全新道路，本书以前人在这一领域所积累的宝贵经验为基础，帮助教育者开发新课程和新教学方法。

　　第一部分包含的章节是各位作者对创业教育如何成为更广泛的全校性活动这一点做出的哲学论证。教育教学理论进一步证实了创业教育能够在更大的舞台上发挥作用，而不仅仅局限在商学院环境中的技能构建领域。第二章的作者是格林（Green），这一章极大肯定了创业教育在高等教育中的核心地位，用深刻的语言阐述了创业教育的崇高理想，它的中心论点是：创业即自由，而其整体特性反映了我们试图在高等教育中争取达到的成果——不仅包括教育成果，还包括了解自己在世界中的价值。第三章中，贝克曼（Beckman）和彻尔威茨（Cherwitz）从另一个角度解释创业是如何与更加广泛的学科从根本上联系起来的。这些作者讨论了这门学科的内容和传统要义如何在该学科之外的世界中创造意义或价值，以及在毕业生进军的世界中，作为教育理念的"知识创业"如何能够囊括传统及其相关性。我们在以往提出过，创业教育如何以及为何能够提供一种独特的改进方法来提升其他学科教育的成效问题。为回答这一问题，克鲁格（Krueger）在第四章提供了一个关于建构主义教育范式如何广泛应用的入门指南，而建构主义教育范式是创业教育的核心。

最后，第五章中古斯塔夫森（Gustafson）思考了自己在贝洛伊特学院多年来寻求更有力的创业合法性方面的经验，文笔辛辣，幽默风趣，并且她始终认为创业类的文章属于文科范畴。古斯塔夫森则将决断权交给了读者，因而在读这一章时，有的读者可能会赞同，有的读者则会持否定态度。

第二部分是关于商学院之外的创业举措的策划及实施过程。正如前文指出的那样，人们对创业的本质普遍存在错误认识，认为创业教育不太符合大学成员的既有规范、行为与实践。第六章中，门德斯（Mendes）和基欧（Kehoe）阐述了合理规划如何在大学校园内通过一种可接受的方式定义创业，让挑战浮出水面，并提出应对那些来自创业利益相关者的挑战的策略，尤其是利用规划过程来实现利益相关者的合法性。在第七章中，海因斯（Hynes）、奥德怀尔（O'Dwyer）和伯德西斯尔（Birdthistle）阐述了通过设计能够让毕业生在当今社会环境下提高工作效率的课程来获取广谱式创业教育的合法性，他们也阐释了国家开展毕业生职场技能教育的需求。作者为创业教育设计了一个实施过程的框架，用以指导项目设计、开发、分析及调整。

第八章中，韦弗（Weaver）、德因蒂诺（D'Intino）、米勒（Miller）和舍恩（Schoen）共同描述了一项以获得"创业型大学"称号为志向的大学案例研究。案例研究说明了在成功实施所期望的项目建立合法性方面，主要影响者和支持者发挥的作用。这项案例研究还详述了基于项目的学习是培养学生创业能力的关键组成部分。

最后，第九章的作者马科斯科（Macosko）、约翰逊（Johnson）和约克姆（Yocum）为我们提供了呼吁非商科院系接受创业教育的基础依据。我们在前文讨论到为鼓励非商科院系接受创业教育，要求这一教育模式必须能够为院系提供更好的方法与工具来完成教学目标进而取得更丰硕的教育成果。这一章论述了自主学习的教育基础，详述了5种教学策略来促进自主学习，同时提供了以团队为基础和以项目为基础的与班级相关的案例研究，这些班级运用大量的疑难问题来帮助学生培养创业技能。实际上，这个章节的主要论点是，广谱式创业教育的合法性是可以获得的，因为它能够产生更出色的教育成果。

第三部分是大致根据教育经历的顺序进行编排的。首先，谢弗（Shaver）在第十章中概述了一些在创业和文科之间构建联系的理念层次的反对意见和现实障碍，但在结尾处对各个领域所可能获得的成就还是持肯定态度的。接下来，在第十一章中，詹森（Janssen）、埃克豪特（Eeckhout）、加伊（Gailly）、巴克（Bacq）就跨学科（尤其是与创业联系在一起时）究竟意味着什么展开了概念上的讨论。接着，在第十二章中，克莱尔（Claire）根据实际情况，向我们展现了与文科有着更紧密联系的技术是如何为学生的创业学习增加巨大价值的。紧接着，第十三章中，伦德纳（Lendner）和许布希尔（Huebscher）描述了一种短期的创业模拟练习，它能够让学生体会创业过程中冒险的感觉。第十四章中，马尔斯（Mars）和霍斯金森（Hoskinson）描述了法学院学生可以为创业学生提供支持，反之亦然。在责任制不断强化的教育环境中，如何评估一门新学科也是一个重要问题，这也是法约尔（Fayolle）与加伊（Gailly）在第十五章中主要探讨的问题。第三部分最后一章是海因斯（Hines）所写的第十六章，它将创业隐喻概括为对整个文科和理科大学的描述。

在学院中，精英话语的根源往往可以追溯到古希腊，而创业的智力基础则在现代才被发现，然而人文教育与创业教育的分歧不仅仅是历史长短的问题。正如谢弗在第十章所指出的那样，一方反对任何形式的商业主义，另一方则主张研究、传授商业创新原则，双方之间存在显著的分歧。除了需要创业教育来面对这一理念差异之外，还需要所有跨学科专业致力于在当今大学行政体系中去找准自己发展的方向。

这本书通篇都在讨论创业教育的跨学科本质。但究竟什么是"跨学科"？如何区分真正的跨学科？例如，他们是来自不同的学科吗？第十一章中，詹森、埃克豪特、加伊和巴克运用学习水平的概念模型来探讨创业教育的传授问题。

在文科学习环境中，传授创业经验的一种方式就是将创业带到文科环境中去，这是克莱尔那一章的主题——描述了学生在课上举办一场"创业电影节"的案例。在学习了电影制作的基础知识后，学生们追踪采访了创业者，并将其用作为丰富自己作品的故事情节的素材。这门课程在学生组织并共同参与的大众电影节上达到了高潮。

若无法为非商科学生提供整套课程会如何？伦德纳和许布希尔撰写的章节中描述了一个模拟游戏，在为期只有几天而不是几周内，让学生自己去发现创业和商业的基本原理。

马尔斯和霍斯金森所撰写的章节中对跨学科学习的概念进行了更深的理解。这一章介绍了创业系的学生与法学系的学生之间一次精心安排的交流。前者负责解决知识产权和其他商业组织等问题，后者则负责提供一些"临床经验"。两者的互相协作最终加深了对彼此学科的了解。随着越来越多的创业公司加入到"知识经济"的体系中，这种形式的交流将会变得越来越重要。

法约尔与加伊撰写的章节探讨了结果评价的问题。按照计划行为理论，作者们调查了参与创业教育项目对学生创业意向的影响。他们在工程学院做了三项研究调查。这些研究共同确定了可以评估变化的方法，这一方法可以帮助学生在毕业之前就能获得评估，无需等到真正创立公司。

最后，海因斯在他所写的章节中将创业比作制度变迁。他认为文科和理科大学若要在现代社会及未来获得繁荣发展，一定要从制度上变革。创造、创新、远见卓识对创业者来说至关重要。同时，对于公立高等院校来说，要想在当前政府补贴不断减少的环境中适应并持续发展，每个层次的学术机构都拥有上述三个特点也是非常必要的。

参考文献

Aldrich, H.E. and T. Baker(1997), 'Blinded by the cites? Has there been progress in entrepreneurship research?', in D.L. Sexton and R.W. Smilor (eds), *Entrepreneurship 2000*, Chicago, IL: Upstart Publishing, pp. 377–400.

Aldrich, H.E. and C.M. Fiol(1993), 'Fools rush in? The institutional context of industry creation', *Academy of Management Review*, 19(4), 645–670.

Aldrich, H.E. and M.A. Martinez(2003), 'Entrepreneurship as social construction: a multi-level evolutionary approach', in Z. Acs and D.B. Audretsch(eds), *Handbook of Entrepreneurship*, New York: Kluwer, pp. 359–399.

Baumol, W.J.(1990), 'Entrepreneurship: productive, unproductive, and destructive', *Journal of Political Economy*, 98(5), 893–921.

Baumol, W.J.(1993), 'Formal entrepreneurship theory in economics: existence and bounds', *Journal of Business Venturing*, 8(3), 197–210.

Bhide, A.V.(2004), 'Creating new knowledge for one of America's most vital resources', *in Kauffman Thoughtbook 2004*, Kansas City, MO: Ewing Marion Kauffman Foundation, 64–68.

Bosma, N. and R. Harding(2006), *Global Entrepreneurship Monitor*, Babson Park, MA: Babson College.

Brush, C.G., I.M. Duhaine, W.B. Gartner, A. Stewart, J.A. Katz, M.A. Hitt, S.A. Alvarez, G.D. Meyer and S. Venkataraman(2003), 'Doctoral education in the field of entrepreneurship', *Journal of Management*, 29(3), 309–331.

Brush, C.G., P.G. Greene and M.M. Hart(2001), 'From initial idea to unique advantage: the entrepreneurial challenge of constructing a resource base', *Academy of Management Executive*, 15(1), 64–78.

Busenitz, L., G.P. West III, D.A. Shepherd, T. Nelson, G.N. Chandler and A.L. Zacharakis(2003), 'Entrepreneurship research in emergence: fifteen years of entrepreneurship research in management journals', *Journal of*

Management, 29（3）, 285–308.

Bygrave, W.D.（1994）, 'Doctoral students: how much have they influenced entrepreneurship education and practice', paper presented at Babson/Kauffman Entrepreneurship Research Conference, Babson Park, MA, June.

Cone, J.（2008）, 'Teaching entrepreneurship in colleges and universities: how（and why）a new academic field is being built', Kansas City, MO: Ewing Marion Kauffman Foundation, www.kauffman.org/ Details.aspx?id=536, 2009 年 1 月 15 日检索.

Davidsson, P. and K. Wiklund（2001）, 'Levels of analysis in entrepreneurship research: current research practice and suggestions for the future', *Entrepreneurship Theory and Practice*, 25（4）, 81–100.

Friedman, T.（2005）, *The World is Flat: A Brief History of the Twenty-First Century*, New York: Farrar, Straus & Giroux.

Gartner, W.B.（1988）, '"Who is an entrepreneur?" is the wrong question', *American Journal of Small Business*, 13（2）, 11–32.

Gartner, W.B., K.G. Shaver, E.J. Gatewood and J.A. Katz（1994）, 'Finding the entrepreneur in entrepreneurship', *Entrepreneurship Theory and Practice*, 18（3）, 5–9.

Hans, J.（2007）, 'Seeking utility in ideas crushing liberal arts', *Old Gold and Black*, 7, October, 7–8.

ISI Web of Knowledge（2008）, 'Journal Citation Reports', Thomson Reuters, http://apps.isiknowledge.com, 6 月 15 日检索.

Katz, J.A.(2005), 'eWeb's List of Colleges With Majors In Entrepreneurship or Small Business', St. Louis, MO: St. Louis University, www.slu.edu/x17964.xml, accessed January 15, 2008.

Katz, J.A.(2007), 'Ph.D.Programs in Entrepreneurship', St. Louis , MO: St. Louis University, www.slu.edu/x17968.xml, accessed January 15, 2008.

Klein, J.T.(1990), *Interdisciplinarity: History, Theory, and Practice*, Detroit, MI: Wayne State University Press.

Kleinberg, E.(2008),'Interdisciplinary studies at a crossroads', *Liberal Education*, 94 (1), 6–11.

Kuhn, T.S.(1970), *The Structure of Scientific Revolutions*, 2nd edn, Chicago,

IL: University of Chicago Press.
Low, M.B. (2001),'The adolescence of entrepreneurship research: specification and purpose', *Entrepreneurship Theory and Practice*, 25 (4), 17–25.
Naisbitt, J. (1994), *Global Paradox*, New York: William Morrow.
Ogbor, J.O. (2000), 'Mythicizing and reification in entrepreneurial discourse: ideology-critique of entrepreneurial studies', *Journal of Management Studies*, 37 (5), 605–635.
Ray, D. (1990),'Liberal arts for entrepreneurs', *Entrepreneurship Theory and Practice*, 15 (2), 79–93.
Rogers, E.M. (1983), *Diffusion of Innovations*, New York: Free Press.
Sarasvathy, S.D.(2001),'Causation and effectuation: toward a theoretical shift from economic inevitability to entrepreneurial contingency', *Academy of Management Review*, 26 (2), 243–263.
Schweizer, T. (2007),'Not only the lonely become entrepreneurs', Inc.com, www.inc.com/news/articles/200701/loners.html, accessed June 15, 2008.
Shane, S. and S. Venkataraman (2000), 'The promise of entrepreneurship as a field of research', *Academy of Management Review*, 25 (1), 217–226.
Stevenson, H. H. and D. E. Gumpert (1985),'The heart of entrepreneurship', *Harvard Business Review*, 63 (2), 85–94.
Summer, C. E. et al. (1990),'Doctoral education in the field of business policy and strategy', *Journal of Management*, 16 (2), 361–398.
Sundin, E. and M. Tillmar (2008), 'A nurse and a civil servant changing institutions: entrepreneurial processes in different public sector organizations', *Scandinavian Journal of Management*, 24 (2), 113–124.
West, G. P., III and G. D. Meyer (1997),'Temporal dimensions of opportunistic change in technology-based ventures', *Entrepreneurship Theory and Practice*, 22 (2), 31–52.
Zacharakis, A., P. D. Reynolds and W. D. Bygrave (1999), *National Entrepreneurship Assessment: United States of America*, Kansas City, MO: Kauffman Center for Entrepreneurial Leadership.

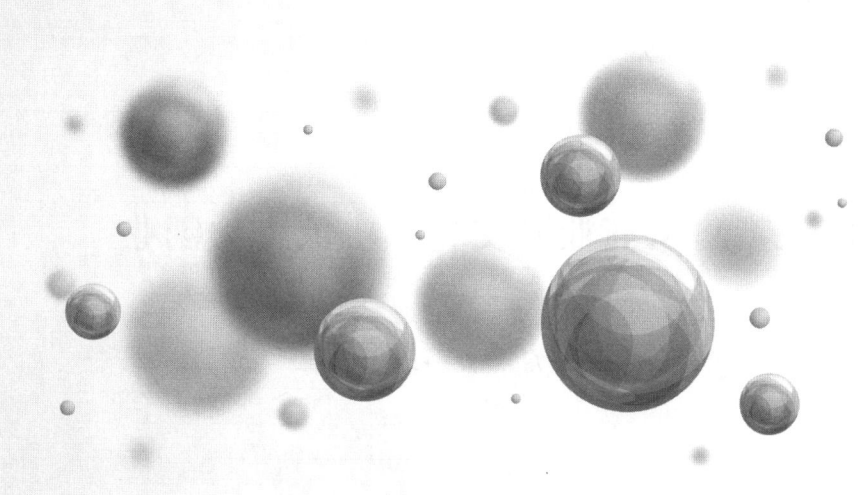

第一部分
理念与理论

第二章　从商业到文化：主流中的创业

威廉·斯科特·格林[1]

人们大多认为创业活动只与商业相关。法国中世纪时期，"创业者"一词有了更为广泛的含义，指充满活力且能将事情做好的人。到18、19世纪，创业开始逐渐依附于贸易。因此，美国教育界对创业教育的有关论述很大程度上都将其局限于商业范围内，认为创业教育似乎与更广泛的思考和行动没有关联。可以确定的一点是，这可能对人们形成一种误导，使他们认为创业不是当代商业的基础。但是人为地把创业限制到商业及商业教育领域，不仅缩小了它的含义，还模糊了贸易和文化的重要联系，而恰恰是这种联系塑造了现代生活。

创业是一个通过创新来创办能创造价值的企业的过程，同时也是实践新的想法并影响人们生活的过程。因此，不能仅仅将创业简化为创新和管理两个阶段，它还包括实施阶段，即把新的想法转化为有形产物，并使人们能够从中获益。正如卡尔·施拉姆（Carl Schramm）指出的那样，

---

[1] 本章大部分内容以"美国高等教育中的创业：尤因·马里恩·考夫曼专门小组（Ewing Marion Kauffman Panel）关于美国高等教育创业课程的报告"（尤因·马里恩·考夫曼基金会，堪萨斯城，密苏里州，2008年）为基础和前提。我在此对考夫曼基金会和基金会会长——卡尔·施拉姆（Carl Schramm）表示真诚的感谢，感谢他让我成为小组的一员，让我有机会向大家学习；感谢戴维·普利莫（David Primo）的帮助，让我对本章的内容进行调整，使之更加完善；同时感谢佩奇·韦斯特（Page West）严厉又耐心的编辑。

为了获益，新的企业所具有的"想法"不仅要"非常棒"，更要"具有可行性……能受到市场欢迎"（2006：65—66）。因此我们可以总结，创业必须包含三个重要的因素：新理念、基于这一理念创办的企业，以及市场对该企业的认可。创业是自由社会认同并回应其需要和需求的一种方式，我们可以通过这种方式促进企业发展。

从某种普遍意义上讲，当下创业教育尚未体现创业精神对美国发展的中心地位。当下创业教育通常把创业当作独立的商业实践，将其作为商科教育的一部分，而不是适用于各科学习的通用方法。此外，创业类的课程更多囊括在经济及商科的课程设置中，更关注企业结构的技术现状，更关注"如何创办公司"，而不是"为什么创办"或"创办公司有什么意义"；强调创业"是什么"，而不是创业"能怎样"。创业的综合性教育需要解决这两方面的问题。

可以将创业教育从商学院向外推广吗？在诸如历史、文学、心理学、社会学、宗教、科学、传播学、音乐、护理或教育（在此仅列举美国大学本科生学习的几门课程）等研究领域中，创业教育是否具有合法地位？简单地说，创业与当代美国大学的总体目标有着怎样的联系？

阿玛蒂亚·森（Amartya Sen）说过一段构思精妙的话："提高人类的自由程度既是（经济）发展的主要目标也是（经济）发展的重要方式"（2000：53），这可以解释其中一部分问题：

> 财富的价值在于它能让我们放手去做事情，能帮助我们获得真正的自由……同理，我们不能把经济增长本身视为终极目标。经济发展必须更关注于提高人们的生活水平，使人们生活得更自由。我们有充分的理由注重自由，因为扩大自由不仅能使生活更宽裕富足、无所拘束，还能使我们成为完美的社会人，同时也可以磨练我们的意志，使我们更好地与自己所生活的世界互动，并对世界产生影响（**Amartya**

Sen，2000：14-15）。

对森来说，自由的最高表现形式就是有能力选择自己想过的生活。森也重视保留个体差异和个人选择的完整性。正如斯图尔特·科布里奇（Stuart Corbridge，2002：188）所说：

> 森对自由发展的论述始终关注个人能动性、选择作为自由本身的重要性及人类个体差异性……他认为人们一定要能自由地选择他们自己认定的美好生活……而且，这种自由存在于参与市场交换本身的权利中，不仅仅是言论自由的问题。森进一步说明，按自由意志行动的人所做的选择必定会受到每个生命个体的差异所影响。

若发展是一种自由，那么创业也应如此。的确，构思一个想法，并按照这个想法来发展事业，使这个想法得以长久地保存下来，然后使这项事业为自己和他人带来利益，这就是自由的一种独特表现形式。创业是个人洞察力、独创性、首创精神及意志力的集中表现，通过把想法和实际结合起来，创业可以为我们的生活带来实质性的改善。事实上，在美国不同领域的热门讨论中，"创业"这一术语是指能够产生有益变化的行为。[1] 通过改善我们的产品、服务以及体系，创业不仅体现了自由，更实现了自由。

创业是自我实现的一种方式，约瑟夫·熊彼特（Joseph Schumpeter）强调个体的创造力和实践力在创业成就中的作用。[2] 尽管经济领域的创

---

[1] 例如，《纽约时代杂志》最近的一篇名为《社会创业面面观》的文章（2008年3月9日）。在这些例子中，形容词比名词更需要解释。

[2] 卡尔·施拉姆（Carl Schramm）曾说，"因为明白在商业领域追求他/她的梦想的重要性……熊彼特成为了最具影响力的经济理论家。他根据经济学和政治理论将个体进行还原，"拉尔·施拉姆"经济学与创业"《克莱尔蒙特书评》VIII（2），春季，2008，特摘：1—7，第7页。

业，追求利润十分重要，但它并不是唯一的、最有力的动机。熊彼特（Schumpeter, 2000：70）坚持认为，利润并不是衡量创业成功的唯一标准。

> ……还有创造的乐趣、实践的乐趣或仅仅是发挥个人能力和创意的乐趣。这种动机无处不在。但就是它无处不在的特性使它能作为一种独立的行为因素凸现出来，作为一种独立的行为因素，它始终无法在其他任何地方，像在（创业）情境中所表现的那样清晰。我们这类人（创业者）会寻找困难，为了变革而进行改变且乐于冒险。

可以这么说，若是按照这种观点，任何创业者都能在构思想法并使其在客观世界具体化的过程中创造并实现自我。

但是，创业不能也不应将其局限于自身范围内。不仅要使创业者自身富足起来，而且还要为他人带来益处。为实现这一点，需要企业通过其自身的广义"市场"，按照自己的方式运转。从作为自由的创业的角度来讲，"市场"不应是贪婪剥削的地方，相反，它应是提供自由社会表达其迫切需求（不仅包括紧要和重要的需求，也包括琐碎的需求）的地方。因此，创业不仅涉及个人创造性的发挥，更强调对集体概念的理解。无论人们怎样评价市场，对企业来说市场终究是它的最终检验。在一个自由市场中，特权和出身并不重要，真正重要的是企业能否满足人们的需要、激发人们的欲求、改变人们的生活、对人们所重视的事务做出回应。市场就是一个平台，企业在这里接受无情的检验。因此，任何误判市场的创业者都不会取得成功。

创业不仅回应市场需求，还能通过关注社会的需求来不断进行产品或服务升级。熊彼特提出了一个著名概念——"创造性破坏"，即用一些独到的见解、新的产品或工艺淘汰原有的商业模式或处理问题的方法。同时他注意到创业可以从内部改变市场，而不受到诸如人口情况或金融状况等外部压力的影响（Schumpeter，1962）。因此创业具有防止僵化的力量。

我们可以用另一种方式看待创业的整合能力。在马克斯·韦伯（Max Weber）《新教伦理与资本主义精神》一百周年纪念日上，伊丽莎白·科尔伯特（Elizabeth Kolbert，2004：154）曾回忆韦伯的观点——"这种经济秩序现在却深受机器生产技术和经济条件的制约，这种秩序和条件正以不可抗拒的力量决定着降生于这一机制之中的每个人的生活。"在上述引文的基础上，她说道：

> 在资本主义初期，尽管韦伯坚持抽象理念的重要性，但他沿袭了马克思的思路，认为异化是现代经济秩序的一个重要产物。从某些方面来讲，韦伯的批判更加深刻。根据他的解释，所有人，无论富人还是穷人，雇主还是员工，他们的经济生活都静寂无奈。马克思设想在这段历史的末期将发生一场解放运动，而韦伯则倾向于认为人们未来的生活会和现在一样，无法令人满意。用他的话来说，物质主义已经成为了"一个铁笼"……（Elizabeth Kolbert，2004：160）

马克思（Marx）和韦伯（Weber）都认为资本主义的现代性中无法避免异化，在这种经济背景下，创业或许会成为针对异化的一种反作用力，一剂可能见效的良药。创业旨在创造联结而不是制造分离。创业者在一心一意创办企业的同时，也必须心怀他人，使企业能够满足他人的需求。创业是一种自我实现、自我创造的活动，或许它对韦伯和马克思所担心产生的机械唯物主义具有纠正作用。

创业以一种高度综合的自由形式出现，这种自由可以实现自我循环和自我完善。通过个人的创造性、冒险性、驱动力、实践力、对他人的反应及市场反应等因素的相互作用，创业把不同人与社会的不同部分联系到一起。反过来，市场对创业者创新活动的响应使得创业者更加了解自身，同时也为这种创新活动创造了新的机遇。由于创业实现自由、表达自由方式的特殊性，也许将其看作能动性的根源、自由的根源也合乎道理。

没有哪种自由能够靠一己之力实现，自由的实现需要结构的支撑。创业并不是一个孤立现象，而是文化、法律、经济、教育和政府行动的脚手架，它通过建立新的企业，构建和支持一种环境，在这种环境下人们创造新的企业来维持生活并创造生活。创业可能是美国社会和经济的核心价值，但其在不同民族、不同社区甚至不同街区的分布都并不均衡。这并不令人感到意外。当然，不论是企业内部还是外部，都必须存在允许创业活动发生的先决条件。对创业总体的研究考查了创业的各种先决条件和它们之间的联系，考虑到了各种威胁因素并且提前预设了解决这些威胁的办法。在其他的阻碍因素中，例如约束烦琐的商业实践、封闭的市场、单调乏味的教育，以及对个人创造力和创造精神的抑制，这些因素中任意一个都会阻碍创业活动。创业教育必须解决这些现实问题。

对创业的这种理解表明了创业研究是如何为美国大学教育做出贡献的。我很荣幸能够在美国罗切斯特大学（the University Rochester）和迈阿密大学（the University of Miami）（佛罗里达州，科勒尔盖布尔斯）与优秀的同行共同教授创业教育这门基础课程，他们是来自罗切斯特市的戴维·普利莫（David M. Primo）、托马斯·H. 杰克逊（Thomas H. Jackson）和来自迈阿密的史蒂文·厄尔曼（Steven Ullmann）、苏珊·威尔斯·阿马特（Susan Wills Amat）、特雷·威廉姆森（Trae Williamson）。这门课程名为"创业本质与创业基础"，主要研究美国社会设立新企业的常规程序。课程一开始对主要理论家们对于创业一词的定义进行了回顾，这些理论家分别为：约瑟夫·熊彼特（Joseph Schumpeter）、伊斯雷尔·科兹纳（Israel Kirzner）、路德维希·冯·米塞斯（Ludwig von Mises）、彼得·德鲁克（Peter Drucker）、威廉·鲍莫尔（William Baumol）、罗伯特·利坦（Robert Litan）和卡尔·施拉姆（Carl Schramm）。回顾过程旨在帮助学生了解不同学者从各种视角出发是如何阐释创业的典型特征的。创业课程探究了美国的财产法、版权法和破产法是如何创立或者破坏这种支持创业的法律结构的。创业课程还在法律结构下对包括自我、所有权、个人主义、自由在内的文化观念进行探索，以此强化这些观念，因此创业课程对创业活动而言十分重要。创业课程同时也考虑到政治体制和经济体制之间的关系（特别是民主主义和资本主义），以及它们对创业的影响。另外，该课程让学生详细记录宗教、人权、经济政策、实践之间的相互联系，因为这些因素均会影响企业的创办。该课程的目标之一是确定支持和激励创业精神的核心价值观及使之成为可能的经济和政治实践。课程结束时，学生要提交自己的项目成果，可以是理论研究也可以是对创业者的个案研究或是具有创造性的创业计划，所有这些都可以展现出学生对知识的独创性与主人翁精神，以及学习的自我效能感。通过与其他国家和地区的对比分析，创业课程得到了进一步发展，这不仅有助于学生了解在不同政治经济体制和文化价值观背景下如何进行创业，同时还提高了他们对美国制度特殊性的认识。

这种课程能够向大家展示创业是如何将独立的学科联系在一起的。当然，在设计和讲授创业课程方面存在着许多难以预估的变动。它让学生明白，要想全面理解一种现象，就要将彼此独立的学科整合在一起。同样重要的是，创业课程将所谓的"专业教育"（或者"专业预备教育"）和"人文教育"结合在一起。因为这门课程最终会回归到创办公司、创办企业、进入市场等实践领域中，它向学生强调了，我们人类创造了多少世界或应该创造多少世界，以及我们的世界中有多少是随机的或偶然的。创业的重点在于帮助学生去加深理解，并学会探询某个人或某些人是如何对塑造我们集体生活的制度、产品和服务进行想象、构思、发明、创造、升级、评估、改善和淘汰的。

在大学，创业可以从商科课程中扩展并成为一种新的思维方式。创业能够成为解决问题的方法、思维习惯、解释框架及观察视角。我们可以任取一项人类活动，通过探询来了解它是如何创业的。其理念如何，是否具有创造性？转型点在哪里？在哪里创业？对他人有何益处？它有何价值？简言之，在大学中，我们可以把创业看作分析和理解的基本范畴。没有哪种创业教育项目能够保证让每个人都成为创业者。要说能使每个人都能成为创业者，创业就必定是个谎言。创业教育的重点是使创业成为分析、理解人类活动的主要方式，让它成为一种激励形式、一种提问方式、一种学习模式。

这种做法的风险是真实存在的，也会产生严重的后果。高等教育应该帮助学生做好准备，去改善和管理这个未来他们将成为主人的世界。广泛地传播创业知识是非常重要的，只有这样才能使受过教育的美国公民理解创业对经济发展、文化进步的重要性。很多美国人认为，国会通过投票决定终止对在得克萨斯州的美国超导超级对撞机的资金支持，至少从某种程度上反映了美国选举代表的失败。我们看到，代表们对纯理论研究的价值还没有形成清醒的认识，他们不明白不受束缚的调查研究虽不能在短时间内提升我们的生活水平，但从长远来看，确实会对我们的生活水平提升很有帮助。如果是这样，这种不清醒的认知也反映了美国教育体制的缺陷。虽然行业不同，但创业也面临着类似的风险。创业是一种独特但脆弱的自由，文化价值观或政府政策的转移很容易就将其破坏。僵化的创业教育协会也会使创业边缘化并受到限制，这可能使出台支持创业的公共政策变得更加困难。民主的维持依赖于受过教育的民众需要具备用长远的眼光看待问题的能力。而这些受过教育的民众大都是大学的"产物"。因此，拓宽创业教育范围具有很大的风险。创业的广义研究架起了商业到文化间的教育桥梁，为创业教育在美国大学主流学科中争取到一席合法之地。

参考文献

Corbridge, S.(2002), 'Development as freedom: the spaces of Amartya Sen', *Progress in Development Studies*, 2(3), 183–217.

Kolbert, E.(2004), 'Why work', *The New Yorker*, 80(37), 154–160.

Schramm, C.(2006), *The Entrepreneurial Imperative*, New York: Collins.

Schumpeter, J.A.(1962), *Capitalism, Socialism, and Democracy*, New York: Harper & Row.

Schumpeter, J.A.(2000), 'Entrepreneurship as innovation', in R. Swedburg (ed.), *Entrepreneurship: The Social Science View*, New York: Oxford, pp. 51–75. Reprinted from Schumpeter's (1911), *The Theory of Economic Development*.

Sen, A.(2000), *Development as Freedom*, New York: Anchor.

第三章 提高真实性：知识型创业与商学院在艺术创业课程设计中的角色[①]

加里·D.贝克曼 理查德·A.彻尔威茨

引言

显而易见的是，人们对于学院改革的兴趣正日益增加，使其既要适应当代世界的现实环境，同时又要保留、弘扬前辈们崇尚教育的高尚传统。尽管这是一种值得称道的姗姗来迟的冒险行为，但实现这一转变的机制是多种多样的，反映出学院的微观文化。跨学科创业教育作为一种满足这些需求的主要方法正在兴起；通过将改变融入丰富的人文传统，它提供了将学院重新定位为美国人民生活重要组成部分的机会。在20世纪，尽管美国高等教育面临很多批评与挑战，但大学改革正以迅雷不及掩耳之势进行着。正如此书中及其编著者的文献中所述，创业是主题，赋权是目标。[②]

然而，体制的变革是一个经久不衰的命题；它的实现不仅仅需要好

[①] 本章的部分内容来源于贝克曼、加里、谢伟兹和理查德所撰写的'Intellectual entrepreneurship as a platform for transforming higher education'，*Metropolitan Universites Journal*，19（3），88-101.

[②] 关于广谱式创业行动的最新研究，请参考赫尔希等人（2006）。

的想法和创新的项目。在这些尝试和努力得以实施并成功地融入学术文化主流之前，我们仍有大量问题需要考虑。各大高校通过创业教育完成学院改革的努力具有一些共性，而几个最主要的共性就是获得院系支持、前瞻性的领导及创新性的课程。然而，很多大学发现界定创业教育是广谱式创业教育项目中至关重要的一部分，并且运用一种对于其预期目标和制度文化独一无二的方式来定义创业教育，对于创业教育的实施和持续性而言非常关键。

学术界并不认可将创业教育仅仅定义为创造物质财富，这一点是可以理解的。有人可能会猜测，不可能为了方便去定义一个大多数人视为与人文传统相对立的术语，就这样牺牲了作为高等教育基石的人文主义理想。这些教育家或许从直观上意识到了这个根本矛盾：我们与人文主义教育的传统和目标之间的关系，与大多数学生毕业后所处的工作环境并不一致。

创业教育的独特定义和概念可以用来解释这种不一致。然而教师委员会对于创业教育的定义适时地反映了一点，那就是对大多数人而言，它是一种妥协行为而并非教育界的共识。尝试将哲学理念融入某个术语是一个有价值的目标，在某些情况下，我们也会收获预期的结果。但在其他情况下，由于缺少建立全校性创业教育所需的缜密知识和哲学基础，这些努力也将以失败告终。

我们坚持认为，要将创业思维带入人文与科学领域，需要一种内在的解决方案，并将学术界最优秀的人文主义传统发扬光大——这种传统能够激励学生和教师达到并超越他们的目标，以造福自己和整个社会。我们认为，那些为人文和科学带来创业想法的不懈工作，需要从学术界最优秀的人文主义传统中选择一种固有的方案，这个方案能够激励师生为了自己和整个社会的利益达到并超越自身的目标。我们认为，机械地定义创业（在不同机构之间按计划进行）和在缺乏严谨哲学基础的情况下定义创业,恰恰限制了广谱式项目的成功,因为它们与文科教育的理念并不相符。人们为了实现那样的目标,可以通过创业委员会和渠道资源来定义创业,但在新千年里,在寻求机构间联系的环境中,这样的方法可能会使我们浪费一种机会——即发挥我们核心教育传统的优势为学生和教师赋权的机会。

变革推动者——知识创业

我们认为,知识创业为支持广谱式创业提供了理智的真实与哲学基础。根据古典修辞学,知识创业是一种将学者视为创业者和"变革推动者"的教育理念和视角。它的重点是建立跨学科和多机构的合作,旨在促进智力进步来提供真正可以解决社会问题、满足社会需要的方案。[1]

知识并不局限于学术,创业也不局限于或不等同于商业,这就是知识创业的前提假设。虽然物质财富的创造是创业的一种表现,但从高校内外的更深层次上看,知识创业者要承担各种风险,抓住多种机遇,发现并创造知识,创新、合作并解决很多社会的领域问题,这些领域包括公司、非营利机构、政府和教育事业。[2]

知识创业旨在教育培养大学里的"公民学者"(Cherwitz and Darwin, 2005 : 59-68)。知识创业充分利用大学校园的知识资产,使教师和学生无论在校园内还是校园外,都能够成为变革的推动者(Cherwitz and Hartelius, 2007: 278)。通过认可大学所依据的人文主义传统,知识创业利用西方教育的核心理念,将师徒教授范式转变成探索、当责、合作和实践的模式(同上: 283)。我们认为,通过这四种核心概念来重新审视、

---

[1] 见 https://webspace.utexas.edu/cherwitz/www/ie/what.html.

[2] 同上。

重新接纳我们的人文主义传统，能够影响当前的工作，并为学术机构的许多方面引入创业思维。这些传统可以指导体制变革的进程，最重要的是，通过广谱式创业教育所付出的努力，这些传统有助于打造出一个既有学术氛围又与社会相接轨的大学。

综述：知识创业的核心支柱

　　探索是大学社区共享的一个特权。知识创业理念引导着教师和学生在他们的研究领域中实现新的价值。随着知识的增长，我们可以探索新方法来应用于实践并形成相关的新产品，这会授权给新上岗的教师和学生在宏观和微观层面上创造改变。知识创业使个人能够去"思考他们是谁"，并将他的新发现运用到文化和社会体系中去，从而推进个人和社区的快速发展（Cherwitz and Sullivan，2002：22-26）。然而，知识创业探索的观念远不止创新性和社会性的显著成效。通过学习和研究的机制探索发现新的价值，大学的真正目标才得以实现；象牙塔也从自我设置的孤立主义转变为世界各地社区产生思想的源泉。

　　知识创业给学习社区带来了一个挑战，那就是让学习社区对自己的发现负责。教师和学生都可以获得各自的学位，这一特权被认为是理所当然的。毫无疑问，攻读学位的动机无疑是不同的，但是展望超越个人的教育的影响时，我们触及社会环境中教育的核心功能。[1]知识创业需要学位持有人赋予高等学位新的用途，而非仅仅用于去应聘，这样才能够带来社会的变革。学生和教师调查了很多可以发生积极改变的环境，从中发现了很多机会，然而这些机会恰恰得益于他们的学历。这种赋予他

---

[1]　亚里士多德明白将知识运用到工作中的必要性，以及应该将理论、实践和生产作为一个整体而不是分散的个体来看的必要性。参见罗伯茨（Roberts，1954）。由于他的观点涉及社区参与，所以近期有研究拓展了他的观点，详见斯特凡米尔（Steffensmeier，2005）。

们的使命感有助于培养变革推动者发掘自身的教育潜力，并帮助他们认清个人责任感的价值和回报。

创造、改变和革新并非脱离现实而存在。因此，合作是知识创业理念中至关重要的一点。然而，努力合作所带来的益处超过了克服各种可能需要面对阻碍的潜力。在孵化器或协同小组成立之初，任何因素都可以成为推动广谱式工作创新的引擎，推动着富有创新精神的广谱式工作的开展（同上：27）。作为一种学术研究方法，团队协作和创新可以实现跨学科研究，无需局限于其学术合理性。

新想法诞生于有条理的知识探索之中和负责任的态度之下，但除非将其付诸行动，否则这些想法几乎不会产生什么影响。也许知识创业理念中最重要的一点，就是将个人或团体探索出来的新想法引入一个可从这种创新中获益的社区。行动与对自己的智力天赋负责是并行不悖的。通过赋予个体表达想法的能力，个体就可以参与到一个社会中，使为共同利益采取行动成为常态，而不是例外。正如德摩斯派尼所说，没有行动的演说（学问）不过是空谈。

寻找真实性

由于教育者认为自己有责任教授学生，使其作为公民参与到广谱式创业中，那么项目开发者就不可避免地要面对他们设计成果的真实性。知识创业理念鼓励将合作、共识和利益相关者的所有权这些更大的理念当作广谱式创业举措的真正指导思想。这样的理念可以作为加强和推广学生赋权和公民责任制的机制。因此，这是一个重新发现人文主义教育根本目的的问题，它为人们带来了如此多的希望。当学生在大学期间真正地得到引导和培养时，他们才能发现教育并为自身的教育负责。与此同时，作为获得赋权的创业型公民，他们力图在社区里表现得更加合作。

作为任何广谱式创业教育实施中关键一环,知识创业反映了数世纪以来我们的高等教育传统所依据的真正人文主义理想,从而为高等教育提供了哲学基础。

当我们在这个背景下谈到真实性时,我们并不是在倡导教育史上的新保守派观点。相反,这是重新探索人文主义教育是如何使公民做好准备,参与社会活动并为社会做出贡献。正如加里·汤姆林森(Gary Tomlinson)所写,对真实意义的寻找在于:

在演绎历史的过程中,我们逐步相信其创造者所赋予它的意义——通过避开客观主义的陷阱而产生的新鲜想法。它强调在构建真实意义中我们自身的作用,并将我们从"有待发掘的唯一真正意义"的主观臆测中解放出来(Tomlinson,1989:117)。

汤姆林森的见解为真实性提供了一个现实性的解释,并强调了知识创业和人文主义传统是如何真正地相互影响的。也就是说,当教育者遵守着高等教育的人文主义传统时,相较于单一的历史真实性,其所真正体现的是人文主义教育中的真理精神和意向。这对广谱式创业教育实施具有重要的启示意义。具体来说,就是通过消除人文理念单一的"真实意义",知识创业就可以通过了解高等教育的精神和意向,并以独到的方式去运用它们,从而利用和接纳真实性的不确定性。[①] 从这个意义上来说,知识创业是作为一种严谨而完整的哲学理念出现的,其目的是培养可以改善社会、促进社会进步的公民。

约翰·坎贝尔(John Campbell)采用了最纯正的学术传统,将汤姆

[①] 对于真实性的这种看法已经被用于其他学科。例如,葛迪克斯和亨德里克斯(Gedicks and Hendrix,2005:140)写道(以版权法为背景):"传统规定了真实性的潜在含义,确定了他的意义,而真实性也蕴含于传统之中。"

林森的观念与高等教育联系在一起：

> 知识创业力求为当今世界寻找我们共同的知识传统中最古老的血统：在一个具有行动力的世界中进行思考与反思的需要。早期，希腊实务教师的实验及柏拉图对于这些特定主题的思考表明，我们思想最深处出现的一些问题来源于现实生活中的事件。如果将对行动的要求和对新兴电子和全球市场反射特征的同样无尽的要求结合起来，"知识创业"（知识分子创业者）这个术语就展现出了一种新的联合形式，即学术界与世界的联合，以及学术界自身与其内部最深厚传统的联合（Cherwitz and Sullivan，2002：27）。

坎贝尔证明了知识创业与更广阔世界的相关性是如何与其学术使命紧密相连的。也就是说，高等教育对社会的发展起到至关重要的作用，应该和社会发展紧密结合而不是彼此分离。坎贝尔认为，知识创业理念应该利用人文主义传统去解决社会问题，并将这一发展前景渗透并灌输到学术界。也许最重要的是坎贝尔认识到了知识创业始终和这个见证了巨大变化的世界密不可分。作为一种能够跻身于学术界的具有活力的真实理念，知识创业使学生和教育者在当下及今后为社会寻求福祉时具备的必需方法与心态——这在历史上已经成为人文主义思想和人文教育的标志。

从某种程度上来说，高等教育回归真实性的愿望已经成为德国大学教育模式与大学对于社会与个人所承担的责任之间协商内容的一部分。著名的西班牙作家和哲学家乔斯·奥尔特加·加塞特（Jose Ortega y Gasset，1883—1955）曾写道：

> 如果大学回归真实性，那么它恢复"启蒙"的重要功能，找回传授当代丰富的文化，清楚真实地向人类展示，在现今这个个人生

活都须联结在一起的庞大世界的重要使命，具有历史意义（Gasset, 1944：75）。

加塞特对于真实性的阐述着重于大学作为个人赋权机制对个人进行启蒙的任务。按照这种观点，广谱式创业工作旨在传递高等教育的真实理念，它把学生置于当今多元文化背景之下。高等教育响应着不断变化中的世界，力求和世界接轨，但这并不需要立即就想出一种解决方案。相反，通过在这个"时代"重新展望我们的人文主义传统，跨校园行动可以利用知识创业作为真实的理念，通过传统进行传播，而不是用超知性主义和商业化将其摧毁。因此，知识创业可以引导这种既可以指导又能够构思所有教育活动（教授、学习、研究、服务）的方式，从而完成从学徒－认证－授权模式到被赋权而成为真正有成就的"公民学者"的转变。

谈到知识创业所倡导的广义哲学理念，它可以起到引擎一样的作用。这架引擎通过适度的努力而不是对学术文化进行激进而直接的重构，建立一个更具真实性的大学。事实上，知识创业理念将变为一种催化剂，帮助我们深入了解真正的学科微观文化和美学。以这种方式利用知识创业，能够避免备受争议的"孤岛思维"，从而实现加塞特的理想。

知识创业、真实性和艺术创业：课程理念中的个案研究

艺术创业教育正成为时下最流行的模式，以帮助艺术专业学生开启创业生涯。每年都有新的项目启动，而据所有的案例统计反映，这些努力都取得了成功。[①] 这种成功一部分归功于创业中心和商学院在项目设计过程中与艺术院系建立的良好关系。这种伙伴关系一般始于艺术院系向

---

① 需要注意的是，确定艺术创业教育有效性的纵向研究尚未展开。

商学院请求协助,而通常这会导致很多艺术创业项目采用本科商务课表中才会出现的课程。这归因于许多因素,但最主要的因素是艺术创业项目的决策人。为了学生,他们将创业当成一种提高经济实力的途径,以避免产生失败的职业发展结果。这一观点值得称赞并且令人期待,它直接反映了艺术生就业的现实,又或是培训艺术家——尤其是音乐家的过程中的固有缺陷。[1]

最近的一项全国性研究对具有代表性的艺术创业项目和工作进行了审视,该研究的一部分内容是,艺术院系的主席、院长、教务长,艺术专业学生,商科教师以及创业项目的主管就艺术创业教育分享了他们的想法(Beckman,2007a:87-112)。他们的谈话反映了商学院相关人员深切而真诚的愿望,即希望能够在创业过程中和艺术院系建立良好的伙伴关系,发展他们的创业精神。毫无疑问,商学院相关人员所表现出的合作和兴趣令人振奋。然而,从艺术的角度来讲,项目开发者对此过程经常感到不知所措,抑或是非常困惑。当然,学生们的专业成果得以提升,这让艺术创业决策者们都很受鼓舞,但是这种热情却因缺乏对创业学科的理解而受到了影响。具体来说,艺术类管理人员几乎不了解创业理论的丰富论述,他们也没有意识到那些源于认知和行为科学,有关于创业的其他定义和概念。

艺术方面的人员缺乏参与这项工作的责任感是可以理解的。管理人员主要关心他们的工作将会对已经臃肿的学位计划产生怎样的影响。他们还关心的一点就是创业的概念,即与艺术相关的文化对立、立足于经济层面的流行概念。因此,艺术方面的决策者用定义艺术和艺术训练专用的美学标准来商议学生和教师的教育财产与专业财产。对于很多决策

---

[1] 关于艺术家就业的部分近期文献,参见瓦塞尔和阿尔珀(Wassall and Alper,1985),阿尔珀等(Alper et al.,1996),加利根和阿尔珀(Galligan and Alper,2000),以及阿尔珀和瓦塞尔(Alper and Wassall,2000)。

者来说，沉浸在创业理论中去影响这些结果，是一种少有的智力享受。

艺术决策者对创业进行独特界定是一种与众不同的做法，也是该研究中一个突出的发现。[①] 决策者察觉到人们对于这个基于商业的术语概念并不满意，一些艺术策划者开始着手去研究另一种定义，来满足他们部门内独特的微观文化环境、项目目标及学科的需要。这是一个显著的进展——至少称得上是一次改革。艺术学院不断意识到创业教育不是一个可以随意套用的模板。事实上，他们已经将创业精神看作一种赋权理念，而不仅仅是一种提高经济实力的方式。

相较于直接照搬教科书中的定义的方式，艺术院系选择帮助他们的学生去设想和展望自己的创业生涯，这种新的趋势对于那些帮助发展创业活动的人具有启示意义。艺术决策者还未在商学院中正式讨论他们在这个环境下面临的问题，而我们的目标就是开启这个讨论。显然，它无法覆盖全部话题，但它确实能够反映艺术管理人员普遍关心的方面及研究中发现的最佳实践。不过，需要注意的是，以下内容关注的是美术从业者，而不是通俗艺术或者音乐商业项目人员。[②]

艺术教育中的关键问题

艺术学院管理人员在构思工作时，必须探讨艺术院系所处的微妙地位，而要了解这种地位，就需要列出一些艺术界面临的首要问题。总体

[①] 简要列举这些定义，包括："创业是一个从隐喻方面思考的概念……不是从文学方面思考一个人发展的（与生俱来的）整套技能，而是这些东西（整套技能）能够潜在地被转化成其他类型活动的方式"；"寻找新的发现，填补空白（作为一个不断进步的艺术创业者，他应该）停止'发现'自我，而应该'创造'自我。创造自己的声音"；"创业与赋予个人权力有关，使人们发现新的可能性并影响变革"（Beckman, 2007a）。

[②] 这是一个关键的区别。通俗艺术学科和音乐商业教育并没有被灌输艺术的美学需求（通常被称为"传统"）。此外，音乐商业教育是被高度情境化的。比如，当典型的商业型创业课程被引入音乐商业学位计划，就能孕育出强大的整套技能，带来高度有效且平衡的课程结构。

来看，19世纪美学统治着艺术界，在过去一个世纪里，这种美学导致了"艺术"的客观化。[①] 理论、历史和教育话语的传统中都关注"伟大艺术"，排斥"小众艺术"——因此其更偏向于已故白人男性及主要是西欧的作曲家、艺术家和剧作家。这种美学发展轨迹有着重要的影响力。毫无疑问，它神化了某些艺术家和艺术作品，然而它也忽视了对经济结果和可追溯到11、12世纪的艺术家所拥有的商业能力的探讨。这种情况发生的原因在于，艺术界中仍然有很多人强烈认为"伟大艺术"应该自主地存在——反复重申"为艺术而艺术"。这种美学既含蓄又直白。音乐专业的学生一般都在舞台上表演"伟大作曲家"的作品。工作室中的艺术家在历史课上学习"伟大艺术"；影视专业的学生会学习并出演"伟大戏剧"。这种美学传统所带来的影响就是：艺术创作仅仅是为了艺术而艺术。

学术界有些人将"经典作品"视为自己职业生涯的中心，在他们看来，任何将关于艺术的讨论与其创作者的经济状况联系在一起的行为都是对"伟大艺术"的贬低。对于教师来说，从经济方面谈论创业可算作一种对于职业的威胁——为了通过创业教育获得"更好的教学成果"而使自己的毕生工作与美学不对口。这些观念十分强烈也可以理解。

艺术学位的各项计划非常名不副实。以国立院校的学生为例，由于学位学分要求，很多学生除了本科学士学位规定的课程外，只有两到三门选修课程可供选择。这样的压力迫使决策者在推进艺术创业行动的同时，要即刻将注意力放在课程设置上。此外，艺术教师之间存在一种争议，即如何推出创业教育——是将它纳入学位计划中，还是以辅修科目的形式依附于学位计划上，是给予文凭认证还是仅作为一系列的选修课程。[②]

[①] 关于充分讨论音乐表演问题的唯一资料来源，请参见亨特（Hunter，2005）。对于该现象的进一步论述将详见下文。

[②] 需要注意的是，爱荷华大学（位于爱荷华州爱荷华市）设有表演艺术创业专业，南缅因州大学（位于缅因州波特兰市）也有侧重于创业教育的艺术专业。

考虑到创业被视为一种纯粹的经济行为,很多项目都依赖于标准的本科商务课程,并将其作为工作的核心支柱。对艺术界的人来说,这几乎是一个默认的决策,因为新的资源很少能用来发展这样的工作,并为其配备相应的人员。然而,从长远来看,这种策略的效果也是值得深思的。由于艺术院系的创业课程指导是依托于商学院的,因此这些课程没有充分考虑到艺术专业学生在他们大部分生活中的特殊需要、培训经验,以及专业文化特点。从本质上来说,这是一种权宜之计——我们相信创业存在于商学院中,而这也正是艺术专业学生需要上商学院的原因。

上述研究中强调的是,领导创业教育工作首先要构思如何创业,而不是先对它下定义。大多数情况下,创业分为两个阶段进行:第一个阶段是为学生明确创业任务目标,第二个阶段是根据委员会动态、创业认识和院系文化对创业进行独特的定义。很多主打项目在发展阶段设定的目标并不符合"创业教育旨在促进艺术生"的现状。越来越多持续向前推动的工作常常强调"学生赋权""发掘潜能"和"创业思维"是其目标。通过预见这些结果,我们必须明确承认对于创业的"经济"定义并不适合艺术类学生。简单地说,如果从经济角度去构思创业,并且在此定义的基础上开发创业项目,我们教给学生的就是一整套技能。事实上,整套技能是有价值的,但是人们从某些项目中意识到了分歧:由于创业课程只是商学院中才有的课程,所以它还是一种设计出来的情境课程,是用以教授商务专业本科生所需的整套技能,而不是艺术类学生所需要的技能。于是,这些项目设计者重新确定了他们努力的目标。使学生们能够通过自己的才艺构思创业生活方式,这成为他们发展历程中的焦点。这一决策不仅赋予了学生能力,也削弱了上文提到的19世纪美学带来的影响。

商学院应该了解,其艺术专业的同事正试图改革教育文化,这种教育文化几十年来极大地忽视了学生的专业发展与结果。新一代的教师和管理机构都有过一个愿望，那就是将表演艺术变成一种职业，并从他们创造性的工作中获得可观的收益，但他们在没有达到目标之前就受到了阻碍。由于不希望这种情况发生在他们所负责的学生身上，一些人认为应将艺术创业教育当作一种道德使命。他们对学生的成功非常关心，但同样重要的是，他们也关心艺术在这个更平面化、全球化的世界中的作用。在严苛的商业环境下，艺术的市场份额（与通俗艺术和娱乐艺术相比）已经有所下降或停滞。[1] 于是，一些人将艺术创业教育看成是一次机会，借此培训推动变革的先锋，来突出艺术在文化、社会环境中的效用。

艺术院系需要听取的内容

对于那些协助艺术创作的人来说，艺术院系可能有很多需要去考虑的话题。这些话题来源于领先创业项目的经验，也来源于他们在促进学生踏入有意义的艺术职业生涯时所采取的行动。在本章节中，我们仅论述这方面的四个问题。

首先，艺术院系的存在是为了培养下一代交响音乐家、艺术家、画家、演员、剧作家、指挥家、电影制片人和戏剧家。艺术高等教育主要涉及表演艺术家——即那些创作和表演艺术的人。这些决策者忽视他们在此过程中培养的艺术教育工作者、历史学家、理论家和其他学术专家。例如，提供给这些新晋博士生的职位极少（Cherwitzand Beckman，2006：13-20）。因此，考虑尝试创业的艺术院系在设计创业项目时应当进行整体分析（Beckman，2004：13-18）。整体分析法对于企业和艺术院系来说是一种具有挑战性的人口统计工程，然而，充分利用培训及学生们所

---

[1] 参见美国国家艺术基金会报告《2002 年公众参与艺术调查》，《研究部门报告 45》，www.nea.gov/research/ResearchReports_chrono.html，July 2007。

具有的独特技能也是一次非凡的机遇，但很少有人意识到这是创业机遇，能够发现这种机遇有利于学生和机构双方的人则是更少。

如何将商业教育整合到这些创业工作中去，这是从经济角度定义创业过程中最有趣的反应之一。许多前沿艺术创业项目认为，商业知识对于他们的学生而言很有必要。鉴于上述对创业的独特定义，与其让艺术学生去接受标准的核心商务课程，倒不如选用更宽泛的经济素养观念，因为他们可能更适合这些工作。理由虽然简单但是却极具说服力：不要将一个优秀的大提琴家变成一个危险的会计师。沿着这样的道路前进，艺术专业学生对关于那些重大经济问题对艺术经济造成的影响就有了更广泛的认识。商业单位可能也想建议将非营利商业教育（也许在典型的艺术管理课程方面）变成创业道路上重要的一部分。大型艺术机构是非营利性的组织，并且大部分艺术产业都依赖于一些慈善机构、大学和基金会某种形式（或合作）的支持。通过提出经济素养观念，艺术专业学生在毕业后将能够更好地提升其在所处经济环境中创业的能力。

如上所述，开设典型商业创业课程是一种基于情境的行为。它将商学院的学生在本科时所学的核心商业知识纳入具体环境里。当这种课程出现在艺术学院的时候，它和此类学院的培训内容关联甚微，成为了一种没有环境因素在内的整套新技能。旨在帮助艺术学院的管理人员、做创业教育的商学院相关人士，为在课程中平衡新技能和提出有说服力的、有意义的语境因素而据理力争。

最后，商业单位必须支持更适合、更贴近于艺术培训真实目的的创业理念。我们一定要记得，艺术专业学生被隔离在练习室里，每天参加两节或三节三小时的播音课程，或者排练到深夜，而这种情形要持续整整四年。由于没有将艺术教育融入表演训练，学生们很少有机会在完成学位计划时选修其他课程，再加上多年专业的历史和理论研究，使学生与他们为之培训的专业文化割裂开来。不幸的是，他们的学位要求就需要这种繁重的教育实践。因此，人们会认为艺术专业学生所交的学费并没有让他们获得应当具备的专业知识。采纳基于经济收益的创业定义并没有使学生重新获得或充分利用艺术培训的经验。事实上，这与他们的需求和艺术的美学背道而驰。坦白地讲，教育赋权学生，让他们有能力去探寻自己的创业生涯，而不是告诉他们必须成为一个会计师。我们将督促商学院的相关人员全面展示他们的学科，使艺术决策者了解新的、渐进的创业定义（已在文献中提出），这些定义将赋予学生能力，并与当前的艺术培训美学相一致。比如，凯利·谢弗和琳达·斯科特（Kelly Shaver and Linda Scott）撰写了影响重大的《个人、过程与选择：创建新企业的心理学》。这篇文章认为个人是创业的中心："若一个人的头脑里汇聚了所有的可能性，那么他会相信创新也是可能的，也就有动力坚持，直到任务完成。"（1991：39）威廉·加特纳（William Gartner）在《"谁是创业者"是一个错误的问题》一文中倡导从行为角度去研究创业者，这一观点有助于将"创业"从该术语的经济陷阱中解脱出来，并能直接运用到"伟大艺术家"的历史中，还能运用到那些敢于创新、打破旧观念束缚的"伟大艺术家"所进行的创业行为之中（Gartner，1989：47-68）。马浩（Hao Ma）和谭劲松（Justin Tan）撰写的《创业的关键要素及其启示：4P框架》文章，对艺术界人士格外有用，因为它将创业过程系统化，而不是将创业者描绘成艺术开拓者（2006：704-725）。

对企业和创业单位的影响

在计划创业工作时与艺术项目合作，能给企业和创业单位带来显著收益。虽然与一门在美学层面上厌恶任何关于经济可行性讨论的学科建立全校范围内的合作关系是值得称道的行为，也反映了艺术生产的现实，但在这种环境下，与艺术院系的合作为创业项目提供了一次向艺术院系展示其另一种效能的机会。上文提到的新一代艺术管理人员必定会对艺术的美学更加开明,但企业和艺术建立关系的力量就在于启蒙教育能孕育出实用性这一理念。

由于高等教育(尤其是公立高等教育机构)最近面临着经济挑战,相比于那些没有做过这些工作的单位,艺术院系的创业项目在招聘和挽留人才方面有着更大的优势。比如,研究表明,有艺术创业学位规划的艺术院系增加了在州外的招生人数(Beckman,2007a)。虽然目前这些部门还没有发现这种潜在的新资金来源,也没有加以利用,但是商学院的合作者能够使艺术管理人员知悉这种直接的学费新来源。通过这种方式宣扬艺术创业项目的经济价值,商业单位既能帮助其艺术界的同行,又可以证明跨学科教育不仅局限于艺术学科。这可以成为商学院的新使命:产生能够发扬艺术在社会中的最佳方面的知识与艺术培训并不对立。相反,它是一种提高公民责任、赋权、经济实力和审美的可持续性方法。也许最重要的是,创业部门可以通过公认为成功的、被赋能的学生在校园外传播艺术学科,继而加强这些学科在社会中的相关性,以此在全校范围内创造一种新的影响。

即使有这些潜在的现实可能性,创业单位也有机会在知识层面上和艺术院系结盟。考虑到商学院只关注经济问题,在创业工作上与艺术院系的合作便是一个机会,可以揭示上述关于创业理论的丰富论述。通过建立这种合作,创业理论便可同时包含认知、行为和跨学科三个方面,商学院便能够在人文主义美学的背景下与艺术类院系合作。由于19世纪的艺术美学以人类经验为基础,所以创业期刊上出现的认知和行为论述都是完全兼容的。这种一致使人们避免产生"为了经济收益而发展艺术"的看法,将艺术和创业带到了一个类似超越现状的理论地位。这两种完全不同的学科从共同的人文主义视角和创业知识传统出发,在艺术专业学生赋权策略方面相互合作,孕育了新的合作关系,并为知识创业理念和跨学科理想建立模型。

寻求艺术创业项目中的真实性：情境中的知识创业

对于那些创建艺术创业课程的人来说，他们无可避免地要面对其工作的真实性。也就是说，这些项目、课程和活动是否反映了艺术培训的美学传统，是否反映了学生作为艺术专业人员所处的经济和文化环境？这些问题不仅仅是学术训练，也是对艺术创业教育的背景和目的的反思。

在努力将"真实性"概念化时，我们必须意识到艺术培训的美学传统——"艺术的客观化"——不仅仅是指美学或传统。对于艺术学院的很多人来说，"伟大艺术"不仅是研究对象，也是一种生活方式，不管是否有经济回报，这种生活方式在本质上都是值得研究的。这是由于这一理念所依据的基础与人类在精神上想要超越现状、寻求崇高事物的愿望有关。德国的美学家和哲学家在 19 世纪提出了这个理念，直到今天我们还能看到它带来的影响。

爱德华·汉斯力克（Eduard Hanslick，1825—1904）是 19 世纪最著名的美学家和音乐评论家之一。作为维也纳的一名音乐评论家，汉斯力克在《论音乐之美》（Vom Musikalisch-Schönen，1854）中表示，音乐本身不能表达"感情"（尽管带有"动态"的"感情"修饰），音乐是一种主观的、自主的体验，外部世界的修饰会破坏这种体验（Grey，2007）。事实上，汉斯力克认为所有音乐理念的"最终结果""决定了作品的美学质量和价值"（Grey，2007）。他称其为"精神本质"。因此，对于汉斯力克来说，音乐是一种精神体验：它让人们超越肉体的感知，达到一个更高的境界——化境。这与马丁·路德对音乐在其追随者的精神生活中的作用的看法一致。在路德看来，"音乐是一种将热情变为虔诚的方法"，它是人们抵达更高精神境界的一种方法，即超越人类生存的现状（Irwin，

1983）。

汉斯力克的音乐理念渗透在艺术培训中。当学生们听说贝多芬的音乐是"伟大艺术"的首要典范时，其实意思是：贝多芬的音乐在本质上是如此完美，以致聆听他的作品能够帮助人类到达超验境界——那种人类本能地在宇宙中寻找"定位"的努力。因此，你们（学生）有责任将他的作品完美地演绎出来。现在，重新回到练习室去练习，因为不完美地演奏或欺瞒人们，会使人无法领略到他（贝多芬）的天赋。贝多芬和他创作的音乐被客观化地比喻为"伟大"。于是，他创作的音乐就成为一种实体——精神实质。

我们很容易就能理解为什么一些艺术院系认为创业（将其视为一种获取财富的方法）即使不是和"伟大艺术"对立，也是和艺术对立的。

虽然有了这种能够融入艺术学院美学传统的创业概念，创业教育会在艺术学科中很快站稳脚跟（因此，上文的论述概述了基于认知、行为科学及艺术的创业理论之间的人文主义共性）。然而，在很多艺术院系看来，创业永远不可能扎根于艺术。这是因为，标准的创业课程及其"融合发展"的艺术本质不符合艺术的美学传统。因此，学习了新创业理论的创业教育工作者已经准备好来帮助艺术专业学生设计具体课程，他们可以帮助艺术管理人员解决他们面临的美学冲突：我们怎样才能在赋予学生能力，使其成为成功的艺术创业者的同时，也不丢弃我们真正的传统——怎样去看待"艺术"这个问题的内在本质？

商学院大有机会去展示为艺术学院所设计的艺术创业项目的真实目的。也就是说，开设揭示艺术产业经济环境的课程，展示更大的经济力量如何影响艺术市场，都将让学生了解艺术的经济前景。学生开始有意识地去发现专业经济环境中的机会，这有助于制定合理的商业决策。在艺术创业的背景下，为艺术学生提供基础广泛的商业素养教育不仅对这些职业的使命至关重要，也真正实现了设计这些项目所要达成的目标。

如果机会识别是大家公认的创业艺术家必备的技能，那么这些项目不仅应该帮助他们提供认知技能，而且应该提供认知机会所需的重要信息。在一定程度上，这应该是艺术院系自身的工作，因为他们知道并且了解艺术产业的文化。然而，基本的经济衡量标准如就业数据、国家利率、股市心理、汇率、消费者信心指数和通货膨胀率等许多其他基本问题都影响了艺术市场和艺术基金，商学院非常适合以与艺术学生相关的方式呈现这些问题。当然，新企业的创立课程是很适于那些倾向于创业生活方式的艺术专业学生，但是对于其他那些除了参加艺术课程之外从未离开过练习室的学生来说，又该如何去做呢？我们可以教学生去创业，可在没有真实的经济环境的情况下，我们能否教会艺术专业学生做出好的经济决策，取得这些项目所期待的结果呢？

在构思艺术创业项目的设计过程时，我们应将艺术专业学生在培训中遇到的各种情况都考虑进去——包括工作完成之后遇到的情况。这看起来似乎理所当然，但很多项目、工作和课程忽视了这一点。有太多的课程和项目在设计时都没有经过创业理论培训，也没有对课程的影响认真思考，或者是缺乏影响力。为了让艺术创业教育工作成为艺术培训中的普遍工作，在各种环境下我们都必须考虑到工作的真实性。

艺术专业学生所需要的不仅仅是经典的商业教育——还有对艺术经济情境化敏锐的理解力。他们可以用适合自己培训的方式体验商业教育，以了解他们即将所处的经济环境，以及在这个经济环境中，他们会得到哪些为这些工作的设计做出贡献的人的帮助和赋权。使课程情境化以适应不同学科文化和目标市场的特殊需要，这就是商学院能力的体现。然而对情境化商业教育的呼吁并不是孤立无援的，其他艺术教育工作者也提出了相同的建议。来自贝尔蒙特大学（位于美国田纳西州的纳什维尔）音乐事业部（Belmont University's Music Business Department）的拉里·瓦乔尔茨（Larry Wacholtz）在美国小企业协会最近举办的会议上宣读了一篇论文，他在论文中表示："应将与产业相关的额外概念、信息、观念和操作方法也纳入表演艺术系的学生课程中去。"（Wacholtz，2005：1）来自罗德岛学院（Rhode Island College）的约翰·奥戴尔（John O'del）对此也持相近态度，他说道："一些在创业课程里经常提到的选修课话题也许并不适合（艺术专业学生）。"（O'del，2003：3）

　　商学院的专家能在这些工作的早期阶段为艺术院系提供专业知识，这种专业知识对于双方来说都至关重要。在这段时期里，艺术管理人员正需要寻求一些指导，在某些情况下，那些专家在创业教育方面的权威指导的确颇具价值。通过了解艺术学生的培训环境，创业部门能够更好地提出关键学科和课程的建议，使其符合艺术院系及其学生独特的需求和文化。此外，通过提出与19世纪艺术教育美学互不冲突的创业概念，商学院专家就能够帮助建设一个真正的艺术创业项目。

结论

　　上述案例研究不仅展示了项目发展背景下的知识创业理念，也表明了高等教育目标的真正实现。比如，看似不相干的学科可能在彼此领域里产生新的发现：商学院能够发现艺术的美学传统，而艺术类学院可以发现适合这些美学传统的创业观念。同样地，双方都要对其各自学科和利益相关者负责：艺术类院系的行政人员可以更好地让学生准备好在他们所处的经济和文化环境中工作，而商学院可以利用他们丰富的理论演说来帮助艺术院系实现艺术创业教育的目标。知识的传递、合作和行动不仅普遍存在于研究中，而且还是一种实现共同目标的方法。案例研究确实证明了艺术类学院可以通过艺术创业项目实现其目标，但是"增值"是商学院新增效能的发展趋势。

　　采用知识创业作为高等教育的理念能够为学术活动带来新的价值。

将知识创业看成促进创新的平台，充分利用大学的知识资产，能够为大学本身和社会带来显著而有意义的变革。然而，知识创业的力量范围并不在于为大学服务方面，而是在于增强公民参与学术的能力，并以培养公民学者为目标——即成为新时代的变革推动者。

参考文献

Alper, N. and Wassall, G.（2000）, *More than Once in a Blue Moon: Multiple Jobholdings by American Artists*, Research Division Report 40, National Endowment for the Arts, Santa Anna, CA: Seven Locks Press.

Alper, N., Jeffri, J., Chartrand, H. and Wassall, G.（1996）, *Artists in the Work Force: Employment and Earnings, 1970-1990*, Research Division Report 37, National Endowment for the Arts, Santa Anna, CA: Seven Locks Press.

Beckman, G.D.（2004）, 'Career development for music students: towards an holistic approach', *South Central Music Bulletin*, 3（1）, 13-18.

Beckman, G.D.（2007a）, '"Adventuring" arts entrepreneurship curricula in higher education: an examination of present efforts, obstacles and best practices', *Journal of Arts Management, Law and Society*, 37（2）, 87-112.

Beckman, G.D.（2007b）, 'Disciplining arts entrepreneurship education: a call to action', paper presented at the Hero's Journey Entrepreneurship Festival, Pepperdine University, Malibu, CA.

Cherwitz, R. and Beckman, G.（2006）, 'Re-envisioning the Arts Ph.D.: intellectual entrepreneurship and the intellectual arts leader', *Arts Education and Policy Review*, 107（4）, 13-20.

Cherwitz, R. and Darwin, T.（2005）, 'Crisis as opportunity: an entrepreneurial approach to higher education productivity', in J. Miller and J. Groccia（eds）, *Enhancing Productivity in Higher Education*, Bolton, MA: Anker, pp. 58-68.

Cherwitz, R. and Hartelius, J.（2007）, 'Making a "great 'engaged' university" requires rhetoric', in J. Burke (ed.) , *Making a Great 'Engaged' University Requires Rhetoric,* San Francisco, CA: Jossey-Bass, pp. 265-288.

Cherwitz, R. and Sullivan, C. (2002) , 'Intellectual entrepreneurship: vision for graduate education', *Change,* November/December, 22-27.

Galligan, A. and Alper, N. (2000) , 'The career matrix: the pipeline for artists in the United States', in J. Cherboand M. Wyszomirski (eds) , *The Public Life of the Arts in America,* New Brunswick, NJ: Rutgers University Press, pp. 171-201.

Gartner, W. (1989) , '"Who is an entrepreneur?" is the wrong question', *Entrepreneurship: Theory & Practice,* 13 (4) , 47-68.

Gasset, O. (1944) , *Mission of the University,* Princeton, NJ: Princeton University Press.

Gedicks, F. and Hendrix, R. (2005) , 'Religious experience in the age of digital reproduction', St. John's Law Review Association, www.lexisnexis.com, August 13, 2007.

Grey, T. (2007) , 'Hanslick, Eduard', in L. Macy (ed.) , *Grove Music Online,* www.oxfordmusiconline.com, accessed November 1, 2007.

Hulsey, L., Rosenberg, L. and Kim, B. (2006) , 'Seeding Entrepreneurship Across Campus: Early Implementation Experiences of the Kauffman Campuses Initiative', No. 6090-250, Mathematica Policy Research, Inc.

Hunter, M. (2005) , '"To play as if from the soul of the composer"; the idea of the performer in early romantic aesthetics', *Journal of the American Musicological Society,* 58 (2) , 357-398.

Irwin, J. (1983) , 'Music and the doctrine of Adiaphora in Orthodox Lutheran theology', *Sixteenth Century Journal,* 2 (14) , 157-172.

Ma, H. and Tan, J. (2006) , 'Key components and implications of entrepreneurship: a 4-P framework', *Journal of Business Venturing,* 21, 704-725.

O'del, J. (2003) , 'Entrepreneurship in the Arts: an educational approach', paper presented at the United States Association for Small Business and Entrepreneurship National Conference, Hilton Head, SC.

Roberts, W.R. (ed.) (1954) , *Rhetoric,* New York: Modern Library.

Shaver, K. and Scott, L. (1991), 'Person, process, choice: the psychology of new ventur creation', *Entrepreneurship Theory and Practice*, 16 (2), 23-45.

Steffensmeier, T. (2005), 'Rhetorical invention and becoming local', unpublished dissertation, University of Texas at Austin, Austin, TX.

Tomlinson, G. (1989), 'Authentic meaning in music', in N. Kenyon (ed.), *Authenticity and Early Music*, Oxford: Oxford University Press, pp. 115-136.

Wacholtz, Larry (2005), 'Teaching entrepreneurship to the creative arts', paper presented at the National Meeting of the United States Association of Small Business and Entrepreneurship, Indian Wells, CA.

Wassall, G. and Alper, N. (1985), 'Occupational characteristics of artists: a statistical analysis', *Journal of Cultural Economics*, 9, 13-34.

第四章 创业学习与教育的微观基础：创业认知的体验式本质

小诺里斯·F. 克鲁格

"经验不是指发生在你身上的事，而是指你如何应对这些事。"

——埃皮克提图（Epictetus）

引言

要想成为一名成功的创业者，仅仅了解创业是不够的。"知道得太多"有时甚至是危险的。知识不只是数据的积累；知识不仅对信息内容有要求，也要求我们有组织信息的框架。我们常常匆匆忙忙地把大量重要知识传授给学生，却往往忽略了知识框架的重要性，更没有意识到教育的本质是通过我们的能力去影响学生的心智发展模式的演变。

也许和其他教育模式相比，这一点在创业教育中最为明显。在教授创业教育的过程中，教师不仅仅要教授客观事实，更要指导学生像创业者一样去思考，帮助他们形成一种更加专业的创业思维。而实现这种创业思维的方法之一就是将创业教育置于心理模型不一样的环境中，那里存在认知多样性，即知识结构的显著多样性。广谱式创业教育能否取得成功，很大程度上依赖于教师和学生本身的认知多样性。

身为创业教育者,我们要去训练的是学生的思维,而非记忆力。教育改变学生,创业教育亦是如此。在这里,我们可以对变革进行评估,并利用评估去改善我们的教学。显而易见,我们很多优质的教学和训练方法影响了学生对于创业的思考。你能想象得出,任何商科课堂的体验式学习不会像创业教育中常见的那样占据主导地位?

广谱式创业教育的兴起,为探索上述问题提供了难能可贵的机遇,因为来自不同专业、不同学术层次甚至不同地方的学生存在巨大的认知差异。但是,我们首先需要冷静地退一步,思考并审视创业教育的微观基础。我们在此为教育的建构主义范式应用于创业学习领域提供了一份入门指南。我们也希望这能够起到抛砖引玉的作用——进一步探讨关于进行什么测试、如何进行测试以及创业教育学习者的认知变化的驱动因素。

建构主义而非行为主义

真正的体验式教育会改变学习者原有的知识基础,但更重要的是,它会改变学习者获取知识的方式。通常来说,教学内容在本质上是行为性的,但是改变我们思考的方式则需要一种更具建构主义的教育模式。建构主义方法不仅会改变学生已知的内容,更为重要的是它们改变了学生建构知识的方式。如果创业教育能够高度结合建构主义方法,那么我们就可以认为创业教育会对学习产生更为重要的、积极的影响。

但是,这就要求我们在设计、实施与评估创业教育的时候思考一些新的问题:我们希望引起什么样的改变?我们在此认为,帮助学习者从初级思维模式转换到像创业者一样更为专业的思维模式,是更合乎逻辑的假设。具体来说,我们想协助学习者从新手转变为专业的思想者!

大量研究探索了专家是如何成为专家的(Ericsson and Charness, 1994),研究对象有围棋大师,音乐大师乃至优秀的撑竿跳高运动员。这些优秀的人才都有哪些相似点呢?他们或许知识渊博,但是真正使他们脱颖而出的是他们建构知识框架的方式。另外，他们还具有协调一致的认知过程，这个过程可以发展深层知识结构，故此，我们在教学和培训时需要明确利用这个过程。

因此，我们需要更好地理解是什么样的课内（课外）活动会影响认知的改变。我们也必须了解最需要何种认知的变化（有助于理解促进学习者成为更专业的创业思考者所涉及的认知机制）。

创业教育的本质就是建构主义

创业教育教师都希望自己在创业课堂上所做的事情有某些特别之处（Fayolle and Servais, 2000）。他们希望那些实践的、亲身经历的课堂任务可以帮助学生像创业者一样思考，让他们能真正地将自己视为创业者。先进的教育理论表明，创业教育学习中对体验式学习的偏见反映了人类学习那些复杂的、结构不完善的知识过程（Krueger, 2007; Gustafson, 本书第五章）。事实上，这些方法反映了"建构主义"的前沿教育理论——它即将主宰人们更熟悉和更传统的行为方式。

真正的教育改变我们的思维方式

珀金斯（Perkins, 1994）认为教育需要以思考为核心，反映出教育的确应改变学生的思考方式这一现实。要真正改变学生的创业思维，不仅仅需要信息和技能的转移与习得，还需要采取一种更专业的方法来建构内容。为实现这一目标，学生必须掌握这些新技能和新知识。这就需要在更深层次的认知结构中做出重大改变，而不仅仅是对知识内容的改变，这也包括对个体构建知识方式的改变。

克鲁格（Krueger and Brazeal, 1994; Krueger, 2000）认为，一个追求更加浓厚的创业氛围的组织，会要求其成员更加具有创业思维。创业课堂亦是如此。和创业组织一样，教育工作者必须力图寻找适合创业思维的种子萌芽的土壤。这种认知性的基础构造支持着创业思维以及目标和态度等认知结构的改变，也支持着对更深层次的认知结构的改变，如学生的个人心智模型，"什么是创业者？我是创业者吗？"

我们必须关注这些更深层次的结构。如果我们希望从根本上真正激发创业思维，那么学生的思想模式很可能就会发生重大的改变，这种改变包括反映人类如何表达和加工信息的更深层次的认知结构。仅仅靠信息的转移不足以从根本上改变行为。这对于学习如何像创业者一样地思考有重要启示。

尽管创业教育方面的文献丰富（大部分是描述性的），但是学界对于创业者学习方式的研究还不太成熟（如 Alberti et al., 2004）。当然，经证实，创业教育方面的描述性工作还是极有益处的。对于研究者来说，下一步就是更好地扎根于教育理论——这也是人们正在有意进行的工作。

学习和建构主义教育

教育学中有两种主流范式。传统的行为主义方法着重于以事实为基础的学习（包括类似死记硬背、重复性研究或者以传授知识内容为重点的机制）。教师通常是提供向学生转移知识的模型与框架。与之相反的是，建构主义者主张情境学习，即学生在获取知识时，必须按照自己的方式组织知识（建立和改变他们自己的心智模式以展现知识）。我们可以将"学习答案"和"发现问题"两个标签的差异作为思考这两个范式不同之处的方式；本章作者更倾向于 W. B. 叶芝（W. B. Yeats）对学习的描述。创业教育工作者似乎应该去"点燃一把火"而不是去"灌满一桶水"。就前沿教育心理学而言，这是非常有道理的。

传统方法为教师提供了更大的掌控力，对于学生人数众多的情况来说，这种方法可能看起来更加高效。建构主义的方法则更多以学生为中心，但这反映了人类在日常生活中的实际学习方式：通过社会环境中的试错过程进行学习。并且，如果一个人想要改变深层次的认知结构——比如脚本（心理学术语），那么以学生为中心的学习就十分必要。艾伯特·班杜拉（Albert Bandura）的社会学习理论（1994）假定学习是一个反复变化的过程，在这个过程中，随着学习者积极地获取、加工和组织新知识，那些深信不疑的信念和态度就会共同进化。也就是说，教师和学生之间教学相长——他们不仅是从事实中学习，也是在彼此的心智模型中学习。认知多样性越丰富，相互学习的机会就越多。

建构主义教育的首要目标就是深入的理解，这样随后自然就会掌握表层技能。显然，掌握的技能越复杂，建构主义的优势就越明显。因此，建构主义看起来对培养专业人士十分重要。成为一名更加专业的创业思想者并非易事，教授这门课程也是如此。那么，我们该如何为学生提供关键的发展经验，帮助他们加速向更专业的深层知识结构转变呢？

知识如何演变

再次说明，知识不仅仅是事实和数据的积累；知识对信息内容和我们组织信息内容的结构也有要求。但是这就提出了一个关键问题：提升学习者的知识通常会遇到很大的分歧和反对意见。既有知识、假设和信念经证明可能是有问题的，甚至是错误的。建构主义教育为学习者提供各种方法，帮助他们面对挑战，从挑战中学习，并解决他们自己建构的知识库中的矛盾。事实上，进步通常需要一个持续的、迭代的知识建构和重构的过程。思索一下托马斯·库恩（Thomas Kuhn）出版的《科学革命的结构》（1962）一书，他在书中描述了一个类似现象，即人们深信不疑的一个共同心智模型（"范式"）在科学领域是如何演变的。另一个类似现象体现在交易型领导和变革型领导之间的差别；尽管认识到真正的学习明显是变革型，但大部分教育仍是交易型。最后一个有意义的对比就是参与式行为研究的过程,在这个过程中,研究对象成为共同研究者。

成为专家的关键是要知道自己所不知道的;想要一直做专家,关键在于要不断地重新评估建构知识的方法和这些结构扎根的深层信念。虽然教师想要帮助学生形成更加专业的思考,但他们需要对学生渴望的认知变化兼容并蓄。在建构主义的课堂上,教师和学生的差别不大:两者都是学生,也都是教师。

最终的结果就是,我们为学习者提供各种机遇与环境。这些机遇与环境不仅会改变他们思考的内容,也会改变他们的思考方式(见图4-1)。这一点很重要。我们需要帮助学生重新建构他们原有的创业知识。这就需要给他们提供机会,让他们有机会获得重要的发展经验,帮助他们重新塑造自己的心智模型。

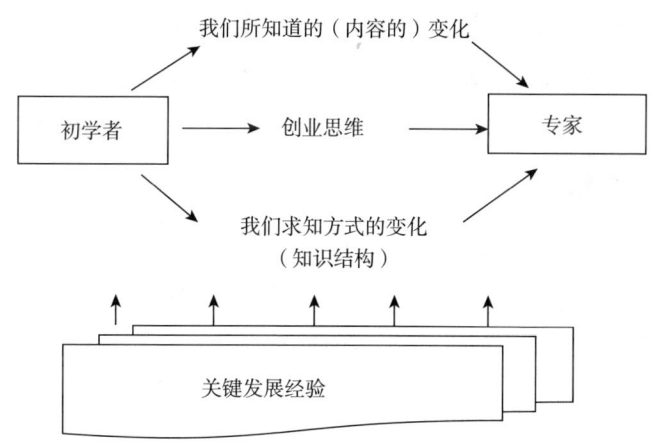

资料来源:改编自克鲁格(Krueger,2007)。

图4-1 我们在创业教育中真正做了什么

以思考为中心的学习

学习是一个过程,在此过程中,我们利用我们的语境和信息线索共同建构意义。意义的建构发生在学习者内部塑造的过程中,而不是发生在从环境吸收信息的过程中。学习是随着环境而改变的，也就是说，学习既依赖于语境，也依赖于学习者。让·皮亚杰（Jean Piaget）的著名实验及其继任者都清楚地论证了：学习不是由教师将知识直接传递给学生。任何年龄的学习者都可以通过将新知识与既有知识相结合的方式来构建新知识，用多种方式连结新知识。因此，知识是相互连接的整体，而不是一组独立的纯粹事实。所以说，教育大师大卫·珀金斯（David Perkins，1994）的"以思考为中心的学习"是一种十分恰当的提法。

建构主义和学习周期

研究已经清楚地发现存在一个自然学习周期：首先，我们要发现问题（及其表象意义），接着去确定可以帮助我们解释所讨论现象的关键概念。然后，我们努力利用新建构的知识在现实中进行验证（同上）。

自然学习周期观点认为"大想法"和"大问题"在本质上是复杂的。或许听起来奇怪的是，为了促进学习，我们需要这种复杂性。当我们第一次遇到"大想法"时，过于简化的表达方式可能给我们带来困扰。只有认真研究这个问题后，我们才能采取一种更简化的方法来分离关键原则。接着，当我们尽力应用所提取出来的关键原则时，我们又回到了更加复杂的情况中。最后，我们必须评估解决问题的手段，再次反思解决的过程，主动寻找矛盾和反例。注意，这里我们使用的词是"解决"而不是"最终解决"。"解决"这个词既包含学习过程的反复性本质，也包含几乎不存在完美的解决方法这一认识。它也说明了学习一个概念的对话本质。然而，普拉瓦特（Prawat）提出，学生进行探索仍然需要某种"路线图"的指引。教师应该把握学习重点和连贯性，以免探究的广度局限为对琐事的徒劳纠缠。

建构主义教育的关键原则

建构主义的五大关键原则遵循自然学习周期的规律（Brooks and Brooks，1993）：

1. "真实的"（及"重要的"）问题　学习者需要"掌控"自己的知识，因此他们需要在特定学科领域中解决他们自己的问题。教育工作者可以通过提出与学习者相关的新的"真实"问题来帮助后者。这样做的另一个好处是有利于学习者情感的投入。例如：在计划一项理想的新事业时，即使它经常使我们的工作变得复杂，但如果它可能是"真实的"，它就会具有额外的意义。

2. "大想法"　我们应该围绕基本概念而非细枝末节去建构学习。如果我们能用一种或多种与学习者直接相关的基本概念去启发学习者，那他们就会按需要来发现和采纳细节。我们希望学生能够掌握某些现象的本质。例如：创业不仅在于识别机会，也在于学着去发现那些我们能够认知（和那些我们不能够认知）的机会。笔者的一位同事让刚开始学习创业的学生（大多数人没有一点商业课程基础）为一项可行性研究确立了一个小企业创新的课题——学生了解到在他们自己眼中什么才是机会，并了解到机会经常以一种惊人的方式出现。对于由理科、社会学科和（或）工科学生组成的课堂来说，这是一种非常受欢迎的模式（艺术专业和人文专业的学生可能也会识别这种有别于资金支持的机会）。正如本书所证，社会创业在任何创业课程中都是一个发展迅速的课题，也经常是广谱式创业教育的重点。还有什么领域能比创业教育能更好地将学习者和"伟大的""真实的"想法联系起来呢？

3. 建构意义需要采用三角校正法　我们应该关注和重视学习者的不同观点；包容多种观点经常需要运用团队教学（这要利用班级中不同类

型的优秀人才）。例如，设计真正互相依赖的团队项目促使学生以卓有成效的方式提出不同的观点。行动学习模式就是一个更形象的例子，它可以让学生通过实践明白"书本"知识是怎样与实际情境结合的（Leitch and Harrison, 1999）。在一门全校范围的课程中体现出来的认知多样性，是需要从根本上用不同的思维方式进行协调的。

4. 是训练，而不是讲授　课程应该遵循学生的探究过程（他们建构知识的过程）而不是按照教师的安排（但这并不是说"怎么都行"）。例如：虽然学生和教师之间的非正式互动很重要，但允许或要求学生之间互相辅导也很重要。

5. 评估和测评方式应该反映这些过程　考试或评价不应该仅仅反映"死记硬背"的能力。并且，不同的专业习惯于采用不同的评估和评价模式（例如，在艺术中使用的组合测评方式）。为什么不让学生参与，商量出最有效的评价标准呢？例如：评估和评价过程本身也应该在有学生参与的情况下进行。

回顾上述几条关键原则，并考虑它们是如何体现在以下两方面的：对一个案例的缜密分析，或是实践型的小型商业机构型项目（该方法是将真实企业用作"实弹"案例）。起初，在提供一个"安全网"（例如：可以接受失败的尝试）的环境中，我们关注的重点是"大想法"和真正的问题。如果学习者将学习情境视为一个机会，那么他们将接受一切挑战，但是，对机会的感知依赖于观察者对控制力和能力的感知，这对于观察者来说十分的重要。我们如何能够帮助学习者把学习情境当成机会呢？教师可以培养和强化学生的这些感知能力，但学生的同伴们在提升安全感和挑战感方面同样重要。让学生能够安全地进行探索要比我们想象的更艰难，也需要我们时刻保持警惕。举例来说，过多的显性知识事实上会阻碍知识。如果学生发现了一个可能的答案，他们就会把它看成"标准"答案。同样，如果他们认为教师有"标准"答案，学习者可能会关注如何设法从教师那里得到答案。笔者可以证实，教师的自我意识可能会造成问题。如果是这样的话，那么建构主义者建议教师去重点关注那些没有单一答案的问题，这是不是听起来很耳熟？

人类心智包含一整套不断发展的认知结构，能帮助我们去了解环境和我们在这个环境中所处的位置。这包括对于机会的感知。如果我们能够扩大感知到的可能机会的范围，那么我们就会增加实施创业行为的可能性（Krueger and Brazeal，1994）。然而，一旦接受了这种认知框架，我们就必须放弃那种仍在支配教育理论和实践的行为主义传统（如表4-1所示）。学习不仅仅是一种应激反应现象（Langer，1994）。学习不是熟记客观事实或其他模仿活动；没有情境的原始事实只能提供"我们需要知道这一点，好应付下次考试"的含义，除此之外，别无其他。

表 4-1　有关现代教育学如何发展的简要观点

（更具行为主义特点）

关键理论	核心假设	关键活动	示例工具
以教师为中心	专家型教师；被动的学生	背诵	基于事实的授课
以教学为中心	专家型教师；积极的学生	技能发展	模拟教学；创业计划
以学生为中心	学习者需要控制学习过程（学生作为消费者）	师生互动	案例研究
以学习为中心	对学习的元认知理解（从我们所知道的到我们是如何知道的）	问题导向学习	自我管理的实践项目

（更具建构主义特点）

资料来源：改编自克鲁格（Krueger，2007）。

实践中的创业学习

关于创业、小型企业、家庭企业等内容，相关文献都提供了大量的证据来支持建构主义范式。布奇基（Bouchhiki）明确表示创业者似乎在建构他们的环境（1993），而杰利内克和利特尔（Jelinek and Litterer, 1995）十分详细地描述了一个真正的创业组织是如何鼓励成员建构一个机会友好型的认知基础。建构主义学习擅长发展自我效能感，自我效能感早已和创业意向（Krueger et al., 2000）、机会感知（Krueger and Dickson, 1994）、创业绩效（Chandler and Jansen, 1992）、创业职业选择（Scherer et al., 1989）紧密联系在一起。我们看到，有证据表明创业绩效和自主学习密切相关（Guglielmino and Klatt, 1993）。最后，想一想那些成功的创业者，他们受到的是内在原因（比如自主性和自控性）而不是外在因素（比如金钱）（Brockhaus, 1987）的鼓舞。所有这些都表明，如果建构了一个创业友好型的认知基础，那么强调与建构主义模式相符的学习是十分有道理的。如果创业教育在理论上行得通，那么在实践中也会如此。

考虑一下在创业教育领域已经开展的一系列最佳实践。这虽然超出了本章的范围，但相对容易验证——例如获奖的教学法——并看到其内在的建构主义原则的作用。很多获奖的教学法都会为初学者创造不是仅仅回答问题的学习情境，这些初学者首先要做的是发现合适的问题。初学者必须首先判断什么样的任务能够解决那些可能是客户的问题（可能也需要评估某些明显的问题到底是根本原因还是仅仅是一种表现），而不是去完成相对结构化的任务，比如"为客户定制一份创业计划"。

真正的基于问题的学习（PBL）远非"边做边学"，尽管这种方式的效果非常好。学生被迫组织问题和必需的知识与技能（再次说明，这种现象在医学和法律培训中是很常见的）。同样地，我们也要思考一下基于问题的学习的本质。我们知道真正的基于问题的学习可以显著地促进学生的创业思维，甚至有证据表明它会在几个月内改变知识结构（Krueger, 2001；Hanke et al., 2005；Souitaris, 2005；Cooper and Lucas, 2007；Post et al., 2007；Tegtmeier, 2007；本书第十一章和第十五章）。然而，创业教育中基于问题的学习的主要价值在于它要求学生从寻找答案转变为发现问题，并掌握自己项目的（认知）所有权。基于问题的学习面临着极高的不确定性与极大的时间压力，同时还对学生的时间和精力提出了互相冲突的要求。它反映了创业者面临的现实困惑。当学生继续学习时，他们的思考总是引导着他们。要认识到这一点：作为创业者，他们必须进一步强化自身角色身份的必要性（对于我来说，维持任何不包括"我"在内的"创业者"心智原型是很困难的）。

因此，如果我们想要帮助那些新手创业思想者变得更加专业，我们需要应用一些最新的创业认知研究成果去解决这个中心问题，即专业创业者是如何不同于他人的。他们之间的不同不仅在于表层知识或技能，也在于深层结构是如何影响他们的思考方式。

在我看来，这个讨论如何应用于创业课堂才是我们正在努力攻克的中心问题：我们努力发展更多具有创业思维的个体，更重要的是，帮助他们更好地成为一名创业者。用认知科学的话来说，我们正在帮助新手创业者成为专业创业者。观察员乔治·盖德伦（George Gendron）[①]是"Inc."杂志的前任主编。他曾说，创业教育变得越来越职业化，反过来，创业者也越来越需要帮助，使他们成长为专家。不论人们是否认为创业是一个职业，现在确实存在专业创业者这样的人。当我们提高了对专业创业者区别于他人的认识时，我们还需要将我们的教学法专注于帮助学生和学员朝着这个方向发展。

根据这些原则，杰克和安德森（Jack and Anderson，1999）认为，我们应该培养在实践和认知方面有较高技能的"反思型实践者"。培养反思型实践者需要的不仅仅是获得信息和技能。再者，真知既是原始信息也是我们赖以组织信息的结构。如果我们要真正地改变学生的创业思维，

[①] 详见 www.pioneerentrepreneurs.net/bigidea_gendron.php。

就必须帮助他们在更深层次建立新的认知结构。反过来，这就要求我们在课堂上创建一个能在思想上促进这种改变的认知基础。

汤姆·蒙罗伊（Tom Monroy）可能是第一个明确表达这一思想的人，即传统的课堂教学方法不仅在创业教育课堂上的使用频率低，和其他体验式方法比起来，它的效果也稍差（Monroy，1995）。更确切地说，我们倾向于强调"基于问题的学习"，即学习者关注现实世界的问题，这是绝大多数创业课程的重点内容。事实上，在创业教育中使用的最流行的、最成功的方法会强烈影响建构主义模式：真实案例（例如，小型商务学院）、创业计划、业务跟进等（Krueger and Hamilton，1996）。

加拉万和奥辛奈德（Garavan and O'Cinneide，1994；另请参阅 Alberti et al.，2004）发表了一篇关于不同创业者培训项目的有趣综述，其中提及了使用的关键方法和关键制约因素等，也阐释了我们对实践经验学习的强烈偏见。特别的是，行为学习代表了一种似乎尤为适用于创业培训的教育模式（Leitch and Harrison，1999）。行为学习可能是建构主义模式最突出的表现。

很多建构主义教学法更关注认知现象，然而，行为学习更关注通过一系列技术来促进这种变化。用实践和认知技巧去打造杰克和安德森（Jack and Anderson，1999）提出的"反思型实践者"，需要行为学习以协同的方式对课堂和亲身学习进行不断结合。行为学习通常在团队环境中最为有效，尤其是在那种反映了大量认知多样性的团队环境中，因为它适合学习的情境本质（本书第十一章）。我们也可考虑森奇（Senge，1990）的高绩效跨职能工作团队。

"有根据的"目标

一个是老练、成功，但目标中庸的创业者，一个是想法大胆甚至狂热的完完全全的创业新手，如果打赌的话，你会在哪一位身上下注呢？

如果我们没有使学生做好准备（或者更糟糕的是，不切实际地鼓励他们），那我们强化学生对于创业的态度和目的又能给我们带来什么益处呢？强化目的是一回事，但培养有根据的目标则要重要得多（Krueger et al., 2007）。

最近，我们看到很多振奋人心的研究，它们丰富了我们对创业意向的理解，尤其强化了其与教学方法和专业技术的关联性。对于学者和教育工作者来说，创业教育的技能越来越重要，何不去问问新手和专家们对于创业教育的看法，并比较他们的不同之处呢？尽管当前人们没有完全认可创业是一种职业的时候，但它已变得越来越职业化。在创业教育领域，成为"专家"意味着什么？我们应该怎样帮助学生成为专业人士呢？

作为创业研究人员和教育工作者，我们努力帮助学生在成为创业者以后，拥有需要展示的技能并了解创业的流程，帮助他们变得尽可能专业。作为教育工作者，我们可以帮助他们从新手成为专家，这也正是我们应该做的。这就引出了关于内容的问题——他们应该成为什么方面的专家？关于创业教育认知的研究日益增多，它们认为使创业者与众不同的未必是知识内容抑或表层技能。

使创业者与众不同的是创业思维。我们的工作是培养学生像专业的创业思想者一样地思考。这就需要改变那些扎根于我们心智模型中的一些非常笃定的信念和预设。要想做到这一点，就需要给学生们提供积累经验的机会（详见表4-1）。

当前研究关注创业教育是如何改变意向和态度的。正规的训练或教学看起来的确会对创业思维的形成和演化产生影响。妮科尔·彼得曼（Nicole Peterman）的论文发现，创业培训项目对各种创业动机和态度的前因有着显著的影响（Perterman, 2000）。甚至连正式的课程作业（Cox, 1996；Krueger, 2001；Lucas and Cooper, 2004；Tegtmeier, 2007）也会对重要信念（如自我效能感）和态度（包括目的）产生虽小但可测量的影响。

但要重申的是，发展创业思维需要改变深层认知结构。这为我们提供了许多机会去研究不同培训活动和其他经历的具体影响，以进一步促进我们的学习（Duckworth，1986）。既有经验当然会影响对未来机会的感知（Kruegar and Brazeal，1994）。举个例子，我们有一定证据表明，在家族企业中成长的经历会影响一个人的创业态度和创业意向（Krueger，1993；Delmar and Davidsson，2000）。在更加集体主义的社会中，接触竞技体育似乎格外有效（Neergaard and Krueger，2005）；有人甚至认为，童话故事可能会对孩子的信念产生深刻影响（Neergard and Smith，2007）。把学生们安置在他们自己的家族企业中可能并不现实，但我们可以复制哪些"经验教训"呢（而且我们很可能已经在做了）？

技能和自我效能感

在提升创业思维方面我们能提供哪些重要的发展经验呢？哪些具体的技能、培训和经验对增强创业思维真正具有变革性的影响？举例来说，罗伯特·鲍姆和他的同事（Baum et al.，2001）发现，企业的发展取决于创建者的具体动机和具体技能。然而，无论是通过亲身实践还是通过行为建模进行的替代性学习，教育研究人员认为技能的习得是必要但不充分的。

学习一门技能可以改变知识内容，成功运用这门技能可以改变知识的组织方式。学习者必须内化知识和技能，以达到可以将这些知识和技能自如地应用于新的情境中，甚至是高风险情境中的目标。自我效能理论（Eden，1992；Bandura，1993）表明，仅仅掌握技能不足以从根本上改变我们的思考方式，还需要我们相信这些技能（感知效能与实际效能）。没有自我效能感，就没有长期技能的获取，或者技能的运用。

然而，没有实际技能作为基础的自我效能很难反映出有根据的目标。班杜拉（Bandura）本人也认为，在我们从初学者的思维提升为更加专业的思维时，获得正确技能对我们思维过程中长期的、持久的改变是必需的。在创业教育领域，我们开始着眼于确定那些看起来对后续创业行为影响最大的技能。这些往往也反映了创业思维的变化。例如，识别机会经常能反映出相对复杂的逆向思维技巧。基于此，加利奥（Gaglio）训练自己的学生采用更高级的倒推思维技巧，以提高他们识别机会的能力（Gaglio，2004）。正如你在广谱式课程中发现的，扩大学生的"假定推测"思维，要比在课堂上拥有更广泛的生活、工作和学校体验更为重要。

维多利亚大学（位于加拿大不列颠哥伦比亚省的维多利亚市）的创业教育项目明确地将大部分活动的重点放在培养初学者成为专业人士上。专业的创业脚本可以促进学生进步（比如，Morse and Mitchel，2005）。巴伦认为专业的创业者更擅长"连线画图"的游戏，他的观点表明我们有能力培养学生相关的技能方法。有目的的实践似乎就是这样的方法（Mitchell，2005；Baron and Henry，2006）。然而，这个过程需要相当认真的反思，这会有助于商科学生，且这种反思也是其他专业更乐于接受的做法。

再举一个例子，菲特和巴尼（Fiet and Barney）证明，可以辨认和教授某些与识别机会相关的关键技能，从而提高学生在更广泛、更多元化的可能性中识别机会的自我效能感。这就使得教师可以为发展和评估那些技能而调整实践练习。但是，学生现有的知识和信念基础越多样化，这项任务就越容易。

坚定的信念

最后，成功"创业"的本质是什么呢？专业的创业思维似乎是至关重要的一个方面。成功的创业者应具备专业的思维这一特质。有证据表明，专家的知识储备有可能与新手的知识储备相差不多，但专家一般能够用不同的方法组织和建构知识内容。这就引起了关于专业创业者如何构建知识的问题。埃里克森（Ericsson and Charness，1994）表示，虽然有些人从新手成长为专家，但有些人没能做到。而且，这种变化体现在深度认知结构的重大变化上。爱立信研究的重要意义之一就是专家（包括创业者在内）完全是后天培养而非天生的。可能会有一些先天的"优势"，但专业技能似乎是后天习得的。有些深刻的信念虽然可能在很早的时期（Neergaard and Smith，2007）就融合在一起了，但它们会随着时间的推移而不断发展（Erikson，1980）。

该研究还表明，专家会始终如一地稳定地遵循着可以为人所识别的认知行为规律和认知过程规律（Mitchell，2005；Baron and Henry，2006）。因此，对于创业领域来说，我们尽可能多地了解专家创业者在深层认知结构上的不同之处（如地图、脚本、图式等及一些激励着他们的信念和假设）至关重要。如果我们能更好地理解深层结构是如何发展的，我们帮助创业者成长的能力也会随之增强。

认知多样性

近年来，我们已经发现了一些出色的关于如何学习创业思维的新见解。我们也已经发现了能够完全中和意向模型的概念。举一个明显的例子，认知风格的差异可能会在形成意向时产生截然不同的途径。也就是说，喜欢直觉思维的学习者的意向模型与喜欢分析认知思维的学习者的意向模型有显著差别（Krueger and Kickul，2006）。这意味着，要明确考虑学生的不同认知风格，鉴于建构主义范式，还要鼓励更多的认知风格和学生其他的学习风格。如果像认知风格那么简单的事物之间的差异都如此重要，那么学生存在认知差异的其他方面呢？

没有比招收到可以想到的所有专业的学生更好的方法了。除此之外，我们需要面对所有的人都具有的独特心智模型。然而，我们可以思考一下商科学生是如何影响非商科学生的思维方式的，再进一步思考非商科的学生是如何影响商科学生的思维方式的。但是我们首先必须尽可能地揭示多样性，并将此应用到每个人的优势中。

建设建构主义型课堂

什么样的教学工具具有建构主义特征？

我们如何真正地实施建构主义课程呢？让我们再来看看J. 布鲁克斯和M. 布鲁克斯（Brooks and Brooks，1993）的观点：

> 建构主义框架要求教师创造鼓励他们自己和学生思考和探索的环境。否则，长期存在的行为主义学习和教学方法将延续下去（第30页）。
>
> 遵循建构主义教师力图提出一个重大问题，即给学生时间去思考这一问题，同时引导他们去寻找能够解答这一问题的资源（第39页）。

简而言之，我们需要更多地关注学习者头脑中发生的学习过程，而不要总想用知识点填满他们的头脑。如果我们能够提高学习者的学习能力，那么他们自己就会掌握知识细节。纯粹地讲课绝不是最理想的授课方式。有魅力的教师甚至能够在纯粹讲课的模式中启发学生，但要确保学习源于动机而不是细节。甚至考试也应成为一种极具意义的学习体验。学生从背诵课文或讲义中学到了什么？从多项选择、判断对错、搭配等诸如此类的测试题中又学到了什么？他们可能会知悉自己并不擅长做这类测试，因而他们既降低了学习兴趣，也削弱了对自我效能的感知。

实施建构主义课堂教学

J. 布鲁克斯和M. 布鲁克斯还提供了实施这些原则的12个具体步骤。让我们在创业教育的课堂情境中观察这些原则，学生在课堂上参与亲身实践的项目，这些项目给潜在的发展经验带来了可能性：

1. 明确地鼓励、接受和表扬学生的独立性和主动性。自我管理的、自我组织的工作团队需要学生具有相当的主动性。

2. 尽量使用原始数据和一手资源作为素材来解决学生的疑问。学生需要具备主动性和责任感，同时教师也要给予学生自主权，使他们在项目启动之后自己选择方向。

3. 学生的任务是进行分类、分析、预测和创造（不仅仅是记忆）。现实项目中不可避免地既要涉及原始数据收集和二手数据收集，收集的数据就如同学生仓库中的粮食。

4. 学生对于话题的反应应当指导教学策略和教学内容。创业项目（和论文考试）迫使学生进行批判性思考，用创业项目（和过去的生活、工作及校园经历）整合和应用他们正在学习的知识。

5. 在将我们的观点传授给学生前，询问他们的看法。这也要求课堂讨论的重点要围绕学生真正的疑惑，这些疑惑通常是关于如何将一个概念应用于他们的项目中。

6. 鼓励学生与教师、其他学生、家庭成员甚至外人进行交流沟通。完成这个项目需要学生就自己的工程和客户及周围的其他人进行探讨，在探讨中会用到项目所需的知识和专业技能。

7. 提出开放式问题，鼓励学生也这样做。考试可以采取这种形式，而体验式项目本身自然会引出开放式问题（通常难度大得令人痛苦）。此外，学生们可以自由地互提棘手的问题。

8. 要求对初步回答进行详细解释。同样地，参与自我管理团队项目的学生很少让他们的同伴给出模棱两可的回答（但也要教导学生支持自己的同伴）。

9. 不接受仓促的回答，鼓励学生进行反思。同样地，给学生两个月的时间去完成论文考试，使他们有时间和机会去完善、反思，甚至是与同伴进行讨论。

10. 主动寻找矛盾。有趣的是，在高度的认知多样性条件下，当学生努力理解结构不合理的领域中结构不合理的项目时，亲身实践的项目自然而然地就会鼓励学生去越来越多主动地进行更加苏格拉底式的对话。

11. 主动采用比喻用法。尽管学生倾向于类比推理，甚至在理论站不住脚时也是如此，但隐喻推理并不是这些项目（也不是考试）中所固有的，这时就需要教师来进行指导。认知多样性再次成为真正的教学助手。

12. 利用自然学习周期（从发现到概念引介再到应用），平衡挑战和稳妥性。比如，带回家去完成的考试包含深奥的和需要"苦思冥想"的问题，因此所需的长时间使得学生可以经历这个学习周期。当学生意识到有教师和同学形成的安全网时，极具挑战性的团队项目的完成效果最佳。

建构主义课程的阻碍因素

这另一个方面，教育者之前的预期会妨碍他们对课堂内容的认知。有一个我们都熟悉的陷阱，即在讨论案例研究时，很容易假设该讨论最终将达成大体相同的方向，并最终得出相同的一般性结论。普拉瓦特（Prawat，1992）指出存在四种重要的认知障碍，它们会阻碍更具有建构性课程的实施：

1. 有关教学的二分观点；
2. 学生的兴趣和参与是深入学习的充分必要条件；
3. 有关理解和应用的二分观点；
4. 课程是按照固定安排进行的（有关内容和过程的二分观点）。

这些错误设想反映了指导者将自己作为教师的角色定位。我们可以检验自己——我们是否错误地持有这些设想？设想或许很难改变，但是我们能提高自己对它们的认识。普拉瓦特提出，尽管经验丰富的教师充分意识到存在着大量"灰色地带"，但这些设想反映了关于学习的二分法思想，即"只能二选一"。让我们在广谱式创业教育的角度下思考这个问题。

教与学是分开的看法中隐含着一种民间智慧，即认为教育就是教师把知识传递给学生。在创业教育中，要求学生把大量的信息带到课堂上，在很多情况下，还要带来看待手边问题的截然不同的心智模型。后者在帮助学生（和教师）建构更新的、更恰当的心智模型时非常有效。

不同专业的学生（并非仅仅不同的商科专业）同时在一个教室上课，这样的课堂会让这些不同的心智模型即刻显现。正是这种对深层知识的重复及反思性的迭代与重构，才造就了深度学习。若我们忽视了人类深度学习的建构主义本质，那么就算把全世界教师和学生的热情加在一起也无济于事。

普拉瓦特提出的第三个障碍就是我们常将学习视为一个循序渐进的线性过程：我们先学再学以致用。长久以来，行为学习模式（如 Leitch and Harrison，1999）理论一直主张，我们先采取行动，然后寻求对知识的理解，这样才可以促进深度学习。创业者需要从根本上同时行动和学习，因此很难任意将课堂学习与行动分开。我们的课堂教学必须反映这一点：课堂教学绝少仅是在没有行动的环境下传递知识。当学生在行动环境下的心智模型差异与跨学科环境下一样巨大时，让学生经常问"为什么？"和"怎么办？"就更加容易了。

普拉瓦特提出的最后一个障碍实际是对前三个障碍的总结。在执行僵化的教学大纲的同时，我们要如何克服前三个障碍？即使教师带的学生拥有共同的心智模型（比如会计师），他可能也不知道重要的教学（和学习）时刻何时会出现。课堂上认知多样性越丰富，棘手的教学时刻就越可能随时出现，所以教师（和学生）要提前做好准备。如果创业者是靠机缘巧合获得成功的，那创业教育应该也是如此。

让我们来简要看一下如何发展建构主义的学习伙伴关系。

建构主义课堂范例

向学习者提出让他们进行深层思考的真正问题（或帮助他们发现问题），并让他们掌握解决这些问题的方法，这两点是建构主义课堂的关键。这样做就要求教师真正理解创业教育的思维模式，而这种做法的回报也是十分重大的。不仅这些努力会有益于社会，而且建构主义的实现过程还可以帮助学习者改变他们对创业教育思想的看法。不能仅仅通过"记忆和生搬硬套"的训练来改变创业教育的思维模式。

附录 4A 中有两个例子，笔者对这些例子很熟悉，很多读者也会发现这些例子就在自己的舒适区内。创业教育工作者的大部分工作通常都是非常倾向于建构主义的。这两个例子更是如此，它们包括与社会的密切互动。这两个例子也非常适合大学课程。

还有什么其他类型的练习与建构主义学习方法一致？案例研究似乎是一个显而易见的方法。案例研究分析促使学生建构工作模型，在学生分析后果影响时，重新建构工作模型。这种迭代过程大有裨益，因为它提高了学生在新方向上"学习如何学习"的能力（当我们学习数学时，我们参与了相同的"模式化"过程）。案例研究可以显现出学生持有的最顽固的设想，但只有当我们鼓励反省思维或鼓励"打破常规"的思维时才能实现这一点。例如，一些案例学习的教师不建议学生使用课外知识，但是，我们在处理案例的时候，不能像处理司法案例一样将先例作为最高依据。如果你在教授案例研究，学生"加倍努力"去寻找更多额外的数据，为什么要惩罚他们呢？

这个领域中的一个有用方法就是利用半结构化的"鲜活案例"，比如许多学校使用的那些案例。鲜活案例的真实情形可以促使学生采用行动学习和建构主义方法。好消息是绝大多数创业教育工作者都接受案例的现实方面，并且有很多人非常重视体验式学习。然而，更深入地理解建构主义的关键原则和涉及这些关键原则的方法（比如行动学习），将会进一步提高学习者的体验。

再次注意：体验式练习必须是真正的体验式练习。不是所有被称为体验式练习的练习真的都是体验式练习。"亲自动手"并不一定等同于"体验式"。真正的体验式练习会充分考虑过程和内容，并给学生犯错的余地。一个体验式练习的例子与一个创业模拟游戏有关。从长远来看，它会奖励早期出现的错误，而不是奖励早期取得的成功，即使它纯粹出于偶然。简而言之，真正的体验式练习会改变学生的思维方式——不仅仅是改变知识内容，也会改变深层认知结构。

思考一下本书中的例子。理科领域的创业教育需要一种创业方法。生物学家丹尼尔·约翰逊（Daniel Johnson）要求他的学生为一本原创生物教科书编写一个章节，而生物物理学家杰德·马科斯科（Jed Macosko）却要求学生用电脑绘图。这二者既有真正的创业精神，又都有基于真实问题的学习（本书第九章）。

本书中有一个值得注意的例子，即琳内特·克莱尔（Lynnette Claire）创业电影项目（本书第十二章）。在这个项目中，几乎没有或完全没有受过创业教育、不懂电影制作知识的学生被安排去研究一位当地的创业者，并就这位创业者制作一部吸引人的短片。完成这项任务需要从普吉特海湾大学（位于美国华盛顿州塔科马市）引进资源，并且深入社区，同时帮助学生反思他们的经历及自身创业对自我效能的影响。

一般来说，社区参与是让学习者识别真实问题的有效方法。我们已经说过社会和持续性的创业教育经常是广谱式创业教育项目的核心。还有什么项目能比这个更能够让学习者深入学习并激发他们的热情，使他们的认知能力和水平朝着更专业的创业思维方向发展呢？

准备开始

商学院学生往往都接受了传统学习方法的良好教育。对于那些认为教育是一种竞争的学生而言，真正的合作似乎很可能具有威胁性。珀金斯（Perkins）和其他一些人认为，我们可以使用费米问题（费米问题虽简单，其答案却不简单，比如"芝加哥有多少支铅笔"这样的问题）这种看似简单却具有迷惑性的锻炼来开始这个过程。追寻费米问题的答案促使学生创造性地解决问题并使用多种观点和方法。反过来，这就可以引导他们进行合作并使他们意识到社会内在的混乱和喧嚣。我们还观察到其他简单的方法，比如可以使用比喻（摩根在1986年提出暗喻"公司好比一台机器"或"公司好比一棵树"等）、辩论或者模拟"城镇会议"。

另外一个强有力的模式是"学生合作研究者"（Yager, 1991）。贝尼迪克坦学院的约翰·邦奇（John Bunch）让学生完成一些名为"如何做"的论文来告诉读者如何处理一些有用的任务，比如，如何安排货物出口法国的信用证。学生首先要了解课题范围（也就是真正的问题），与教师（实际上是共同学习者）沟通课题范围，接着交一份报告，让现在和以后的同学都能看到这份报告。我们现在正在开发一个项目，在这个项目中，学生可以和当地的技术客户合写白皮书；同时，这个项目甚至可能成为帮助支持学生活动的职业教育中心。

并非所有小组项目都能提供这样的好处，组织结构不佳的小组项目可能会阻碍学习。真正的小组项目涉及普遍合作并展现出合作学习的诸多特点（目标上的相互依赖、实现目标的方式及奖励）。一些教师已经在期刊写作和其他实际支持方面取得了成功，这些支持让学生有能力反思该学习过程的能力——他们想法的变化和思维方式的变化。撰写案例研究可能是一种有形输出，尤其是现在的正式案例写作比赛很受学生的喜爱。

任何这样的方法都有助于建立一种合作学习环境，在这种环境中，学生完全相互依赖，以实现目标、策略和奖励。很多商学院完全使用这种小组学习模式，并取得了巨大的成功。一种低风险的方法是团队的对外演示，团队必须向一些真实的团体提出有价值和有兴趣的话题。这促使学生选择一个"真实"的问题，并给予他们自主追求的自由。正如所料，团队教学通常是有用的，它能给学生带来多重视角。锡拉丘兹大学（位于美国纽约）的体验式课堂计划就是一个好案例，该计划的团队是由创业者与学者所组成。

我们需要提供一个安全的环境，在这个环境中失败显然是一种学习体验。有些创业教育课堂甚至坚持让学生"挑战极限"直至真正失败，由此认识到失败也是一种学习过程。一个很普遍的模式就是分给学生一个项目，在一个涉及多人的组织中引发一些实际的、可见的变化（只能通过说服组织中的人而不是命令他们）。在"不可能完成的"任务中遇到的挫折常常不会那么损害他们的自尊心。

达里尔·米顿（Daryl Mitton，1994）提供了一系列体验式练习来建立他所谓的创业者"影响力"（基本上是隐性知识和自我效能感）。许多练习中都包含"美元练习"（用一美元创建一个可营利的、合法的企业）和"五个陌生人"（向这五个人征求他们对你的创业想法的意见）。这种学习经历通常是由学生自主选择时间和地点在课外完成。这些练习鼓励学生拓宽思考问题的广度，更重要的是，它们能增加学生对相关任务或技能的自我效能的认知。它们让学生改变自己的心智模型，同时把对学生的自尊和自我形象的损害降到最小。

我们如何评估进步？

行为主义内容导向模式的最大优势在于它能够相对容易地去评估知识内容是否已经传递给学生。更具挑战性的是评估知识结构是否已经（发生积极的）改变。我们能够做的是着重于建构主义过程，牢牢记住我们的目标是学生培养更加专业的创业思维。

让我们回到这个问题上——学习过程是如何帮助我们养成更好的创业思维的，不论是从学会发现更多或更好的机会的角度来看，还是从把自己视为创业者的角度来看（或者像我们已经提到的，二者兼有）。巴伦（Baron，2006）和加利奥（Gaglio，2004）均证明了逆向推理的认知机制是刺激学生质疑其存在心智模型的有力杠杆。在维多利亚大学，罗恩·米切尔（Ron Mitchell）、布罗克·史密斯（Brock Smith）、克里斯蒂·西赖特（Kristie Seawright）和埃里克·莫尔斯（Eric Morse）提出了一种教育法，着重强调帮助学生们获取专家脚本（2000）。这就清楚地表明了，深层结构的衡量标准（无论是脚本还是意向地图或其他可能的标准），可以有效地研究创业思维在整个培训计划中的变化（Mitchell et al.，2000；Krueger，2001）。

我们最好如何正式地评估学生的表现？我们在上文已经提出，在建构主义学习中，让学生参与设计评估和评估指标的确很有用。一个优秀的起始点是学生（特别是非商科专业的学生）经常提出的"组合"概念，其中涉及学生的各种成果。珀金斯（Perkins，1994）主张"过程组合"，这个概念包括"生产量"，用以生动地说明学生的进步过程（也就是说，"过程组合"应该包括中期报告和报告草案）。组合或过程组合中要求多个项目，能够挖掘出不止一种知识和技能，以展示学生如何利用自己的优势及如何弥补自己的弱点。简而言之，这些展示了学生是如何学习更好地运用创业思维进行思考的。小型商业组织的报告是理想的可参考报告。但是，有的创业教育至少有三个管理学院教育学奖将进入以投资组合为基础的创业项目，如果我们忽略了在这样的创业教育中组合方式的使用正在日益增长，我们可能就是失职的。在这三个管理学院教育学奖中，有两个是明确以脚本为重点(旧金山和维多利亚市)的。不要忽视这一点：衡量标准和评估过程本身应该与我们努力追求的深层信念和知识结构的变化有明显联系。

下一步走向何方？

还存在一些更重要的问题。随着模型和方法的不断发展，特别是最近在神经科学领域取得的突破性成果，我们将能够越来越仔细地研究具体的教育经历是如何影响知识结构的特定变化的。但是，我们的证据即使从表面看来仍然相对有限。与教育领域不同的是（例如，Hamilton and Hitz，1994），我们还没有研究学生的思考是如何随着时间的推移而变化的（例如，通过像反思日志一样的简单机制）。追踪观察商科与非商科专业之间的变化难道不令人感到惊奇吗？即使两种专业在相同点上汇合，路径却也可能不同（即使起点相似，道路也会不同）。我们已经知道，在社会创业中（在广谱式教育项目中经常提到的话题），具有"创业者"角色身份的人在开始时的知识结构与具有"社会活动家"角色身份的人非常不同，即使他们有共同的目标（Simms and Robinson，2006）。广谱式课程是创业认知研究的重要领域。

创业教育工作者也有必要对其教学影响进行更多的评估。正如之前提到过的，我们一直看到课堂确实在改变学生的思维。从建构主义的角度来说，我们一定能看到这一点。然而，这就引起了两个问题。第一，为什么我们不多做一些这类研究呢？为什么我们不做能直接解决我们所做的事情的合法性问题的研究呢？认证机构试图将创业精神融入主流后推动学校在课堂上使用更少的从业者和管理人员，那么为什么我们没有提供证明我们工作重要性的证据，以及证明我们如何能做到这一点很重要的证据？

第二个问题更为麻烦：我们是否是在正确方向上改变着思维？我们是否真的将它们推向了专业思维的大方向？如果建构主义模式有一个较大缺点的话，那就是教师需要充分地理解（并分享）专业的创业教育思维模式。如果教授创业精神的人对创业精神有着严重的误解，那会怎么样？甚至一个才华横溢、活力四射的兼职教师可能也会囿于新手思维，并对学生造成不利影响。

创业不是线性的，创业教育思维也绝不能是线性的

考虑到创业过程很少是线性的，那么成为一名创业者就包含一系列结构混乱的任务，甚至是有违道德规范的任务。我们知道，对一家企业进行规划需要具有效果逻辑，而不是因果逻辑（Sarasvathy，2004）。然而，那些把创业教育当作线性过程的教师是如何的呢？越来越多的证据表明，仅仅教人写创业计划，说得委婉些属于结构性失调，说得糟糕一些就是教育弊病。同时，一些教育领袖越来越鄙夷那些像"食谱"一样的创业计划课程和竞赛（例如 Meyer，2001）。

另一方面，我们看到校际竞赛越来越多。例如，得克萨斯大学组织的"产品创意竞赛"（www.ideatoproduct.org）。这是一项全球性竞赛，在比赛中，不同学科的学生把原始的知识产权转化成可行的产品。帮助学生学会将想法变为现实本身就有非常强烈的建构主义特征，增加多学科的认知多样性能让这件事成为现实。

政治环境（"人人可教创业！"）？

然而，人们很少见过这方面的出版物。这是为什么呢？各种创业计划实质上就是"杀手级应用"，以帮助创业在各商学院取得更广泛的接受度。即使我们无法衡量创业计划竞赛对创业思维的影响，但创业计划竞赛是重要的商业教育活动场所，也是学校潜在的重要资金来源。难道管理者想听到的创业计划都是些平庸的教学法吗？我们已经看到，基于问题的学习方法远比其他方法更加强大和更有效率，可如果它需要专业的思想家来用恰当的方式施行的话，那它就会限制那些认为"人人都可教创业"的管理者（Fernandes，2006）。然而，我们真的知道把"食谱"一般的创业计划当作创业教育的核心有哪些积极和消极的影响吗？如果我们采用建构主义的方式去教授创业计划，撰写计划的情况会不会好一些呢（Honig，2004）？这就是我们面临的棘手问题；现在，我们有了解决这个问题的方法。这种线性方法是如何真正改变深层知识结构的呢？

教师的影响？

案例研究是可以充分探索的中间地带，这种探索也会得出丰硕成果。一个教授案例研究经验不足的教师可能会过于遵循备课教案中提供的"食谱"，"食谱"中既包含预期的结论，也包括得到预期结论的方法。经验丰富的（或许是专家？）案例研究教师可能一般会以非线性的方式授课，但会在需要的地方使用线性的方法。因此，我们可以假设教师的差异可能会发挥重要作用。在以上大部分内容中，我们认为教师的主要差异在于他（她）对专业的创业思维的了解或掌握程度。在实际教学中，我们发现主要差别在于如何变得专业。汉克等人（Hanke et al.，2005）似乎认为，在真正基于问题的学习中，拥有专业知识是关键的杠杆点，而不一定必须是拥有专业的创业心态。最后，如果我们认为不需要学习学生的效率，那就太疏忽了（全校性课程有没有可能提供研究这一点的沃土呢？）。我们的研究需要找出教学、教师和学生之间所产生的差异影响。

总而言之，建构主义模式显然应该不仅为我们理解和改进创业教育提供一种强有力的、有效的方式，还为我们将来的研究提供在理论上有趣，在实践中有用的大量话题。

建构主义：主要结论

1. 建构主义式教育的首要目标不只是表面上的技能，还是深刻的理解。即使是成功所需的复杂技能，也可以通过这种方法更快、更彻底地获得。这正是一名成功的创业者所需要的。正如我们所见，广谱式项目提供的认知多样性可以显著加速这一过程。

2. 获得深入的了解需要我们从多元观点来审视"学习如何学习"。怎样才能比多元观点决定的环境下（如在全校范围内的课堂中）更好地做到这一点呢？

3. 建构主义教育模型在概念上印证了大部分我们已知的有效教育实践。

4. 建构主义模式强调环境的重要性：情境和共同学习对于学生深入了解主题领域至关重要。

5. 建构主义教学是有成效的（但并非易事）。

"教育不是灌满一桶水，而是点燃一把火"（William Butler Yeats）。借用一句古老的谚语来说明这一点：作为创业教育工作者，我们的目的不是开发人力资源，而是培养足智多谋的人。还有什么比创业教育更能点燃一把火，甚至煽起一团火呢？

附录 4A　建构主义课堂两例

实例 1：针对初期学习者的虚拟加速课程

加州大学洛杉矶分校（UCLA）启动了一项模拟项目（GAP），在这个项目中，工商管理硕士的高才生和有着巨大成长潜力的初期创业者组成一队，共同商讨实现创业期望的办法（加州大学洛杉矶分校不是唯一的先导，事实上，如今很多高校都在效仿这个通用模式，比如乔治亚理工大学的"TiGER"项目，即由 N2TEC 研发的跨学校项目，该项目由南加利福尼亚大学和加州大学弗雷斯诺分校共同牵头。然而加州大学洛杉矶分校的艾伦·卡斯鲁德却是第一个推广这个模式的）。

基本 GAP 模型　学生和初创科技创业者（公司已经启动但未成立）组成一组。小组的目标是加速企业的发展，理想的结果是获得重要的外部资金、并购和（或）获得重要客户。

- 第一步：招募　很显然，客户业务是要严格审核的，需要教师也支持此过程（以问题为基础的学习，熟悉并掌握技能是必不可少的）。

- 第二步：启动　学生（和教师）与创业者会聚在一起过"立项"周末，这样团队和创业者就能聚在一起研制本学期的行动计划。这将包括为时两天以上的创业启动训练营，以使学生和其他参与者提前完成任务。这个速成课程也可以分享给更多受众。这一课程结束时，学生需要就自己提议的"作战计划"进行简短的展示（包括衡量标准和重大事件），展示时要符合"项目谋杀委员会"的要求，该委员会是由来自新企业和企业所在行业的专家组成。

- 第三步：工作　学生小组回到家中开始自己的计划，如有需要便进行修改。他们要为计划确立一个咨询委员会，委员会成员可以是他们社区（任何可能的社区）中的成员，甚至是国家级的专家。这点由团队决定。不过，学生会定期获得额外的课程材料，教师和团队顾问也会得到其他材料使用。

● 第四步：庆祝或竞赛　学生小组在学期末会返回学校庆祝团队已经完成的任务，并向极有权力的、经验丰富的"项目谋杀委员会"做最终的正式展示，这些委员会是专门为每一个小组选出的（当然，这显然可以安排成竞赛的形式）。庆祝活动将与第二次新的训练营结合起来，这次的训练营则侧重后期问题，如演讲技巧。

从建构主义的观点来看，要注意 GAP 项目是如何通过使用 J. 布鲁克斯和 M. 布鲁克斯（1993）提供的标准来达到建构主义学习的关键标准的。

1. "真实"（及重要的）问题；
2. "大想法"；
3. 建构意义需要三角校正；
4. 训练而非讲授；
5. 评定和测评手段应反映这些过程。

● 真实问题和大想法：GAP 让项目具有真实的、重要的现实结果，成功和失败都会显而易见。学生可以即刻意识到他们在发生的事件中所扮演的重要角色。

● 三角校正：在新手创业者工作的环境中，信息是有问题的，这就要求学生使用各种信息资源（包括个人情况需要进行三角校正的人力资源）来开展工作，也需要教授他们业内人士和外部专家的心智模型。

● 训练：教师应在最初的训练营中提供关键信息，并且在整个学期期间都可以为学生提供咨询（如有需要，教师还可进行干预）。然而，学生团队一般必须自学关键技能。

● 评价：由"项目谋杀委员会"专家组和他们的同行对学生进行评价。

实例 2：技术商业化和经济发展

TEAMS 方式？ 博伊西州立大学（Boise State University，位于美国爱达荷州的博伊西市）（之后还有其他学院）、爱达荷国家实验室、西北内陆研究联盟（位于美国爱达荷州的爱达荷福尔斯市）（www.inra.org）和西北内陆地区的大学之间有着复杂的伙伴关系，"团队"处于这一复杂伙伴关系的核心。这些伙伴和尤因·马里恩·考夫曼基金会（Ewing Marion Kauffman Foundation）支持"团队"方式。学生项目团队致力于多种创业项目，提供一个丰富的、架构不良的学习环境，同时通过将新的尖端技术商业化，以及推动经济发展（包括社会创业）来帮助他们的社区。

TEAMS 过程 每一个团队都与外部客户进行合作，协商项目范围。与社区团队一同工作、与当地联系人和教师协商其项目。在学期当中，团队与团队之间分享他们的进展（以及他们的阻碍），包括期中进展报告和展示。在学期结束时，团队通常会在现场向客户做最终的正式展示，展示现场会有来自当地企业和社区的来宾。

技术商业化项目 绝大部分技术项目来自爱达荷州的大型联邦研究实验室（即爱达荷国家实验室）。商业化评估始于全面的行业分析，行业分析之后是市场分析（详见 Quicklook）。学生团队为实现商业化制订战略计划，这个计划要展示给发明人和技术转让专员。

学生主要使用爱达荷国家实验室希望授权的已经研发的新技术，如软件（数据存储，计算机安全监控）、生物技术、环境修复及当地的高科技社区（如 www.kickstand.org）。

经济发展 与之类似的是，爱达荷州国家实验室的经济发展小组和其他小组提供了一些项目，在这些项目中，学生团体可帮助当地社区。依靠技术型创业项目，学生们用他们的努力吸引了该地区其他开发实体的兴趣。

- 社会评定　例如，建立能力－机会模型来指导未来的项目（为此，学生需要向开发专业人士和当地领导做展示）。
- 新产业的可行性研究　一个项目证明了一个基于无土栽培技术的新产业集群的高潜能，而另一个团队为位于爱达荷州萨蒙市的萨卡加维亚解说中心编制了可行性研究报告。
- 设计新的开发工作　以往的项目包括为爱达荷州的农村地区设计下一代制造商合作社和在该州的东北部设计一个远程学习中心。
- 专业化项目　分别来自爱达荷州三所不同大学的团队，清查了爱达荷州几座城市的通信资源，并在一个重要会议中，向爱达荷州州长及高级政府官员与企业人员展示了他们的发现成果，可以用来提高乡村地区的互联互通水平。

学生学到的重要经验教训　TEAMS项目提供了一个通过亲身体验来学习的机会，让学生有机会在构建问题的学习中创造真正的创业价值，并在其中应用了一些过程技能，比如：

- 处理结构不合理的问题（以及在这种环境下的项目管理）；
- 建立和维持可自我管理的、高绩效的跨职能团队；
- 在创业教育环境下整合、应用各种商业技能；
- 从内部人士的角度了解现实中的大型项目是如何规划和实施的。

实质成果

1. 学生的兴奋感：现在，学生正设法进入这些最重要的部门。
2. 对高风险的技术商业化决策的实质影响。
3. 对当地社区，通常是农村地区（但也可能是城市地区）的实质影响。
4. 提高学生团队建设、问题解决和书面、口头表达能力。
5. 项目活动提供了真实的环境来解释一些重要概念，比如商业模型、竞争情报、行业分析、基本标准及创业计划。

作为建构主义学习的 TEAMS TEAMS 项目如何达到建构主义学习的主要标准？让我们回顾一下由 J. 布鲁克斯和 M. 布鲁克斯（1993）提供的几条有用的标准：

- 真实问题和大想法：项目在现实生活中具有真正的、重大的影响，这能够吸引并保持学生注意力。学生项目为爱达荷国家实验室提供了可直接用于专利申请和许可决策的信息。经济开发人员利用学生项目来推动他们的社区发展（比如，爱达荷州东部地区的生产商合作社非常依赖学生的研究和分析）。

- 三角校正：完成项目需要不同的信息资源，有些信息经常是冲突的，有时候项目需要与关键联系人合作，而关键联系人自己的日程安排差异很大。学生直接获得了对他们项目的多重视角，并在中途获得对关键课程概念的多重视角。在一个真正实现自我管理的工作团队中工作，会增加额外的三角校正（Senge, 1990）环节。随着其他大学加入"团体"活动，学生和其他人的经历也要进行三角校正。

- 训练：教师的大部分时间都花在和团队与客户的共事上。为了进一步减少向学生讲课的次数，教师让每个学生团队负责讲授一章内容，并将每章的关键内容与自己的项目明确结合起来。学生们还会在同伴教学演示中互相指导。

- 评价：学生项目由同辈、客户和外部专家进行评估。

参考文献

Alberti, F., S. Sciascio and A. Poli（2004）, 'Entrepreneurial education: an ongoing debate', paper presented at the Int-ENT Conference, Naples, July.

Bandura, A.（1993）, 'Perceived self-efficacy in cognitive development and functioning', *Educational Psychologist*, 28（1）, 117-148.

Baron, R.（2006）, 'Opportunity recognition as pattern recognition: how entrepreneurs "connect the dots" to identify new business opportunities', *Academy of Management Perspectives*, 20（1）, 104-119.

Baron, R. and R. Henry（2006）, 'The role of expert performance in entrepreneurship: how entrepreneurs acquire the capacity to excel', paper presented at the Babson Entrepreneurship Conference, Bloomington, IN, June.

Baum, J.R., E. Locke and K. Smith（2001）, 'A multidimensional model of venture growth', *Academy of Management Journal*, 44（2）, 292-303.

Bouchhiki, H.（1993）, 'A constructivist framework for understanding entrepreneurial performance', *Organization Studies*, 14（4）, 549-570.

Brockhaus, R.（1987）, 'Entrepreneurial folklore', *Journal of Small Business Management*, 25（3）, 1-6.

Brooks, J. and M. Brooks（1993）, 'In search of understanding: the case for constructivist classrooms', Alexandria, VA: Association for Supervision and Curriculum Development（ERIC #ED366428）.

Chandler, G. and E. Jansen（1992）, 'The founder's self-assessed competence and venture performance', *Journal of Business Venturing*, 7（3）, 223-236.

Cooper, S. and W. Lucas（2007）, 'Developing entrepreneurial self-efficacy and intentions: lessons from two programmes', paper presented at the ICSB World Conference, Turku, June.

Cox, L.（1996）, 'The goals and impact of educational interventions in the early stages of entrepreneur career development', paper presented at the Int-ENT Conference, Nijmegen, Netherlands, July.

Delmar, F. and P. Davidsson（2000）, 'Where do they come from? Prevalence and characteristics of nascent entrepreneurs', *Entrepreneurship and Regional Development*, 12（1）, 1-24.

Duckworth, E.（1986）, 'Teaching as research', *Harvard Educational Review*, 56（4）, 481-495.

Eden, D.（1992）, 'Leadership and expectations: Pygmalion effects and other self-fulfilling prophecies in organizations', *Leadership Quarterly*, 3（4）,

271-305.

Ericsson, K. and N. Charness (1994), 'Expert performance', *American Psychologist*, 49 (8), 725-774.

Erikson, E. (1980), *Identity and the Life Cycle*, New York: Norton.

Fayolle, A. and I. Servais (2000), 'Exploratory study to assess the impact of entrepreneurship programs on student entrepreneurial behaviors', Babson Entrepreneurship Conference, Babson Park, Wellesley, MA, June.

Fernandes, J. (2006), Keynote address, US Association for Small Business and Entrepreneurship Conference, Tucson, AZ, January.

Fiet, J. and J. Barney (2002), *The Systematic Search for Entrepreneurial Discoveries*, New York: Quorum.

Gaglio, C. (2004), 'The role of counterfactual thinking in the opportunity identification process', *Entrepreneurship Theory and Practice*, 28 (6), 533-552.

Garavan, T. and B. O'Cinneide (1994), 'Entrepreneurship education and training programmes: a review and evaluation—Part 1', *Journal of European Industrial Training*, 18, 3-12.

Guglielmino, P. and L. Klatt (1993), 'Entrepreneurs as self-directed learners', paper presented at the ICSB World Conference, Las Vegas, NV, June.

Hamilton, D. and R. Hitz (1994), 'Reflections on a constructivist approach to teaching', *Journal of Early Childhood Teacher Education*, 17 (1), 15-25.

Hanke, R., E. Kisenwether and A. Warren (2005), 'A scalable problem-based learning system for entrepreneurship education', *Academy of Management Proceedings*, E1-E6.

Honig, B. (2004), 'Entrepreneurship education: toward a model of contingency-based business planning', *Academy of Management Learning & Education*, 3 (3), 258-273.

Jack, S. and A. Anderson (1999), 'Entrepreneurship education in the enterprise culture: producing reflective practitioners', *International Journal of Entrepreneurial Behaviour and Research*, 5, 110-121.

Jelinek, M. and J. Litterer (1995), 'Toward entrepreneurial organizations:

meeting ambiguity with engagement', *Entrepreneurship Theory and Practice*, 19（3）, 137–168.

Krueger, N.（1993）, 'Growing up entrepreneurial?', *Proceedings*, Academy of Management, Atlanta.

Krueger, N.（2000）, 'The cognitive infrastructure of opportunity emergence', *Entrepreneurship Theory and Practice*, 24（3）, 5–23.

Krueger, N.（2001）, 'Adapt or select?', paper presented at the Babson Entrepreneurship Conference, Jönköping, January.

Krueger, N.（2007）, 'What lies beneath? The experiential essence of entrepreneurial thinking', *Entrepreneurship Theory and Practice*, 31（1）, 123–138.

Krueger, N. and D. Brazeal（1994）, 'Entrepreneurial potential and potential entrepreneurs', *Entrepreneurship Theory and Practice*, 18（3）, 91–104.

Krueger, N. and P. Dickson（1994）, 'How believing in ourselves increases risk taking: perceived self-efficacy and opportunity recognition', *Decision Science*, 25, 385–400.

Krueger, N. and D. Hamilton（1996）, 'Constructivism and entrepreneurship education', in T. Monroy, J. Reichert and F. Hoy（eds）, *The Art and Science of Entrepreneurship Education*, vol. 3, Cambridge, MA: Ballinger, pp. 11–21.

Krueger, N. and J. Kickul（2006）, 'So you thought the intentions model was simple: cognitive style and the specification of entrepreneurial intentions models', paper presented at the US Association for Small Business and Entrepreneurship Conference, Tucson, AZ, April.

Krueger, N., M. Reilly and A. Carsrud（2000）, 'Competing models of entrepreneurial intentions', *Journal of Business Venturing*, 15（5/6）, 411–532.

Krueger, N., M. Brannback, A. Carsrud and J. Kickul（2007）, 'Informed intent', paper presented at the ICSB Conference, Turku, June.

Kuhn, T.（1962）, *The Structure of Scientific Revolutions*, Chicago, IL: University of Chicago Press.

Langer, E.（1994）, 'A mindful education', *Educational Psychology*, 28（1）,

43-50.

Leitch, C. and R. Harrison (1999), 'A process model for entrepreneurship education and development', *International Journal of Entrepreneurial Behaviour and Research*, 5 (3), 83-89.

Lucas, W. and S. Cooper (2004), 'Enhancing self-efficacy to enable entrepreneurship: the case of CMI's connections', MIT Sloan Working Paper 4489-04, Cambridge, MA.

Meyer, G.D. (2001), 'Major unresolved issues and opportunities in entrepreneurship education', Coleman White Paper, US Association for Small Business and Entrepreneurship Conference, Orlando, FL, January.

Mitchell, R.K. (2005), 'Tuning up the global value creation engine: road to excellence in international entrepreneurship education, in J. Katz and D. Shepherd (eds), *Advances in Entrepreneurship, Firm Emergence and Growth*, vol. 8, Greenwich, CT: JAI Press, 185-248.

Mitchell, R.K., B. Smith, K. Seawright and E. Morse (2000), 'Cross-cultural cognitions and the venture creation decision', *Academy of Management Journal*, 43 (5), 974-993.

Mitton, D. (1994), 'Entrepreneurial clout: honing the intuitive behaviors necessary to sustain entrepreneurial success', paper presented at the Babson Entrepreneurship Conference, Babson Park, Wellesley, MA, June.

Monroy, T. (1995), 'Getting closer to a descriptive model of entrepreneurship education', in T. Monroy, J. Reichert and F. Hoy (eds), *The Art and Science of Entrepreneurship Education*, vol. 3, Cambridge, MA: Ballinger, pp. 205-217.

Morgan, G. (1986), *Images of Organization*, Thousand Oaks, CA: Sage.

Morse, E. and R.K. Mitchell (2005), *Cases in Entrepreneurship: The Venture Creation Process*, Thousand Oaks, CA: Sage.

Neergaard, H. and N. Krueger (2005), 'Still playing the game?', paper presented at the RENT XIX Conference, Naples, Italy, July.

Neergaard, H. and R. Smith (2007), '"The Pilgrim Story,": an alternative entrepreneurial fairytale from Denmark', paper presented at the ICSB World Conference, Turku, June.

Perkins, D. (1994), *Smart Schools: From Training Memories to Educating Minds*, New York: Free Press.

Peterman, N. (2000), 'The impact of entrepreneurial training on entrepreneurial beliefs', Honours thesis, University of Queensland, Australia.

Post, C., J. Elfving, T. Pohja, M. Brannback and A. Carsrud (2007), 'On becoming "informed": exploratory study of the impact of education and social norms on entrepreneurial intentions', paper presented at the ICSB World Conference, Turku, June.

Prawat, R. (1992), 'Teachers' beliefs about teaching and learning: a constructivist approach', *American Journal of Education*, 100 (3), 354–395.

Sarasvathy, S. (2004), 'Making it happen: beyond theories of the firm to theories of firm design', *Entrepreneurship Theory and Practice*, 28 (6), 519–531.

Scherer, R., J. Adams, S. Carley and F. Wiebe (1989), 'Role model performance effects on development of entrepreneurial career preference', *Entrepreneurship Theory and Practice*, 29 (4), 32–36.

Senge, P. (1990), *The Fifth Discipline*, Garden City, NJ: Doubleday.

Simms, S. and J. Robinson (2006), 'Activist or entrepreneur? An identity-based model of social entrepreneurship', paper presented at the 2nd International Social Entrepreneurship Research Conference, New York University, April.

Souitaris, V. (2005), 'The value-added of entrepreneurship education', paper presented at the Academy of Management Conference, Honolulu, HI, August.

Tegtmeier, S (2007), 'Empirical implications based on the theory of planned behaviour', ICSB World Conference, Turku, June.

Yager, R. (1991), 'The constructivist learning model', *The Science Teacher*, 58 (6), 52–57.

第五章 创业——一门人文学科

杰里·古斯塔夫森[①]

引言

虽然各大高校的创业课程呈爆炸式增长，但创业教育在整个学术界仍然缺乏广泛的接受度。尽管情况已有所好转，但社会各界对这门课程在许多方面仍持怀疑态度。规模小、更传统的文理学院对创业教育的抵触尤为明显。在这些学院中，对创业教育反对的形势要比商学院更为严峻。它们对于创业教育的非难往往超越了以往商学院对于创业教育缺乏学科地位、缺乏严谨性以及缺乏深入研究等方面的批判。在文科环境中，创业常常被认为是职业导向的、物质至上的、利己主义的、道德观可疑的。由于以上原因，许多人都认为创业教育超出了文科教育的范畴。

然而，创业教育也有其重要的固有价值。它极大地鼓励学生更加积极地投入学习中，从而提升整体教学体验。当人们对将创业纳入文科一事进行据理力争时，他们进一步意识到了创业对自我能动性的提升，而这种对于自我能动性的提升往往是文科所追求的。创业教育作为传统课程的重要补充，其理论支撑足以使其拥护者感受到自己能在与他人的辩

[①] 我要感谢两位匿名审稿人，他们给我提了很多建议，大大厘清和改善了我的论点。

论中更胜一筹。在发展初期，它只是以温柔的方式叩开传统教育的大门，其后逐渐发展到开始以一种铺天盖地的阵势，对传统教育进行大规模的进攻。

　　读者们可能会从逻辑上认为，关于创业是否应该进入人文学科的这个问题应该由那些对这件事持有怀疑态度但却持有决策权的学术带头人来作答。只有诚挚的敬意和严肃的理由才能赢得这些人的首肯。然而，与其说创业教育冲击传统课程的概况是提交给学术带头人的，不如说是提交给由创业教育家及创业教育学者所组成的团队的。这个团体在逐渐向主流教育推动的过程中，已经经历了很多伤害。我们从他们分享的论战故事中可以发现，他们由于一个共同的原因遭受了侮辱、厌烦甚至傲慢。我屈服于诱惑，开始以偶尔讽刺和嘲笑我们假想敌的方式来吸引这个团体的注意。在我职业生涯的前二十年，我任职于一个传统文理学院，并且只是一个纯学术论者。在自己转变成为创业教师的20年里，我不断转变自己的原有观念。因此，在论证过程中，我的语气可能会在有些地方含有怨恨的情绪，之所以这样的原因是我对身处创业教育一线的人非常同情，而这种同情会让我难以保持理智的忍耐。

　　我的观点都是在一所小的文理学院任教期间形成的，所以具有一定的局限性。小文理学院所教授的知识始于一种使命感，而这种使命感与在高职高专院校或者研究院中的有所不同。因此，以下的观点并不是普遍适用的。但是，在整个课程范围内完全接受创业精神，最终必须通过文科领域才能得以实现。

　　毫无疑问，高等教育机构的培养目标是多元的。在某种程度上，所有学院都致力于培养学生的基本技能，包括传授既有知识、通过研究创造新知识、职业教育及专业教育、传播并共享专业知识来改善社会、强化公民责任意识等。教育的重心和真正的核心目的会随环境而变。

　　文理学院的根本教育目的是什么？这个问题由来已久。但在某个层面上其答案清晰可见。我们可以翻一翻学校手册，看看里面说和做了什么。文理学院为学生提供广泛的学术课程和创造性技术。它们鼓励学生扩展知识面，并且高度重视培养他们的求知欲、想象力和创造性这三类综合素质。文理学院并不鼓励学生过早地将学习目标转向某一专业领域，强调课程任务的分配，且往往会将对学生的主要要求精简为必要要求，并以牺牲实践为代价强调理论和抽象。他们往往热衷于采取行动以避开对学生进行职业教育，甚至把不进行职业教育当作教育优秀的标志。他们高度重视社会实践，鼓励学生积极参与课外活动和体验生活，促进学生"全面发展"，增强交际能力。

这种教育方法的目的并不是将毕业生清一色地培养成为研究员或是整天泡在图书馆中思考的学者。显然，文理学院的毕业生与别处的毕业生们一样致力于参与实际事务和公共事务。这种教学方式的目的在于解放学生，赋权于学生。文科旨在培养学生的想象力，给他们提供思想、观点、知识工具，借助它们，学生可以设计自己的生活。通过多年的提炼所形成的丰富理论知识，在具有工具性的专业知识的整理下变得整齐且有条理，这种知识可以避免将学生安排到预定的职位上。它帮助学生做出自己的人生选择。学生也的确做出了自己的选择，学院的作用在于使其成为明智且具有能力的选择决策者。

这项观察结果十分重要。文科教育的首要目的就是使学生成为能够学习的人。与提供狭隘的技术、创造新知识、提高公民意识、引导毕业生服务他人或其他通识教育偶尔声称的目的相比，文科教育的主要任务就是解放学生，让他们可以明智地选择如何去追求以高度的个人成就和公民成就为标志的生活。文科教育是赋权于学生的媒介，可以帮助学生以一种有效的方式生活。

这个主张并非没有争议。与其他学校一样，文理学院声称自己拥有多重教学目标。但是，在解释文理学院到底是做什么的这一点时，其他的主要驱动力又是什么呢？为了理解创业在文科教育中的作用，对文理学院的教育目标进行推断是至关重要的。创业学习的过程是充分解放自我的过程，其最重要的特征就是让学生以释放自我的方式找到有效的方法去实现自己所定的目标。创业教育支持并阐明了人文学科的核心成果。

证实这一点是以下内容的中心论点。接下来，我们必须首先阐明一点，即创业作为一个严肃的研究领域，拥有其自身的学科地位。然而，文科的教学大纲将许多课程排斥在外，因此接下来有必要考虑文科课程的特点，并说明创业教育如何满足这些特点。然而，其理论基础所特有的本质表明，对将创业教育纳入人文学科的呼吁，实际上是对教育改革的呼吁。这场教育改革不仅仅是让文科接纳创业教育。我们必须讨论原则性的和其他性质的阻力点，因为学者们可能会以此反对创业教育及蕴含创业教育在其中的改革。我们尤其必须考虑到专业学者、创业者及他们双方的支持者之间激烈的价值观冲突，并想办法解决这个冲突。鉴于反对意见的性质，本章认为这场战争并不是通过辩论就能获胜的。对于创业教育的拥护者来说，不论一个优秀的案例多么有价值，想取得进展仍要通过缓慢前进、利用小的机会和打开突破口的方式来实现。在文章最后，笔者对如何创造这样的机会提出了一些想法。

什么是"学科"？

教师热爱自己的学科。中学教师对学生只是进行"学科"教学。但教授不仅是教学生，更是身体力行地去践行学科。教师在谈及自己的学科时，会谈到内容标准、教学质量及研究状况。他们以此为自我评估的根据，判断自己是否达到专业水平。学科规定了教学内容、严谨程度、教学速度，综合程度和学习测试。人对学术的痴迷往往始于专业化。在专业竞争中也不能忽略在道德良心领域对于公共服务及学生需求的关注。

学科在规定研究主题的同时，也清晰地对不同团体的教师的职业身份进行了阐释。一门学科往往由研究取向分明的学者团体所组成。在正式场合中，这种研究取向就像是学者头上所戴的不同颜色的帽子及身穿的长衫一样，是各具特色学者间分享其研究惯例的一种标志。这些学术团体是由微小的利润关系及选择性的文化所组成的。所有团体因共同的理念和共同关注的事物而团结在一起。探讨相似范畴领域内的问题使团体成员对彼此产生兴趣。行话与对话的专业化不仅可以让每个团体紧密团结在一起，也能使其更具区分性。教职人员在其所在的研究领域内获得其学术身份的认同感，并不断努力以求保持这种认同感。此外，最主要的是，他们希望能够以身作则，影响他人。

这种团体的成员资格并非唾手可得。每一门学科都带有一些特征，而这些特征需要多年的学习才能获得。首先，每门学科都有一套经典的基础著作和读物，提供关于这门学科的理论学说。它们阐明了一种独特的观点，即哪种现象是重要且值得研究的，也阐明了其他各种各样的可被接受的观点——人们怎么看待、总结它们。人们并不需要接受理论学说，但是如果要获得成员资格，就必须知道该理论学说的历史发展和现状。其次，每门学科有特定的方法论来指导人们追求该知识领域的进步。这些方法十分严格。学科需要这些方法来追寻真理、检验真理、评估当下工作。第三，学术工作是不断发展的。成员们需要了解基本增长趋势，并至少对某一方面有深入了解。

学术身份认同要靠努力来获得，这样有些状况的出现也就不足为怪了。有些教授觊觎学术地位，还对那些像创业教师一样、自以为是地认为随意轻松地就可以创造新事物的同事们心怀不满。

然而，不论喜不喜欢，在这些标准的要求下，创业已经成为一门学科。的确，创业这门学科中的很多基础性著作来自于其他领域，诸如历史、经济和社会心理学。但很多学科都是如此。不管怎样，从詹克斯（Jenks）

到熊彼特（Schumpeter），从麦克莱兰（McClelland）到德鲁克（Drucker），从奈特（Knight）到拜德（Bhide），以及其他数不清的人，他们的重要作品都是连贯的、共同的背景。创业教育工作者清楚这种连贯的共同背景就是他们的根基。研究的主体内容大了，期刊数量也激增。这些期刊是具有竞争力的、精心编辑的，经过同行评审，且符合一切专业水准。期刊文章界限分明，论述了一系列有关企业发展和风险项目的注意事项、规则和技术。

同样地，人们就适当的方法达成了广泛共识，要对过去过于随意的工作开展自我批评。创业教育领域的学者对于细致观察、理论基础、缜密的实证研究方法及一丝不苟的研究态度的要求也逐渐上升。

这门新兴学科在其文化上的表现能向我们展现出更多的内容。这种文化鼓励达成个人成就，习惯描述和赞美成功的创业者所运用的创造力和智慧。它欣赏创业者在执行计划的时候能够迅速、机智、果断地使用实践性知识及街头智慧。诚然，这种文化重视研究，但是处于这种文化中的人，也会被吸引到新兴企业之中，帮助他们成功创业。这种共同的理念与关注点使身在其中的人拥有了独特性与一致性，与其他领域截然区分，自成一格。这种使命感与清晰的日程安排是处于不断发展中的。总而言之，创业是一门学科。

什么是文科学科？

随着大学不断在创业教育领域设置新专业和院系，创业教育作为一门学科的认可度也逐渐上升。尽管如此，人们仍然认为创业教育归属商科教育。人们的想法很简单，他们认为让文科学生和其他专业的学生进入商科院系，使其近距离接触企业，通过这种简单的方法就可以实现"将创业教育融入全部课程中"的目标。那么，接下来就面临一个深层次的问题，创业教育本身是否可以被看作一门文科课程，是否可以被纳入文科教学大纲。这是一个未知的问题，类似于古代水手会在地图上的未知领域标上"此处有龙"的标志一样。

从事文科教育的教师决定课程设置。这些教师长久以来对现存学术传统有一种保护的责任感。就性情和角色而言，教师与大学专家形成了鲜明对比，前者更倾向于保护既有的知识而不是创造新知识。教师大多在规模较小且成员之间具有亲密关系的学校任职。因此，在这些学校中进行创新教育可能比在那些规模更大、更具官僚性的学校容易一些。绝大部分高等教育的持久性改革可能源于部分文科学院。但决定改革的过程是很缓慢的，例如当时花了许多年才大胆地把自然科学及随后的经济学和社会学纳入传统教学大纲。在选择文科教学大纲科目时，往往有一条很简单的规则，就是看那门课程的职业导向。老年护理学和电气工程学都不属于文科课程，而法国文学就属于文科课程。

文理学院经过长期发展，在适应了社会环境及用人单位需求的同时，也照顾到了学生的职业生涯。为此，课程安排进行了很大的调整，但是调整的过程是十分谨慎甚至有些吝啬的。尤其是在那些重要的和有声望的院校中，严格意义上的职业课程会受到抵制。经济学被纳入教学大纲之列而商学被排除在外，创意写作被纳入而新闻学被排除在外，社会学被纳入而社会工作被排除在外等。甚至通过合理的文科课程组合来设计职前课程也受到了质疑。成功地将职业性和实用性科目排除在外以后，在更好的学院工作的教师只需要考虑在教师培训部门应该做什么就可以了。

文科教师对平凡事物及物质的反感使反职业教育主义更甚于前。从广义社会伦理来看，人们还经常把赚钱看作一个卑劣的动机，但创业教育之所以受到学院的坚决抵制，原因在于学校的行政传统发挥了作用。无论如何，教师显然不希望对学生进行职业教育，也不希望学生为以后的生活过度担忧。他们更偏向于把这个问题交给学校的就业指导中心来解决。

相反,正如上文所述,教师的持久动力就是通过一堆又一堆的作业来开阔学生的思维,所有这些作业都可能得到广泛应用。学习科学、哲学、语言学、文学和艺术,能够帮助学生找到自己的深层次兴趣,激发学生的想象力,为学生提供一个框架,帮助学生检测自己的根基和个人发展潜力,使学生有目的地塑造自己的新身份,由此而成为终生学习者。

文理学院认为,科学、哲学、语言学、文学和艺术这类教育能够解放学生,消除他们的无知、狭隘和偏见,使学生能够批判地思考重大问题,更好地享受丰富的人类经验。他们正逐渐成为有智慧的人。如果因为痴迷于平凡事物和物质,比如说以谋生为目的,就偏离了这种教育,这是多么可悲的一件事!

如果将创业教育作为一种人文学科来捍卫的话,则有两方面的阻碍因素。创业教育似乎完全沉迷于生活的物质方面。有形的奖励似乎既是它的推动力也是它令人满意的结果,但是,它的职业意向似乎太过明显。创业教育不可避免地看起来像是一门商科课程。为了被纳入文科教育大纲,创业教育必须将其根基从创业研究领域拔起,扎根到文学研究领域中去。

当然,创业是一个很吸引人的商业学科,但并不代表其无法脱离商业。创业是一个过程,也是一系列的思考和一系列的行为,即人们选择自己想要做成的事情,定下目标并不断努力实现目标。既然成功可能很难实现,那么决心就必须坚定。人们寻找资源,并且各种资源的组合可以使人们最终达到目标。最容易获得的资源是什么?最有效的资源是什么?人们需要做出计划并不断审视必须学习什么技巧,需要做什么统筹安排,可能发生哪些意外事件。人们也需要评估目标和方法的相对价值。投入是否值得?答案要是肯定的话,就必须执行计划。行动者以极大的忍耐力和创造力整合及处理资源（包括那些受雇来帮忙的人），并建立组织，实现目标，收获、分配酬劳。行动者的每一步都可以体现和显示出他们的道德标准和价值准则。

很明显，这个过程并不局限于达成商业目标。它向人们展示了当成功并非万无一失时，应该如何努力实现个人选择的目标。一些电影中的角色也是满怀激情的创业者，比如，《死亡诗社》中的英文教师、《飞跃疯人院》中的麦克·默菲、《十月的天空》中的霍纳·希克曼。每一个电影角色的传奇经历都与上文提到的过程相似。在每个角色身上我们都能看到纯粹的创业精神，将它从商业背景中抽离出来后就更能够鼓舞人心了。

创业不仅是一种商业活动，更是一门"实践"的科学。其对行动的强调对于强调理论、批判、个人责任的文科来说是一种必不可少的补充。重要的智慧和意识及责任都需要行动的支撑。任何商业科目都无法与文科分割开来。文科与创业的关系就像硬币正反面的关系一样。

创业的一个常见定义就是"不利用当前所掌握的资源而进行的价值创造活动"。与艺术家类似，创业者还未掌握方法就投入到实现下一个愿景的过程中。在商业背景下，实现一个愿景就像生产一种新产品或提供一种新服务。不过这种定义还适用于很多其他行为。比如大多文学作品都需要先在头脑中进行构思，然后才可以广泛使用，至少肯定会使用引申、类比、隐喻等修辞手法。对于所有想要成为价值创造者的人而言，对合适策略的了解、完成特定任务的相应方法、应该制订什么样的计划、应该对什么进行权衡和监控、如何评价变化的环境、如何扩大和减小风险及其他常见问题都会影响目标的达成。进一步的研究使他们知晓，创业作为一门关于实践的普通科学变得越来越复杂和有趣。

或许和其他学科相比，在创业研究中，应用比理论更复杂，更具挑战性。每一次尝试都是独一无二的。在无尽的不同环境中，相似的主题、行为和原则在发挥作用。每一次尝试都是一种创造，能够提高大多数人的福祉，提高设定目标的熟练度，提升汇集方法的能力，从而改善有效结果。不同情况中，实现目标的细节内容和所用材料也有着很大区别。通过对这样大量的案例进行详细思考，对创造价值的追求就会在人们头脑中根深蒂固。创业会成为人们思考和生活的一种方式。创业研究在广义上的教育意义，就是检验这一过程并描绘这种生活方式。

这种看待创业的方式就是对有效的自我能动性的原则和行动原则的研究，它对价值创造的关注凸显了其对公益的贡献。这种研究对任何人来说都是有价值、有用且必要的。它遵循了文科教育的首要目的，即让学习者实现获得充实人生的目标。创业教育是一门文科学科。将创业教育描绘为对完成事物方法的研究，将它从传统的成立的商业公司和商业发展的环境中抽离出来，然后将它的重心放在将个人动机转变为公共服务及个人利益的价值创造上，这样，在通向人文学科的旅程中，创业教育就卸下了大部分重担。

此外，尽管这种"实践的科学"似乎很基础，但许多学生还不了解这门科学。他们通常确实缺乏设定目标、制订计划和实现计划等方面的技能，或其他有关胜任行动的必备条件。文科学生在这些技能方面可能十分有限，这要考虑到文科学生的专业背景和学术方向，其缺乏悟性及街头智慧这一点有时是令人吃惊的。学生在制订并实施自己的计划方面的经验太少，就好像没人准许他们这样做一样。在目标的完成上，学生需要指导。

学生已察觉到自己这方面的弱点。他们会抱怨课程的抽象性和不相关性，缺乏能力让他们感到不安，但他们却很少真正明白自己能力缺乏的原因。教师也是如此，他们虽觉察到了问题所在，但由于个人能力不足或问题并不属于个人责任范畴，就对其采取放任不管的态度。这种因未满足需要而产生的使人不安的感觉，成为了打开创业教育之门的钥匙。它是一种借助与胜任工作相关的动机和技能丰富人文学科的工具——也许是可利用的最好工具。人文学科中的创业教育影响和激发人们做出正确的抉择。这样做也促使其他的人文学科取得成果。

作为教育改革的创业教育

创业教育教导并呼吁人们采取有效的行动方法。在以思考、反思、抽象和理论为主要导向的教育环境中，这是合理且必要的。号召人们将更多的精力放到"做中学"和"学中做"，也是对改革的一种呼吁。创业教育工作者就是教育改革者。反过来，那些专门把教育定位于更大程度上为学生服务的改革，长久以来一直是文理学院的职责范围。创业教育的发起为这些学校提供了独特的机会。

教师们兴致勃勃地将创业列入教学大纲中，他们可能尚未意识到自己的行为与高等教育改革这一更大问题之间的关联性。创业的重点在于自我能动性和实践行动，创业可能对改善一切教育成果都很重要。它鼓励学生将他（或她）所受的教育当作一种资源，让学生知道利用这些资源是自己的责任。这也让学生能够有效地利用全部教育经验。学院本身就成为了一个创业型企业。创业意识使人们能够越过教育壁垒，根据个人目标塑造个人经验。这种动力是最佳办法，要知道学生越积极，学到的东西也就越多。

前瞻性的意向能够使生活更加丰富多彩。为了过上令人满意的生活，毕业生不仅要做出选择，而且要付诸实践。我们需要批判地思考，因为我们必须想清楚如何行动。学者通常认为不用进一步指导，学习就会引领行动的观点是错误的。正如创业教师所知，对所学知识的顿悟并不会自然地引导学生采取积极行动。很多学生不能很快意识到行动的时机，在采取行动时还会遭遇困难。对一些人来说，他们从未有过自发的行动。

教师必须教导并督促学生有效地将自身想法转化为实践。最重要的是，学生需要领会成就的无限魅力和完成工作后深深的自我满足感。

被动和乏味是教育的两大敌人。同样，这两点也是教育失败的根源。对抗被动和乏味，办法在于教师能从学生身上激发什么而不是教师能向他们灌输什么。教育改革呼吁能够激发学生动力、提高学生参与度的教育方式。创业教育能够做到这一点。我们应该更全面地挖掘创业教育在这方面的潜力。

改革者意识到创业教育是学生人文教育中必不可少的一门学科。其价值正是源自它与其他学科的不同。其他人文学科一贯强调深思熟虑的价值，注重抽象与理论。创业教育是对这一点的补充。创业教育能够为学生的过度学术思考提供平衡和矫正的办法。对于一些学生来说，他们厌倦了看起来总是空洞虚假的学术研究。这种行动会鼓励他们，并为他们带来一丝慰藉。

作为一门人文学科，创业的独特之处在于其不断强调启发学生的重要性。创业教育研究的目的在于让学生行动起来。学生意识到创业学习的意义不在于熟悉和模仿老师的艺术和技巧，而在于能够有效地利用文科教育，用自己选择的方式来处理事情。创业教育为学生提供一种新的方法和出路，让学生不只在商业环境中，而且在整个生活中，都能够积极地表达自我和发表言论。这才是文科教育应该达到的目标。不论学生的专业是什么，创业教育鼓励学生去问这样的问题："我将来想要做什么？我真正想实现的是什么？我能得到什么资源？如果我获得了这种资源，我可以利用它来实现我自己选定的目标吗？在为其他人创造东西的过程中，我如何能够从中获益？"。所有学生都应该思考这些问题。创业的优势在于激发学生提出这些问题，并为解决这些问题提供方法。

创业教育改革得到了外部支持。多年以来，在高等教育的研究和评论中曾指出，如果教育能够使学习者参与进来，那么这种教育就最成功，对学生的影响也最持久。主动参与学习而不是被动吸收知识的学生学到的东西最多。这类研究证明，深入的参与能够让人们在一切事情中都表现得更好。设定自己的教育目标，合理地追求目标和管理目标，这样能明显地提高参与度。这些评论家和改革者都提出了一些方法来激励学生。他们呼吁要更好地指导学生，呼吁学生在研究中与老师更多地合作，还呼吁给学生更多的实习机会和体验式教育。他们还未意识到创业是提高参与度的有力动因，因而这些评论家和改革者是重要的潜在同盟。

创业教育的其他障碍

用案例的方式来说明应将创业纳入人文学科是具有说服力的。从大的原则上来看，将创业纳入人文学科最终一定会成功。但是我们无法期望上述论点能够很快得到证实。创业者和学者有着巨大的价值观差异；性情和价值观的不同比原则更重要。真正的争端可能比学术哲学观点更加真切。

创业团体已经履行了其忠于原则的义务。这就建设性地回应了传统主义者所表达的抱怨。他们指出，这个领域缺乏严格的理论、优质的研究及充足的学术期刊，并对现存的学科做出了太多的让步，或许要让其成为一门有价值的独立学科似乎并不那么困难和复杂。从中我们看出，他们坦率地承认了自己的弱点并且承诺在各方面进行改进。但是这种回答往往具有防御性的倾向。尽管人们对创业教育的接受度已经有所增长，但距离完全接受仍差得很远。这可能是因为，仅仅基于学术研究质量和严谨性的呼吁会让人们忽视了这样一个现实：从中心意图上来说，创业教育的学术性呈现方式不同于其他科目。

当然，我们是通过研究来了解创业。研究是探索和理解这一领域无数方面的关键因素。然而，研究并不能传达人们完成一件事情时的喜悦，或是人们在不断尝试、不断失败时的低落。尤其是大学生，他们必须通过实践来了解有效的行动能够带来的直接回报与个人回报。创业者自身并不是学者，学者的任务之一是参与大学的管理。如果将推动创业教育作为一个学术性课题，就要让其服务那些反对它的人的价值观，那就太具讽刺意味了。

当然，好的创业教育越多，学术研究就越成功。但是有人会问，这件事，或是所谓的职业主义，或是对物质或经济现象的强调是否真正切入了问题的核心。我们有理由猜测，创业者（及创业推广者）和学者天生就对彼此怀有戒心，天生就厌恶对方。双方可能持有的对彼此的这种消极刻板印象非常强烈，这令人感到很苦恼。

下面我们再来谈谈价值冲突。比起其他的事，专业学者更喜欢沉思和勤勉地思考。他们从不轻易下结论。长时间的悬而未决在他们看来是一种美德。他们对认知和争论的方法也很着迷。我最喜欢的一个比喻就是将学院比作"学者团体"，所有人秉持勤勉、合作、宽容的精神，为了解宇宙而不断努力。他们经常结成联盟，甚至党派。他们为了学习而学习，而不是把学习当作工具。他们认为努力地加深理念，使之变得更加复杂是件好事。深刻性是受人钦佩的。物质世界是陈腐的，而理念的世界则更受欢迎。安全感是工作的重要条件。

反过来，在创业价值观中，行动胜过思考，果断胜过精细，匆忙胜过拖延，个人胜过集体，成就胜过联盟，实用性胜过不切实际，启发式胜过实证式，简单胜过复杂。另外，有些风险是可以接受的，任何在其中的物质主义都是可以被接受的。

这是一种讽刺。但这种讽刺的真相可以并且确实会导致贬低彼此的刻板印象。这些不仅仅是反商业的陈词滥调，更多是个人的看法。学者可能以创业者肤浅、投机取巧、鲁莽、粗糙、重实利这些理由而随意轻视他们。而创业者反过来嘲笑学者头脑糊涂、优柔寡断、长篇大论、被分析麻痹的受害者——也就是所谓的"学术迟钝"。

这是一种偏见，但它既不是一种深思熟虑的偏见也不是原则性偏见。这种偏见是没有事实根据的。从上述内容中我们可以了解到，学者和创业者有许多相似之处。他们都热切地认为知识应该被发现、被加工、被利用。他们用同样的标准评估对方。他们都认为思考和行动是人类基本的义务。无论是内在的还是工具性的，他们都认为知识有着至高无上的地位。他们都承认，在扩大调查或紧急应用调查结果时，知识是具有时间价值的。不论结果是否深远或值得利用，他们都认为洞察力和直觉是最重要的。他们都认为不论人们一生从事什么工作，总会面临一些紧要关头，他们必须要在选择安逸和接受冒险中进行取舍。他们都认为不论是简单的观点还是复杂的观点，不论是在短期内还是长期内，它们最终都必须经受真理的可行性检验。一个好的例子就是，创业者和学者坚守同样的品行道德和伦理原则，只是他们表现的形式不同。

然而，这种偏见始终存在并且仍未受到检验，这会造成巨大的伤害。人们可以根据自己的学术经历对原则的相对权势与下意识的偏好之间的较量做出判断。调查的质量和精确度可能会是个问题。但对创业者和他们所做事情的不充分的考虑和偏见态度也可能成为问题。如果是这样，即使是吹响了对精确性和调查的防御号角，这也不会被人理睬。如果我们的同事认为创业者及其支持者就不值得给予尊重和关注，那么这对教育学生在尊重冒险、重视行动、接受弗里德里克·冯·海耶克（Friedrich von Hayek）（或更加能言善辩的且同样优秀的让-保罗·萨特）的观点、并向创业者致敬肯定也没有丝毫益处。与之相反，我们必须以迂回且尽量温和可行的方式使创业教育被接纳为一门学科。

让文科的价值观为创业教育提供理据：不是对抗而是合作

让我们赶紧观察一下，无论可能会受到意识形态封闭程度的影响如何，大多数文科教师，特别是小型寄宿制院校中的文科教师，可能都会对这个问题感兴趣。他们会持有其他值得注意的和令人钦佩的价值观和倾向，这一点也是事实。我们不能忽略他们对真理和美的热爱，当然也不能忽略他们对最高标准的热爱。但是，这里不那么崇高的是那些与他们的实践技能方式有关的直接态度，其中一些提供了代表创业教育接触他们的机会，消除了他们对教授创业的怀疑。

在典型的小型学院里，文科教师与学生之间有着一种不同寻常的密切关系。他们甚至很爱自己的学生。这不是说其他教师不这样。但是文科学院的本科教师没有某些职业压力，至少压力会小一些，并且他们可以摆脱一些大院系中的政治纷争，处理这些问题会占据他们很多精力、消耗很多时间。对他们来说教学似乎是最有价值的事，这就可以理解为什么小型文科学院的老师会在这样的环境下工作。

小型学院喜欢以学生为中心，教师们也喜欢这样的教学方式。他们高度重视学生的成就，并为此给予亲身指导，对他们的所有课程和活动进行全面掌控。他们作为老师不仅关心自己在授课方面的效果，也关心给予学生指导的效果。尽管与创新的改革建议相比，他们更乐于关注创新的总体理念，但他们依然比其他地方的教师更倾向于实验和创新。有一些方式可以促进这个团体的创新活动，而不用直接面对争议问题，以免燃起他们心中和脑海中可能存在的偏见和抱怨。下面有一些建议，虽然微不足道，但或许有用，可以弥补前面冗长的争论。

首先，尽管我们认为创业教育属于文科课程，但是并不需要声明这点。小型学院比较倾向于跨学科教学，因此你可以宣传创业教育，称它是与心理学、经济学、历史学、社会学、教育等学科交叉的学科，并据此设置相应的课程，这个设置会成为创业教育的一大优势。跨学科教育的宣传也会吸引更多追随者，你会离将创业教育纳入总体教学大纲的终极目标更近一步。除非你需要一个独立的科系，否则不会再出现其他问题。船到桥头自然直。

更好的方法是将你的创业项目宣传为"体验式教育"。让"做中学"成为你的咒语，因为创业就是关于实践的活动。减少作业，辅以大量的机会让学生来开展项目（和创业）。为学生寻找实习、影子练习及与小型企业交流的机会。你的文科同事可能不知道什么是"体验式教育"，因为他们没有进行过"体验式教育"。但是他们认同体验方式的教育，知道它非常流行，而且若你对学生进行了"体验式教育"，他们可能就不用再做了。这有个很大的好处。让你的公共关系来强调创业与其他学科的不同之处，以及应该通过学生完成任务后取得的成果总量来评价创业教育的优劣。阐明你在这个机构内的特殊任务：批判性的思考与有效的行动并行。他们最终会明白这么做是如何满足学生需求的。

在整个课程范围内，向来自不同领域的学生发出特别呼吁，尤其针对文科学生。经过指导，这些学生能够认识到，他们的学科要求他们学会提升自己和学会成为小企业的创办者。要强调你纯粹的（和唯一的）意图就是要在这方面帮助他们。对你来说，你个人的目标就在于找到一条成为创业教师的路。尽管很多教师不愿意承认他们自己也希望体验一下创业，但他们特别希望自己的学生能有这样的机会。顺便说一下，不要指望用教商科学生的方式来教文科学生创业教育。不要过多强调分析、合理的计划和利润收益，应该向他们强调，在创业初始阶段应具有创造力与独创性，这样才能够更加吸引他们。

与同事尤其是艺术类和文科类教师分享，创业不仅是一门社会科学，更是一种通过实践来学习的行动。要指出它与音乐表演、工作室艺术和创意写作的相同之处。在这些领域，知识都不来自课本，而是来自专业教师指导下的不断实践，专业教师不断地给出专业性的反馈。学生在实践和批评中进行学习。这些是在音乐学院中使用的方法，而这些方法对创业学生也有好处。这就是为什么我们会有实习和从业指导教师。艺术教师能够认同这一点。这种表演艺术在半官方的课程排序中位于末端，并且思考与实践的比例也不协调，这导致了它不能成为学科中最具有影响力的一个。

向你的同事强调，有机会去追求自己目标的学生，在学术课程上的表现也会更加优秀。这说明你其实是在对学生们进行一种特殊疗法。所有教师都意识到了那些总是在做自己的事情而不是做作业的学生表现出来的渴望和急躁。创业的强烈欲望有时（并不总是）会导致这样的表现。同事们会感谢你愿意做这些同学的思想工作，希望为这些麻烦制造者提供机会，使他们冷静下来。实际情况也确实经常如此。

让你邀请来的从业者或教师、同事和学生打成一片。我们知道创业者一般都会很活泼、果断、投入、守诺言、习惯于并乐于对事情保持好奇心。这不会对你的同事不起作用，因为你邀请嘉宾的有趣生活正是你的同事毕业时所追求的。不久，你就会听到你最反对创业的同事想跟你讨论他（她）自己的创业想法。

让你的同事帮助你，告诉他们一些秘诀，让他们负责给学生提供建议，这些建议可以是他们曾与你分享的有关工作职业的事情。让他们为学生的创业项目提建议。带他们去研讨会和专家会，让他们知道，对于任何想要坚定地设定目标并且达成目标的人来说，不论他们来自任何背景，创业教育都可以成为助手。

最后，为你的项目筹集大量资金。到了需要取悦人的时候，其他任何东西都没它好使。

第二部分

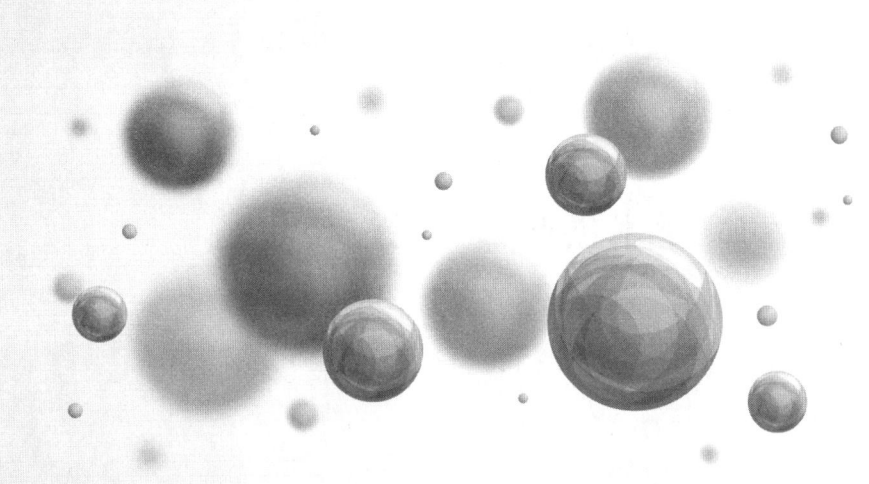

规划与实施

第六章　学术创业：可能性与缺陷

安东尼·门德斯　辛西娅·基欧

研究背景

2003年，尤因·马里恩·考夫曼基金会就资金支持美国高等院校广谱式创业教育的发展广泛征求意见。这为四年制高校进行创业教育开辟了一个全新的方向。[①] 尽管创业教育不断向前发展，但除了康奈尔大学、爱荷华州州立大学等著名大学，其他学校的创业课程仍主要是面向工程学院与商学院的学生开设。[②] 有些商学院近来开始为非商科学生开设本科生创业辅修专业，其他院系的个别教员教授与创业相关的单一课程。但在21世纪初头几年，大部分创业的大学毕业生都没有拿到商科学位，而大部分参与创业项目的学生都来自商学院或工程学院。考夫曼基金会（Kauffman Foundation）向申请者提供资助的要求是：为广谱式创业教育建立新的模式。获得资助的8所院校代表了一个多元化的高校群体，它们提出的项目类型各不相同。

伊利诺伊大学香槟分校（UIUC）是考夫曼基金会资助项目的受益者

[①] 考夫曼校园计划，www.kauffman.org/items.cfm?itemID=475。
[②] 美国两年制和四年制大学创业教育的详细情况，伊利诺伊大学（2002年），由辛西娅·基欧和保罗·麦哲利（Cynthia Kehoe and Paul Magelli）与伊利诺伊州商业咨询处合作研究。

之一，并提议该校与教师、研究生及本科生共同协作。这项提议部分是依据 2002 年对当时美国 3100 多所两年制及四年制高校创业教育现状的调查结果而做出的。这项研究证实了创业的学术合法性存在一个漏洞。[①] 主要问题有：缺少终身教职来教授创业课程，创业教育的跨学科性使这种情况雪上加霜，缺少培养和培训未来教授的博士生课程，未能支持教师研究开发学术书目，使该领域合法化。这些问题可能成为发展广谱式创业教育道路上的严重阻碍。

因此，伊利诺伊大学不仅希望为大学生和研究生提供创业技能培训，也希望加强学校的创业研究与创业教学。在一段时间内，伊利诺伊大学所开展的创业教育仅限于工程学院与商学院的本科课程和工商管理专业的临时课程。尽管商学院并没有像工程学院那样拥有本学院的创业中心，但也的确为学生开设了一些小规模商务咨询课程。伊利诺伊大学关于广谱式创业教育的这一倡议为我们展现了一个全新的发展方向。

伊利诺伊大学是一所大型综合性机构——公立赠地大学。伊利诺伊大学创建于 1867 年，目前有大约 43000 名在校生，其中包括 11000 名研究生和高职学生。此外，伊利诺伊大学拥有将近 3000 名教师和 8000 名行政人员及专职或后勤人员。该校主要关注研究，每年的研发经费超过五亿美元，这使伊利诺伊大学跻身美国排名前 20 的研究型高校。

在这种环境下，创业领导力研究院无法强制推行广谱式创业教育。大学的校园文化、资源模式与决策过程都不允许赋予任何一个学术单位这样的权威。组织学理论学家卡尔·韦克将大学定义为一个松散联结的系统——组织内部因素相互照应，但各自保持独立性和同一性（Orton and Weick，1990：203—223）。这种松散的组织模式会导致模块化、多

[①] 美国两年制和四年制大学创业教育的详细情况，伊利诺伊大学（2002 年），由辛西娅·基欧和保罗·麦哲利（Cynthia Kehoe and Paul Magelli）与伊利诺伊州商业咨询处合作研究。

样化，具有一定程度的决策自主性及行动灵活性。尤其是在具有相同价值观和优秀领导者的情况下，这种系统可能尤为有效且具有高度适应性。然而，这种（体系内部的）碎片化也意味着单一的策略不可能对大部分人都起作用。创业教育项目在大学中不太可能占据权威地位，这就必然要求我们在各个院系中说服、培养一批倡导者，进而通过他们了解不同单位对此事的兴趣点及其顾虑所在。

诊断目标"客户"多种多样的需求、特点及期待是第一步，而且这个第一步很重要。把研究院的工作及其所处的环境结合起来是创业领导力学院实现长期发展目标的基础。尽管在提案准备阶段已经采用了非正式的信息收集流程，但是这项正式的诊断工作在2004年春季才正式开始，这种诊断是创业领导力研究院初始战略计划的基础，并且不断指导创业领导力研究院的各种活动。这一努力还带来了额外的好处：提高了对基金资助和倡议的认识，并在校园内开展了关于创业的讨论。这次诊断也是4D方法的一个组成部分，它被用来确定、排序和实施学院的各种计划：1.诊断；2.设计；3.传达；4.决策。

诊断的内容包括：
- 管理利益相关者访谈；
- 教师需求评估调查；
- 教师职业发展研究；
- 研究生调查；
- 新生调查；
- 教师创业兴趣与创业活动详情。

本章重点介绍诊断工作中的若干发现及其重要影响。这一章旨在说明对创业兴趣、创业活动及大学校园关注的重要问题的诊断策略，并总结可能会在其他校园环境产生共鸣的诊断结果。

下一部分对于所提到的针对教师及管理者的三项研究结果进行了全

面总结，接下来的部分提供了两项调查的结果，一项是关于研究生的，另一项是关于新生的。最后一部分探讨诊断行为如何影响创业领导力研究院的策略及其项目计划。

教师与管理者

"学术创业"在概念上是一个矛盾体吗？学校管理者与教师对于大学创业活动的作用是否持有不同观点？参与创业活动的教师与传统的教师到底存在怎样的不同？那些对于创业活动感兴趣的教师该如何获取大学的支持，该获得什么程度的支持？这些有趣的问题在全国的大学中引起了热烈的讨论，于是研究院开始着手通过三项研究在伊利诺伊大学研究教师与管理者的观点。

他们引进了一个外部研究团队，[1]这个研究团队可以保证客观性、更强的隐私性及外部效度，并营造能够鼓励参与者坦诚地参与调查的环境。

主要管理者

在针对管理者的采访中，51位管理者回答了一系列开放性问题。每场采访持续时间为45分钟到60分钟不等。参与者包括教学与行政管理领导——学院院长及来自研究、经济发展、技术转让、公众参与、校友交流与发展处的代表、教务长和校长。研究院管理团队选出即将参与访谈的利益相关者，并检查其访谈大纲。外部调查组开展这次采访并分析访谈结果，在这个过程中，调查组得到来自于研究院领导层的意见，这有助于对大学环境的理解。

---

[1] 卡伦·多德来自授权组织集团（Empouer Group），是一名变革管理顾问，与来自VentureQuest Ltd（一家创新创业咨询公司）的考特尼·普莱斯（Courtney Price）共事。

绝大多数参与者在提议的过程中有过互动，因此对于这种全新的方案有一定程度的了解。对这些利益相关者进行访谈有以下几点目标：

- 确定如何定义创业教育的概念及如何在全校推广；
- 发现广谱式创业的需求、机遇及研究院的期望目标；
- 得到关于创业领导力研究院所面临挑战的真实意见；
- 揭示关键利益相关者评价创业领导力研究院是否成功的标准。

另外，访谈有助于确定创业领导力研究院的支持者，产生方案构想，并形成对新倡议的看法。

在这些半结构化的访谈中提出了以下问题：

- 如何定义创业思维？这涉及你所在院系为教师和毕业生提供的教学、研究及职业发展机遇。
- 将创业思维引入你所在的大学或领域的目标是什么？你目前都实现了哪些？你得到过哪些（内部或外部）支持？
- 你所在的大学或部门中当前有哪些创业需求？有哪些障碍？实现自己的目标都需要些什么？如何有资源来实现这些目标？
- 你所在的学院或领域中都会提供什么样的创业活动和专业发展项目？
- 如果你发现你所在的学院或领域与创业领导力研究院之间有一些可能发挥的协同作用，具体会是什么？
- 你认为创业领导力研究院会遇到哪些首要的挑战？如何战胜这些挑战？
- 创业领导力研究院的成功于你而言意味着什么？你想从创业领导力研究院看到哪些实际可见的结果：1. 在 18 个月之内；2. 在 5 年之内；3. 在 10 年之内？
- 教师在教学、研究和职业发展方面，你对鼓励教师发展创业思维有什么想法？

管理者的意见

管理者非常支持创业领导力研究院及广谱式创业方案。利益相关者看到创业领导力研究院具有巨大潜力和重要作用。大多数利益相关者对于参与创业领导力研究院相关工作很感兴趣，并希望了解其进展情况。

创业领导力研究院被视为一个实体，它可以在以下方面协助大学：

- 创业活动制度化；
- 大学校园文化的利用与变革；
- 跨越学科的界限；
- 现有资源的增加；
- 对学生不断改变的兴趣进行回应；
- 吸引与留住师资。

目前存在一种大体上的共识，那就是创业领导力研究院的活动对于一所重要大学的所有关键组成部分而言，都是有益处的，包括学生、教师、校友、管理者、社区成员和管理机构，它也为其他高校提供了模板。这种积极、广阔的视野的优势在于不断有机遇出现，而其缺点是，对于创业领导力研究院来说，其主要目标的制定（以及传递）将变得极为重要，即计划实现的目标是什么以及如何评估其工作效果。

创业教育的定义

在学术背景下，对于创业教育最普遍的定义就是"鼓励教师、学生及管理者去工作、行动，以不同的角度去考虑机会认知和资源识别，从而为了追求新想法而发掘各类资源"。部分定义示例如下：

- 在课堂上具有创新精神；
- 在所有学科中使用解决问题的能力和创新力；
- 在研究中具有创新精神；将智力资本转化为具有市场前景或可用

于新环境的具体想法与产品；

- 带着创业精神进行职业生涯管理；
- 鼓励学生、教师及管理者以不同方式来工作、行动和思考；
- 创造价值（比如新想法或新产品）。

利益相关者从最广义的角度去看待创业（即鼓励创新思维和行动）。然而，许多人认为，创业领导力研究院面临的一项挑战是教师狭隘地将创业定义为营利活动和创办新企业。实际上，利益相关者认为校园中的其他人对于创业都持有一种不恰当的狭隘认识，这与他们在多元语境下对创业价值的更宽泛认识形成了对比。举个例子来说，这其中包括创新地工作与思考，以及带着创业精神管理自己的职业生涯。以上表明在创业领导力研究院里沟通的重要性（考虑到已经发现的普遍的积极看法，上述关于其他人对创业理解的观点也许并不准确）。

挑战

利益相关者提出了创业领导力研究院将要面临的一些挑战：

- 改变大学校园文化；
- 重新定义企业家精神并教育其受众对象；
- 衡量纵向进展情况；
- 将创业活动纳入教师招聘与奖励体系中；
- 调动各类资源并在全校范围内寻求支持；
- 争取教师的关注并获得教师的支持；
- 寻找新的筹资渠道及可持续发展；
- 在一种高度去中心化的环境中工作，其中的沟通与决策在学院层级进行；
- 产生真正的影响需要时间，故学院应投入必要的时间，建立适当的基础设施，以支持学院的大使命，带头实施大学的倡议，使其更具创业精神。

利益相关者也会为受众提供关于课程计划的想法、其他创业活动、建议课程和合作机会。

创业领导力研究院被视为有机会发挥真正的跨校园项目的作用,并成为鼓励创新和创业活动的催化剂。它作为潜在催化剂的这一看法仍然存在——创业领导力研究院的职员曾受邀参加许多由校长和院长支持的活动,其中包括:

- 为教师颁发创业奖(我们成功地为社会创业增加了一个奖项);
- 为委员会服务,强化大学的制度创业;
- 在大学里向一些听众介绍创业行为,听众包括进修部的专业人士和商学院的学术专家;
- 与就业服务部门建立伙伴关系;
- 在资助项目、协同赞助、服务咨询团队中建立伙伴关系。

影响评估

利益相关者注意到创业领导力研究院有机会拓宽思路并重新定义成功的衡量方式。不断致力于创新性及合作性思考的,以求得到更多支持的教师,希望将创业理念融进自己课业中的非职业院校的学生,以及愿意接受不以终身教职和晋升来评估教师的非传统机制的院长们,都是其成功意义的具体表现。其他衡量成功的方法包括:

- 拥有更多以创业为重点的课程,且有更多的学生选修创业课程;
- 校园内的教师间有更多合作;
- 为所有学生提供创业工作策略和自我管理技能培养的教学;
- 为创业领导力研究院的创业课程和创业活动争取额外资金;
- 吸引校友参与跨学科活动;
- 拓展全校范围内现有创业活动的深度和广度。

其他策略

利益相关者也为创业领导力研究院提供了许多其他策略上的建议：

- 创业领导力研究院的消息传递至关重要；
- 与没有创业史的学校或学院的建立伙伴关系；
- 创建并联通一个细分市场；
- 从小事做起并把小事做好；
- 给教师鼓励和奖励；
- 避免资源重复和浪费；
- 为受众对象定制内容。

教师需求评估

2004年春末，伊利诺伊大学香槟分校的所有全日制教师和聘任制教师都收到了一份线上需求评估调查，后来又收到该调查的纸质版问卷。共回收542份答卷，回收率为27%。[①]

除了那些在利益相关者的访谈中所提及的目标外，这份教师调查还有其他目的：

- 明确教师对于创业的态度；
- 获知教师目前参与的传统或非传统创业活动的例子；
- 找出教师在试图变得更具创业精神的过程中遭遇的阻碍；
- 创业领导力研究院找出方法，满足那些想更具创业精神的教师的需求，包括课程计划。

教师收到了一份活动清单，并需要依据自身情况来判断哪些活动在

---

① 受访者代表了一个多样化的群体：63%的受访者是男性，22%的受访者是少数民族，69%的受访者具有终身教职。在学科方面也进行了区分：31%属于社会科学类，23%属于其他科学学科，18%属于人文学科，17%属于工程学，还有8%属于健康科学类。

描述创业教育方面是至关重要的。他们认为最具创业精神的活动有：
- 寻找资金；
- 同伊利诺伊大学香槟分校之外的同事进行调研合作；
- 从多层面角度管理自身的职业生涯；
- 同伊利诺伊大学香槟分校内的同事进行调研合作；
- 将创新性主题引入教学；
- 进行应用型调研。

在描述创业教师时，被看作是与创业教师最无足轻重的活动主要有：做收费咨询、做生意和出版教材——这些也可以看作是对于个人而非组织的主要收益。教师对创业精神的定义更注重强调过程问题，比如与他人合作，而不是创业的有形经济形态，比如咨询。关于人们对于创业精神广泛的理解，教师持开放态度。这也回应了利益相关者持有的对创业的广泛定义。

教师也被问到有关自身活动的问题。人们发现他们所认为的创业活动与他们所参加的活动之间有一种强有力的联系。

当问及对于大学文化的理解时，超过 70% 的人认为创业活动应该得到奖励。超过一半的教师反映在创业过程中遭遇到了诸多阻碍。相反，有将近一半人表示伊利诺伊大学香槟分校提倡创造性。"传统"和"官僚"是描述伊利诺伊大学香槟分校校园文化最热门的两个词。有近三分之一的受访者同时用这两个词形容该校，还有三分之一只用其中之一来描述该校，剩下的三分之一两者都未采用。"传统"并不一定是一个消极的形容词，也不一定是创业的阻碍。教师反而很欣赏伊利诺伊大学的传统，在筹划创业愿景时应考虑这一点。举例来说，强调伊利诺伊州是一个创新的环境，大学过去的科学和学术成就值得我们骄傲。

超过一半的受访者表示他们在创新过程中遭遇了阻碍，而且常常不止一种阻碍。调查中的许多问题在大型研究型高校中都很典型。其中最普遍的阻碍包括：

- 大学的官僚主义；
- 缺乏资源：

a. 主要是缺少经济资源；

b. 缺少同伴的支持；

c. 缺少探索可能性和（或）遇见合作者的机会；

- 奖励制或任期制无法促进创业行为；
- 有悖于学术／学科的文化／规范；
- 政治问题；系主任或院长不支持；
- 时间不充裕或其他活动或责任过多。

一些调查结果体现为可以为学院带来眼前的机会，也有一些调查结果体现的是长远的机会。同时，也有些调研结果需要分享给大学教职工及管理者，因为主要还是由他们采取行动。

调查发现受访者对于不同类型的课程计划及创业领导力研究院的其他潜在创业活动感兴趣。教师的确对职业发展计划表示出了兴趣，他们也欢迎那些为研究生而设置的课程计划。帮助学生规划职业也是实现教师目标的一种途径。

对教师认知的启示

创业领导力研究院或许会将某些活动视为创业行为。例如，以自我指导的方式来管理个人的职业，并将创造力、解决问题的能力等主题融入教学——教师表明，他们虽然参与这些活动，但并未把这些活动看作是创业活动。教师可能要比自己意识到的更具有"创业性"。创业领导力研究院必须在沟通时将这一点与教师对创业的定义一同考虑，并且在沟通中着重使用能够为大学带来进步的言语（比如关注合作研究、课堂中创意的产生与创造力）。

创业清单

从 2003 年秋季开始,我们盘点了教师的创业兴趣点与创业活动。在某种程度上,这项工作的目的是分辨出潜在的创业支持者。这份盘点清单包含几个组成部分,并会定期更新。我们检验了课程目录和学院学科课程网页,来辨别主要关注某种创业形式的课程、小型商务管理课程或者包含小型商务管理这一内容的课程。① 我们尽可能发现了与技术管理办公室合作的教师发明家和(或)有自己企业的教师。通过在包含教师联盟的学术期刊数据库中搜索,我们也注意到了写过有关创业主题论文的教师。

这份盘点清单的结果如下:创业活动多于预期;出版物一览表可以成为在创业领导力研究院网站上宣传创业精神的方式;发现的教师成为创业教师联盟计划里的最初成员。

教师职业生涯管理

第三种诊断工具是 2004 年春季进行的职业生涯管理研究。这项调研仅仅是探索性的。考虑到它的样本少、研究设计规模小,因而它的主要作用在于阐释其他结果,为进一步研究提供一个起始点。

这种调研方法就是采访 32 位成功的或工作成效显著的教师。这 32 位教师经过院长确认,一半是创业型教师,另一半是传统型教师。创业教师的定义是那些可以将创新方法带入教学、研究及服务的教师,以及(或者)那些超越调研与教学,将其他活动融入教师角色中的教师。

教师中有一半属于全日制终身教授,另一半属于聘任制终身教授。

---

① 这不仅仅是关于搜寻关键词的问题,可能还需要查阅一些更有可能的课程类型——比如关于兽医学的实践管理课。

这组教师也被均分成四个学科类别：艺术与人文类；生命科学与兽医学；理学与工程学；社会科学与行为科学。

通过对采访录像及采访转录的内容进行分析，我们建立了一种职业管理模式。这种模式包括两种情况：一种是兼具创业型与传统型教师特点的成功教师模式，一种是纯粹的创业型教师模式。

教师的观点

传统型教师与创业型教师对他们在伊利诺伊大学香槟分校的工作经历都十分满意。除了艺术与人文类院系，其他院系也普遍认为该校在为教师发展提供所需资源方面做得不错。传统型教师对给予写作帮助、腾出时间用以寻求资金方面感兴趣。创业型教师要求提供研究支持、开展教学研讨会，以及有时间为初创企业提供帮助。

虽然大多数创业教员认为教师是积极的创业者，但只有少数传统教师会真正这样做。这貌似是个术语的问题，而不是行为问题。传统教职员工认为，他们和他们所在的院系会更乐于接受"创新"。

当问及伊利诺伊大学香槟分校成功教师的特点时，传统型教师指出，教师有必要以学生为中心并且对教学充满热情。然而创业教师却不同意这一观点，他们认为成功教师的眼光要更开阔，他们还援引在学术、教学、研究、服务及课外活动等多种领域内的参与需求。

参与者们被问到他们在所参加的非传统活动中，能够在多大程度上得到学校或同事的支持。建立新创公司或参与新创公司、实现研究商业化、教学创新、建立外部资助的调研中心、咨询与管理教育这些示范活动的参与主体是教师。大部分人认为同事支持他的参与这些活动。小部分人认为有些同事会支持这种活动，而有些同事则不会支持。人们曾经一度将系主任视为这些活动的支持者，而将学院的同事们视为非支持者。

职业管理模式

对访谈内容的分析确认了大部分传统型教师与创业型教师所具有的6种关键特征,以及将创业教师与其他教师区别开来的9种特征(表6-1)。尽管成功的创业教师与传统教师之间有着许多相似性,但那些更具创业精神的教师特别擅长于发起新活动、建立联系及以富有想象力的方式积极管理自身职业生涯。虽然研究结果是初步的,但是它推动着研究的进一步发展,同时为我们提供了一个与教职员工交流的框架。

成功创业型教师的部分特征

某些特征更适用于那些被认定是创业型教师所具有的特征。

表6-1 教师职业生涯探讨

所有教师	创业型教师
● 合作性	● 热情的乐观主义者
● 受好奇心驱动	● 发起人
● 组织型公民	● 以应用为导向
● 全心全意地学习	● 体验丰富者
● 致力于工作	● 创造者或创新者
● 有逻辑性	● 非传统的
	● 富有想象力的职业管理者
	● 连接者或建设者
	● 富有战略的或有远见的

热情的乐观主义者 大部分教师,无论是传统型教师还是创业型教师,都忙于自己的工作,创业教师在谈及自身职业时会展现出一种热情洋溢的状态。同样,在遭遇职业阻碍与挫折时,他们也表现出强大的韧性。

发起人 在创造新的研究方向、与他人进行专业合作、开辟新计划和开展新服务方面,创业教师非常积极主动。

着重应用 创业教师对自己产生影响及见证自身工作成果能够直接应用这两方面很感兴趣。他们追求在现实世界应用自己的研究成果。

多重体验者　创业教师有着丰富的职业经验，他们将以前的经验与当前的科研项目联系在一起。他们将自身多元化的经验作为新的课堂应用及重点研究领域的起点。

　　创造者或创新者　对于创业教师而言，创新不仅仅只是有好奇心。这些教师具有高度的创造力与创新性，工作上不墨守成规。他们在自己的研究方法方面尤其具有创造力。

　　非传统性　创业教师所从事的活动不能简单地归结为教学、研究或服务（如外部资助的创新研究中心、咨询或初创公司）。

　　连接者或建设者　创业教师并不以狭隘的、以学科为基础的方式确定其兴趣点。他们乐于扩充现有理念，也乐于与其他学科的新的合作者开展合作。

　　战略的或有远见的　创业教师从全面的角度看待情况与问题，将其看作连续整体而不是零碎的部分。他们也愿意关注更大的目标，并为实现更好的发展或终极目标而采取措施以减少其损失。

　　初步诊断的启示

　　这三项研究为创业领导力研究院的战略和活动提出建议，并指出学院应注意的问题。包括以下内容：

　　架构／组织

　　● 制订一项战略计划，明确创业领导力研究院的整体使命以长、中、短期目标；

　　● 确定预期结果和衡量或评估进展的方法；

　　沟通／决策

　　● 制定协议和程序，这些协议和过程应包括整个校园的小组；

　　● 与职业管理研究参与者及其他表示对创业领导力研究院感兴趣的教职员工保持密切联系；

　　● 认真策划创业领导力研究院的品牌、官方报告、宣传材料及项目课程；将研究院与校园和全国的其他创业活动区分开来；

● 协调当前的工作、中心、项目和课程。

学术活动

● 将评估工作的结果纳入活动计划。可根据主要功能（教学、调研）及组成小组将一系列的计划活动组合起来；

● 在可能的情况下，让不同部门的教师以研究员、方案评审员、项目咨询小组成员等身份参与创业活动；

● 设立教师奖学金，其目的很明确，就是鼓励教师撰写有关学术创业的论文，并被经过同行评审的学术期刊所采纳；

● 建立一个数据库，其内容涵盖创业教师进行跨学科研究需要的兴趣点及技能；

● 为创业教师提供在"思想孵化器"的环境中工作的机会；

● 创业领导力研究院的一项重要功能就是将人们聚在一起，为他们创造互动的机会；

● 监控大学里感知到的创业阻碍因素并倡导合理变革。

项目设计

● 通过支持具有战略意义的各种项目，增进全校范围内对学术创业的理解和界定。首先让那些没有制定过创业课程的学院参与进来。

● 公布广谱式创业教师倡议，与对此最感兴趣并自愿投入其中的教师合作；

● 制定一种以组合课程为基础的课程设计，提供一系列最初项目与服务，这些项目与服务应切实可行，产生短期而可衡量的结果，以及提供其影响会随着时间而愈加明显的服务；

● 与校园里的 27 家就业服务办公室合作制定能够帮助学生进行职业生涯发展规划的项目；

● 制定教师奖励机制，提供生活津贴和（或）小额经费，以进行课程修订或新课程设计。

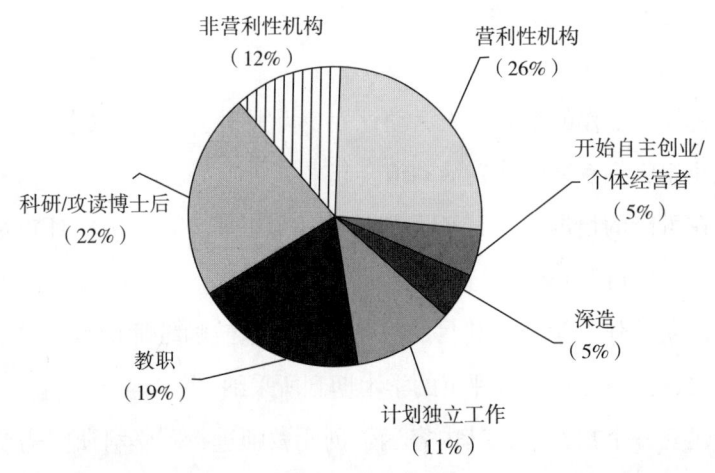

图 6-1 获得伊利诺伊大学香槟分校的学位后你计划马上做什么？

- 非营利性机构（12%）
- 营利性机构（26%）
- 开始自主创业/个体经营者（5%）
- 深造（5%）
- 计划独立工作（11%）
- 教职（19%）
- 科研/攻读博士后（22%）

无论怎样从广义上阐释创业思维，它都不会为所有教师接受。但对于那些具有创造力和创新性的教师来说，创业领导力研究院却被看作是一种潜在支持的主要来源。研究结果证实了创业领导力研究院在高等教育背景下定义创业精神的必要。重点关注校园中的教师和院系，扩充创业精神的定义以将其应用于教育及非商业领域中，并提供能够在学术和管理领域培养创业价值观的项目，通过以上做法，创业领导力研究院可以帮助塑造创业型大学。

以学生为中心的诊断法[①]

研究生

向全体研究生和高职学生（10237 人）发放了一份网络调查，调查的回收率为 24.5%。这项调查的目标是探知研究生的职业道路、对创业

---

① 对研究生和新生的调查由伊利诺伊大学图书馆和信息科学研究生院图书馆研究中心进行。

的兴趣及学习创业技能的首选模式。

调查发现,学生对于创业的兴趣很高,不仅是预料之中的商科或工程等领域的研究生的创业兴趣很高,各个领域的学生都是如此。

当被问及"你在获得伊利诺伊大学香槟分校的学位后有何计划?"(如图6-1)时,16%的研究生选择了自主创业或个体经营和独立工作。

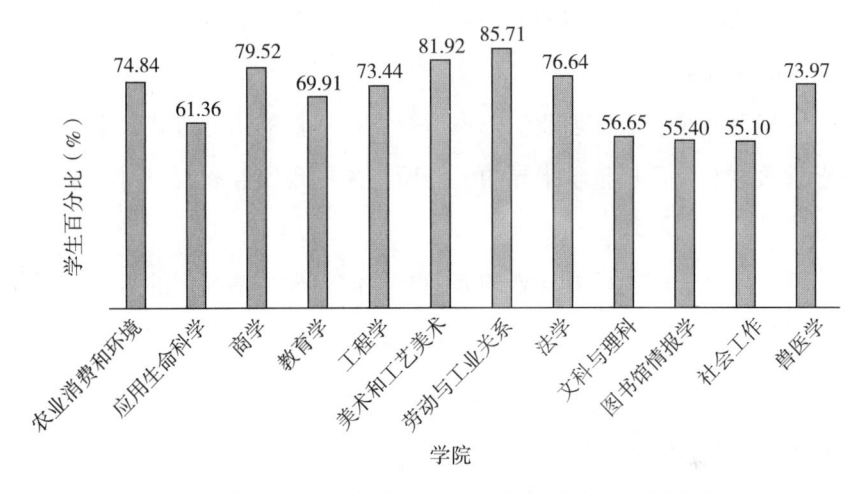

图6-2 在职业生涯中的某一刻,你计划过独立创业吗?

当他们被问及是否曾计划独立工作,做一名艺术家、作家、发明家或自己创业时,68%的学生回答,在职业生涯的某一刻他们这样计划过。在学校所做的学生调查中,每所大学里有超过50%的学生承认自己曾有过这样的目标。这与大部分创业者没有商科学位的事实相符(图6-2)。

学生被问及他们对创业教育的兴趣及其所希望获得的对创业进行深度学习的方法。之所以提出后面这一问题,是考虑到研究生可能发觉增加额外的课业或是用创业课程来替代另一门选修课并非易事。

这些分析的确揭示了不同学院的学生所偏爱的学习模式与其对于特定创业形式的兴趣存在显著差异。不过,全校范围内的学生都有进一步了解创业的强烈兴趣,下面是一些结果:

- 67%的学生选择了实习与辅导，这是所占比重最大的一部分；
- 学生对正规课业的兴趣不大；
- 学生表现出对基础知识的缺乏，包括：财务、市场拓展及销售创意或发明；
- 不了解自身能力，不确定是否愿意冒险。

研究生们最感兴趣的创业话题包括：如何交流想法、如何组织资源及如何识别机会。

研究生更愿意通过创业学院最适合直接提供的指导方式来学习，也更愿意通过不受正规教学指导的范围所局限的现实经验与研讨会来进行学习。

研究生对于职业发展规划的兴趣与他们的教师感知到的需求恰好吻合。同时，这种兴趣与学校、国家对于研究生教育的关心相吻合，尤其在人文学科与社会学科领域的教育。在这两个学科领域内，除教师外，一般没有人进行职业方面的讨论。[1]

新生调查

2005年秋季，我们在全校大一新生中发起了一次调查。调查的对象（占4747名学生总人数的29.47%）足够代表整个大一学生。这次调查的目的在于评估学生们的创业倾向和态度。学生们被问及他们过去、现在和未来拥有自己的企业或为社会变革而工作的计划。"为社会变革而工作"是用以表明学生对进行社会创业的潜在兴趣，而学生很可能不太熟悉这一术语。大一新生也被问及他们在大学期间是否参加过与创业相关的课程。

---

[1] 伍德·威尔逊博士基金（The Responsive PhD Woodrow Wilson Foundation），www.woodrow.org/responsivephd/index.php.

整体调查结果大体如下：伊利诺伊大学香槟分校约有十分之一（9.5%）的大一新生拥有自己的生意或是以创意艺术家、发明家的身份工作。超过十分之一（11.1%）的大一新生计划创业或在本科期间独立工作。学生入学的学院与其毕业后考取研究生的学院关联性很强。美术系、工程系和商科的学生最有可能展现出其对与自主创业及在毕业后以艺术家、发明家的身份独立工作的兴趣。教育专业的学生对这种职业生涯最不感兴趣。

社会变革或社会创业　学生会被问及他们对于社会变革的兴趣与参与度。某种程度上，不到一半（43.0%）的大一新生已经参与到某个可以带来社会变革的组织中。大约有三分之二（61.2%）的大一新生期待在他们攻读本科学位期间能够参与到这样的组织中去。64.4%的学生期待在毕业时能够通过在某一组织中工作为社会带来变革。

本科创业教育　新生会被问及是否会去上一些有助于创业的课程，以及是否会成功地成为独立发明家或富有创造力的艺术家，为社会带来变革。总体来看，71.2%的受访者表示，若有机会，他们会选修这样的课程（图6-3）。各个专业的学生都表现出了这样的兴趣，另外：

● 伊利诺伊大学香槟分校中超过一半（52.3%）的大一新生对于学习如何创业感兴趣；

● 约有三分之一（31.8%）的大一新生对于学习如何成为一名独立工作的发明家或有创造力的艺术家感兴趣；

● 约有一半的（47.5%）的大一新生对于学习如何为社会变革而有效工作感兴趣；

● 相比于女性，男性对于开办新创公司更感兴趣（53.7%的大一男生对于毕业后开办新创公司感兴趣，而女生的比例是32%）；

● 女性比男性对于进行社会创业更感兴趣：（55.9%的女生表示她们对参加针对社会变革而有效工作的课程感兴趣，而男生的比例是37.2%）。

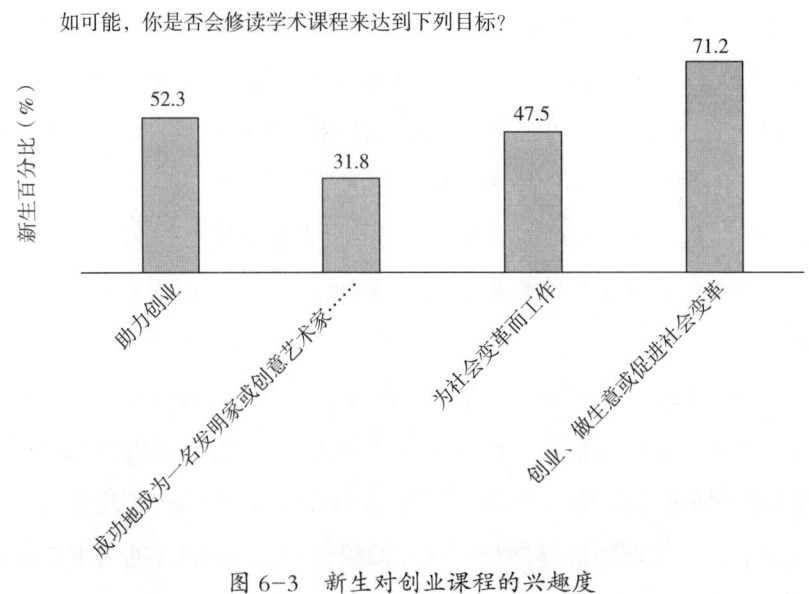

如可能，你是否会修读学术课程来达到下列目标？

新生百分比（%）

- 助力创业：52.3
- 成功地成为一名发明家或创意艺术家……：31.8
- 为社会变革而工作：47.5
- 创业、做生意或促进社会变革：71.2

图 6-3　新生对创业课程的兴趣度

教师、管理者及学生诊断带来的启示

创业领导力研究院的领导团队从这种诊断工作中收获了什么？

诊断过程本身就极具价值。它揭示了一些看法与意见，获得了一些重要信息还起着创业计划的通信工具的作用。诊断结果或许比预想的更为乐观，所有群体进行创业活动的程度及兴趣度都是显著的。通过会议和各种文件与利益相关者共享这些结果会带来更为深入的讨论及更多的投入。

我们以广义上的创业为起点。这使得通常不会被认定为创业者的教师在创业活动中占据了一席之地。举一个例子：一位舞蹈系教授在接受教师职业生涯管理研究的采访后，在一次关于创业教师的展示上成为了一位专题讨论小组的成员。她表示自己从未用"具有创业精神"这个词来形容自己，尤其在她积极地管理着自己的职业生涯并寻求机会的时候，她往往会认为自己是"勇于拼搏的"。她曾试着将这种态度与职业策略传授给自己的学生们，而现在她发现，创业教育可能会为她所做的努力助上一臂之力。

我们知道术语很重要。举例来说,"创业的"一词定义就要比创业精神的定义争议小一些。它让人们将其看作一种行为、一个过程,在多种情境下都有用。创新与创意作为对于创业精神的广义理解的用语,一般也是十分有用的。

在诊断研究中,我们将社会创业归为创业的一种形式。我们发现教师与学生双方对社会创业都有兴趣——事实上,双方感兴趣的程度比创业领导学院的职员预想的还要高,这种兴趣还在不断增长。将社会创业纳入创业领导力学院的使命,让我们可以与对公众参与、服务学习及对外拓展方面感兴趣的教师和管理者共事。这也会是那些有待发展的本科辅修课程的发展轨迹。事实上,社会创业已成为创业领导力研究院的一个标志性组成部分。

诊断过程开启了我们建立人际关系网的工作。通过与利益相关者的讨论,我们确定了创业的支持者。创业的活动清单也催生了创业教师倡议的成立。从广义来看,对创业的广泛兴趣也促成了全校院长顾问委员会的成立;设立了一个机会基金,以支持不在资助体系内的项目;共同赞助各种活动,并根据诊断过程中提出的建议寻求合作机会;选择不对课程进行控制;鼓励教职工根据自己的研究领域去制定课程。

创业管理学院策略

广谱式创业教育和改变组织文化,以培养对创业行为的更强欣赏,不能增加于学院。校园很大也很复杂——就如韦克所描述的那样,它是一个松散联合的系统。诊断是必要的第一步,它可以检验出目标"客户"的多样化需求、特征和预期。为了有效地实现接下来的步骤,创业领导力研究院采用了一套"4D"系统,用来转变伊利诺伊大学香槟分校的创业定向:诊断(diagnosis)、设计(design)、传达(deliver)和决策

(determine)。这4个组成部分在一个动态过程中紧密联系,它们被用来实现策略连贯性及根据环境做出合理改变。

在创业领导研究院创立之前,创业活动在伊利诺伊大学香槟分校就已经是一项传统,而商学院与工程学院就是创业课程、创业组织的摇篮。这些创业活动在各自学院的内部虽然具有影响力,但在广谱式创业教育和广谱式创业意识方面的影响就有限了。要想利用广谱式创业项目的长期成功来推广学术创业,就需要整个校园的文化支持,而不是一个或两个学院的文化支持。

然而,诊断过程中确实可以发现一些沉寂已久的创业精神。人力资源教育(HRE)项目已经培养出许多创业培训方面的研究生。事实上,就国内的小型商业研究院(SBI)计划而言,伊利诺伊大学是全国第一所在商学院以外推行这一计划的学校——在人力资源教育系推进这一计划。诊断工作帮助创业领导力学院识别倡导者、合作者及活动,并用于宣传学校正在寻求的文化改变并不完全是一个全新观念。

图6-4为创业领导力研究院构建广谱式创业教育的流程示意图。右侧的图形展示了从策略形成到策略实施的流程,左侧的图形显示了4D模式中的相应发展阶段。4D构成了一个动态模式,通过此模式可以发现创业需求并提供创业教育,赞助那些与创业相关的活动,不断增强创业意识。这两部分并不是独立存在的。策略计划的具体内容来自诊断阶段,而且会根据决策阶段或评估阶段来对策略计划进行修改。

虽然创业教育在60年前就已出现(Katz,2003:283-300),但这一领域还远不够成熟。2002年,3100所两年制和四年制高校全面总结了创业教育(发展)情况,并证实了学术创业现状仍存在着不足。问题包括:缺少胜任的教师教授创业课程,创业教育在多学科的延伸使这种情况雪上加霜;缺乏可以教育和培训未来教授的博士项目;未能支持教师开展研究去编著使该领域合法化的学术文献。这些问题可能成为推进广谱式创业教育过程中的重大阻碍。

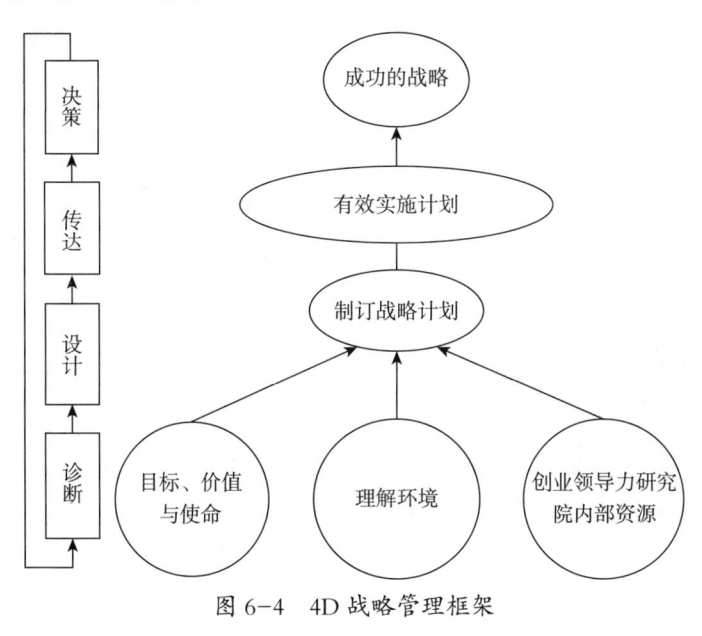

图 6-4　4D 战略管理框架

为使创业领导力研究院为转变全校范围内的创业文化而做的努力得以成功，我们必须要有一个战略过程。图 6-4 中描述的 4D 模式就是创业领导力研究院努力实现这一点的一种表现形式——整合策略计划的制定和实施。图表的右侧大体上展示了成功策略中所包含的共同因素。一致的、长期的目标与使命是这个组织活动的风向标。创业领导研究院（2008 年）的使命是促进人们对于创业的理解，即创业是"社会、经济和知识价值的载体，其途径有二：1. 扩展人类创选的机会；2. 识别并利用各类资源来实现跨学科合作"。

伊利诺伊大学在最初的准备阶段进行了一项非正式的诊断程序。这项提议中体现出的策略与计划构成来自以下几个方面：非正式的诊断程序及对校园文化和创业活动水平的了解，对更广泛的高等教育环境的了解及创业教育的现状与创业在全国作为一门学科的现状。在考夫曼基金会的赞助下还进行了一项更为正式的诊断工作。图 6-4 左侧的图表展示了创业领导研究院在根据右侧图示的一般模式提出 4D 模式时做的工作。创业领导学院在全校范围内调查了校内不同群体对创业教育活动的看法、参与度与期望。诊断工作的作用是：证实在向考夫曼基金会提交的初始方案中设置的项目组成部分，并揭示以前并不清晰的机会。它的目的在于重整、充实更加具体化的目标与方式，并创新出一种战略性计划。4D体系为起草、实施计划提供了一套程序，并按需求对其进行评估与改进。

战略计划制订

教师研究调查与管理者研究调查收集了校园中不同群体的观点，在以下几方面为创业领导力研究院提供了有价值的信息：研究院的结构与组织，恰当的决策制定程序，拟实施的活动，以及创业领导力研究院将会提供的项目设计与项目内容。

设计阶段：目标

诊断工作的结果转变为创业领导力研究院的目标。表 6-2 展示了诊断阶段所发现的一系列创业需求，以及创业领导力研究院针对这些需求所设计出的项目与计划。

这项计划大纲包括：1. 巩固创业教育，使其成为一个受尊重的研究领域；2. 为创业领导力研究院打造区域性的、国家的甚至国际性的形象；3. 培养创业技能；4. 识别创业领军人物；5. 推动学术团体可持续性发展。更具体的目标囊括了建设创业领导力研究院这一提议的原始战略计划以及各种诊断结果。

战略计划实施

设计阶段不仅帮助创业领导力研究院确定其战略目标，还通过各种计划与方案提出实现这些目标的途径。比如说，我们该如何支持教师和研究生在创业方面进行研究？创业领导力研究院为支持教师发展建立了一项研究基金；与国际商业教育与调研中心（CIBER）及全球学术中心进行合作，以促进国际或全球创业教育及其研究的发展；开展研究生学者项目和教职研究员项目；举办创业学者讲座。通过宣传各类调研与会议机会，鼓励人们参与创业学者团体，支持教师与研究生参加会议。而且，创业领导力研究院在自己的网站上开设了资源调研页面，并与考夫曼基金会在学术数据库项目上进行了合作。

表 6-2　从战略性计划到战略性目标

战略性计划	目标
加强创业教育，使其成为一个受尊重的研究领域	为师生创建一个导师网络 发现并培养教师领军人物 为跨学科和跨领域交流创造机会 支持教师开展课程和辅助课程活动 支持教师和研究生参与国家创业学者和教育工作者团体 建立支持教师和研究生进行创业研究的项目
树立学院的区域、国家及国际形象	在伊利诺伊大学香槟分校内提升人们对于创业教育的理解度 交流并传播最佳的实践活动或模式 与其他大学或国家组织合作以提升创业意识并推广最佳实践 在伊利诺伊大学香槟分校系统促进创业型企业的发展，无论是在社会、经济、知识还是文化领域 在伊利诺伊大学香槟分校内发行各种类型的出版物，宣传该校的创业活动与机会
发展创业技能	提高从创业角度管理职业生涯的意识 在管理者中推广创业知识
发现创业领军人物	发现并培养教师领军人物 在管理者和其他学术专家中发现并培养领军人物
推动学术团体可持续发展	最少增加一千万美元的资助 从公共资源中争取获得创业领导研究院需要的资助 从各种地区、国家及国际组织处获得资助

　　教职研究员项目就是一个将在初始阶段发现的需求和期望与创业领导力研究院的资源和价值观结合起来的例子。为了回应来自教师的奖励创业活动的要求，该项目支持在伊利诺伊州的所有课程中开发创业课程和课程模块。教师可以申请资金来设计新课程或修订现有课程。创业领导力研究院也会为成功的申请者提供经验，以促进他们对于创业原理的

理解，并赞助那些具有教育性和指导性的活动。在学习这样的课程时，学生可以在特定的学科背景下学习到各种创业技能或原理。

传达

设计项目的实施相当于传达阶段，在此阶段创业领导力学院还为其设计了一系列有用策略，其中包括市场营销及运作。因为就其方法的新颖性及非传统性而言，创业领导力研究院必须积极在校园中提升自身及创业入门指导。要根据不同类型的受众对象制定不同的方法。要进行全面宣传，比如为教师、校友和学生精心设计多媒体材料。研究生学者项目的推广工作通过电子邮件发放通知，这些通知会发给德高望重的学者，继而传达给其他同事，发给可能知道可以鼓励哪些学生进行创业的教职研究员和教师，还可以发给每个学院的研究生项目负责人。一封研究生学院的电子简讯可以送到那些创业领导力学院根本无从认识的学生面前。而针对大学生的广告工作室则要采取完全不同的方式。

在传达阶段，创业领导力学院会收集决策阶段的反馈。利益相关者在诊断过程中提出了广泛的评估标准，针对个人活动和多种活动类型还制定了更加具体的评估标准。举个例子，在一个工作室内，意见反馈表会询问一项活动是否满足了他们的期待，他们是否会将这项活动推荐给同事。同这些具体的评估标准一样，策略连贯性对于评估组织工作的效率与效果来说也很重要。创业领导力研究院的战略活动应该与大学和校内的各个学术单位的目标一致，也要与创业领导力研究院自身的长期目标一致。在大学的战略计划中，经济发展与全球覆盖是大学的重要愿景，促进创新和创造力是最为重要的价值观之一。

创新方案必须满足创业领导力研究院的目标和宗旨。比如，一项关于在2005学年到2006学年间组织的活动分析显示，如今专题研讨会非常流行，其中大部分与会者为研究生与本科生（占62%），并且99%的研讨会成员认为研讨会内容令人满意、有价值或是超过预期。越来越多的研讨会认为将目标群体定位为学生是一个可行的选择。然而还有重要的少数参与者是其他创业领导力研究院选取的成员，在制定项目时也应将他们考虑进来。专题研讨会的数目和合作伙伴在 2006 学年到 2007 学年间都得到了增长。

创业领导力研究院每年两次正式检查自己的战略和目标。一次是在一年一度的全天策划会上，另一次是在年中进行一次简要回顾。此外，除了一贯地对下一相似活动的实施进行记录之外，在重要活动后还会有任务报告。

模型动态过程

图 6-5 展示了 4D 模型的动态过程。该模型中的 4 个维度构成一个战略管理过程——首先构建战略计划，接着经历诊断、设计、传达和决策等阶段，最后若有必要的话还要对最初的战略计划进行具体修改。这一过程的四个阶段并不是各自独立的。这一过程是动态的，它涉及观察创业领导力研究院运作的环境，并经常带来改善自身的战略和宗旨。若另一项活动比目前的活动更有利于有效地实现一项目标，那么就要将重点转移到另一项活动上去。

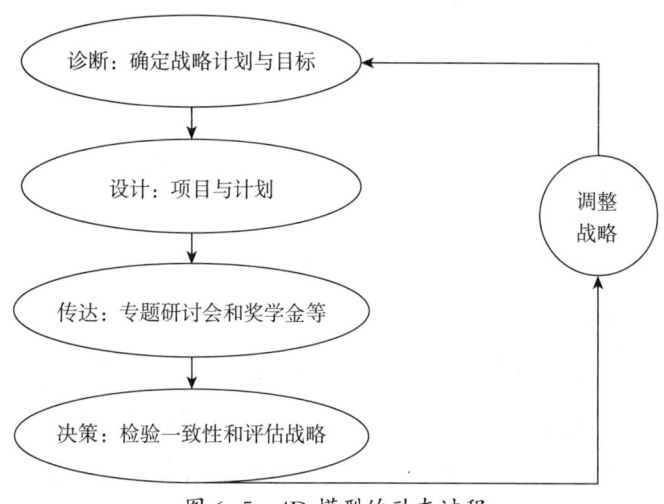

图 6-5　4D 模型的动态过程

在这一体系中,创业领导力研究院是每一项"D(维度)"的发起人。在每一个阶段,创业领导力研究院都会引入各种各样的参与者,他们的意见帮助我们发现创业教育的需求,帮助创业领导力研究院提供可以部署的资源,或帮助我们重新定义创业领导力研究院工作的方向。该4D框架的顺序过程可以改述为:首先创业领导力研究院从创业意识、需求和资源方面对大学进行横向研究;然后设计并传达那些通过初始诊断确定的计划;最后从受众以及教职员工(若可以的话,从咨询委员会)获得反馈。

4D框架的一个特有属性就是它来自于校园,其成果用之于校园。来自教师、管理者、学生群体的意见帮助创业领导力研究院对初始计划、作用及各类活动进行了确定。许多活动只能在与其他部门的合作与资源共享之下才能开展。根据对广谱式创业教育的影响来评估项目的输出成果,只有被教师、学生和其他利益相关者视为有价值的创新方案时才能被保留下来继续发展。从这个意义上说,4D框架是植根于校园的,而不是创业领导力学院强制推行的。

这一方式使创业领导力学院能够识别出那些重要的组成部分,这些部分可能会影响它的各类工作(比如影响现有创业活动;影响大学战略性计划;影响利益相关者的观点),从而成功地抓住机会、规避一些风险。创业领导力研究院在有效分配资源方面做得更好一些,因为它的每一个组成部分都是在相同的战略目标下进行组织和引导的。创业领导力研究院一直想维持的这种战略一致性是其成功的关键,因为它能够促进创业领导力研究院的合法化,并为改善战略提供统一的指导。

我们需要审视传统创业教育与广谱式创业教育之间的差异。创业领导力研究院无法强制实行创业教育;利用诊断工作发现目标"客户"的多样化需求、特点和期待是必要的第一步。要想实现长期目标,将创业领导力研究院的工作与学院成员、大学和环境结合起来至关重要。没有任何战略可以确保一定成功；合理的调整和修改也不可或缺。本章描述的框架为做出这些调整和修改提供了一种方法。

参考文献

Academy for Entrepreneurial Leadership（2008）, 'Strategic Plan 2008-2009', University of Illinois at Urbana-Champaign, IL.

Katz, Jeremy A.（2003）,'The chronology and intellectual trajectory of American entrepreneurship education:1876-1999', *Journal of Business Venturing*, 18（2）, 283-300.

Orton, J. Douglas and Karl E. Weick（1990）, 'Loosely coupled systems: a reconceptualization', *Academy of Management Review*, 15（2）, 203-223.

第七章 创业教育：满足爱尔兰毕业生的技能需求

布里格·海因斯 米歇尔·奥德怀尔 娜奥米·伯德西斯尔

引言

包括各大高校在内的教育机构"有义务去满足学生们的期望，让他们为即将身处的经济环境做好准备"（Galloway et al., 2005：1-14）。为确保这一义务的履行，教育部门需要帮助毕业生转变心态、勇于进取、大胆创新，为将来从事的工作创造价值。工作环境的需求和结构是在不断变化的。特别值得注意的是企业组织和规模概况的变化（Hynes and Richardson, 2007）。在整个欧洲范围内，小型企业不断涌现，逐渐成为国家产业发展中的关键要素，这一点在爱尔兰体现得尤为明显。据估计，2003年爱尔兰小型企业的数量约为186114家，2000年之后的3年内就增加了16114家（Revenue Commissioners Statistical Unit, 2003）。鉴于此，将大众创业融入教育计划中是世界各地政策的一个中心要素（Martin, 2006）。这种政策倡议保证毕业生在这样的环境中熟悉自身的工作，并推动他们对未来做好有效的准备。另外，为那些有兴趣成为创业者的毕业生提供创业所需的知识和技能教育也是很有必要的。

本章讨论了利默里克大学研究生创业教育课程——国际创业管理（IEM）专业的商学硕士（MBS）所用的授课方式。它可以建立一种有效的机制，帮助学生适应工作环境的需求变化。在为所有学科的毕业生培养兴趣和灌输知识的同时，又能鼓励他们将国际创业和自我雇佣作为一种职业选择。这一课程方案是根据提案的创业教育框架的构成部分来进行描述的，已经被认为是指导创业课程设计和开发的实用模板。同时，它还提供了一种分析该方案的长处的手段，并确定了在今后的发展中可以加强的问题。最后，该研究推进了其他院校在课程开发中采用该创业教育拟定框架。

不断变化的工作环境：需要具有灵活性的员工

过去十年间，爱尔兰的大小型企业都在某些方面发生了变化，比如通过裁员、重组、外包及大量使用科技等方式，来决定何时何地及如何完成任务。随着经济的变化及市场全球化和自由化的加深，加之更加激烈的竞争与不断变化的劳动力状况及构成，这些因素都给负责人或管理者在管理公司成长的道路上带来了挑战。负责人或管理者在管理一个新的企业时要担任着各种不同角色（Muir and Langford，1994；O'Gorman et al.，2005），这就需要他们在很多技术、功能和流程领域具备相应的各种能力，而大多数初创企业者几乎不可能具备全部能力。一般初创企业者拥有的技能都是偏向于技术领域、产品领域或服务知识领域的。因此，这就需要公司员工具备与负责人或管理者互相补充的技能，以便更有效地帮助企业成长。

为了满足这些需求，利默里克大学已经成功地提供了一套创业教育课程。这套课程的设计是为了增强并传达对企业流程的认知，并鼓励学生们将创业视为一种可行的职业选择。该项课程已被运用于本科生及研究生阶段，由结构化课程和创新综合课程组成。前者包括讲座、作业、案例研究及阅读，后者让学生积极加入小型企业部门，制订创业计划并与国内和国际上杰出企业经营者近距离接触。

在研究生阶段，特别设置了国际创业管理专业（IEM）的商学硕士（MBS）以满足各学科应届毕业生、拥有工作经验的毕业生或希望了解如何在国际上管理和发展小企业的所有者或管理者的需求。这个为期一年（全日制）或两年（非全日制）的课程侧重于帮助参与者了解小型企业国际战略的发展蓝图。具体来说，该计划的目标有：

- 让参与者熟悉创业者和负责人或管理者在国际上发展小型企业所必需的角色功能和特征。
- 让学生们了解企业的功能规范，以及它们是如何在小型企业成长和国际化的过程中发生改变的。
- 让参与者具备为企业制定国际化经营战略的知识和能力。
- 发展实用技能和形成有效思维，比如创造性地解决问题的能力、诊断的技能、推动企业国际化所需的交流沟通能力和项目管理能力。

这些目标是根据未来技能需求专家组（EGFSN，2007）提供的行业调查而确立的，这些行业调查得出：中小型企业（SME）需要员工具有一系列可以传递的通用技能，并要求员工具有工作灵活性、能够不断学习的能力及良好的主观能动性和自我判断能力。总之，未来技能需求专家组指出，除了要拥有可通过完成正规学历获得的专业知识，职场员工还需要掌握许多其他技能和核心能力。正是有对这些技能的需求，利默里克大学国际创业管理专业（IEM）的商学硕士（MBS）学位才得以设立。这些技能可以归纳为以下四个方面：

- 实践经验及以项目为基础的技能与灵活性或创新技能；
- 适用于21世纪的管理技能；
- 信息和通信技术技能；
- 通用技能。

实践经验及以项目为基础的技能灵活性或创新技能

鉴于企业越来越注重招聘拥有实际工作经验和了解商科知识的毕业生，那些没有实践经验，只有技术或纯理论知识的学生就会错失潜在的就业机会。想要满足不断变化的劳动力需求，像国际创业管理专业（IEM）的商学硕士（MBS）这样的教育课程就需要培养学生的适应能力、灵活性和创新能力。这些技能必须成为各级教育体系的一部分。基于项目的学习、团队合作和课程任务的引入，解决应该如何提供这些技能的问题。对于开发人员来说，这是很有意义的。可以帮助学生/参与者在不影响学习课程知识内容的情况下，提高学习质量，并促进自己与工作环境相关的软技能提升。

适用于 21 世纪的管理技能

管理能力，比如创新能力、机会感知能力、决策能力、风险意识和人力资源管理能力，对各种规模的企业都越来越重要。国际创业管理专业（IEM）的商学硕士（MBS）毕业生需要具备良好的人际交往技能和概念性技能。人际交往技能是建立在有效沟通、人际关系、团队合作和客户服务技能基础上的。另外，毕业生需要的概念性技能包括收集和组织信息、解决问题、计划和组织、学习的能力和系统思考的技能。国际创业管理专业（IEM）的商学硕士（MBS）专业的设计旨在取得学习成果，而这些模块通过采用的教学方法可以使参与者获得管理技能。

信息和通信技术技能

信息和通信技术（ICT）在各个方面的迅速发展，使我们认识到所有学科的毕业生都需要接受信息和通信技术相关的专业训练。这尤其适用于小型企业，它们需要负责人或管理者和员工都了解如何用信息和通信技术（ICT）在各领域创造更大的效益，例如销售、客户服务、市场调查、产品设计、研究与开发（R&D）等。创业教育为就读国际创业管理专业（IEM）的商学硕士（MBS）提供了在项目工作及与小公司方案相关的演示中以整体方式使用信息和通信技术（ICT）的机会。

通用技能

通用技能包括读写能力、计算能力、与个人职业发展相关的技能等基本技能，是国际创业管理专业（IEM）的商学硕士（MBS）不可或缺的技能。毕业生需要在自知和自信方面具备有效的技能，这将使他们能够自由地进行创造性思考，从而为他们效力的工作领域做出贡献。

因此，显而易见的是，企业需要的不仅是作为特定领域专家培养的毕业生，而且越来越需要他们具备超出主干学科之外的技能。对于毕业生，企业明确要求他们必须掌握采用灵活的、有创造性的和创新的方式开展工作的能力，通过发挥他们的人际交往能力快速成为团队中的一员。教育经历应使毕业生具备良好的态度、才干和能力，以促使他们积极适应未来高度活跃的商业和技术环境并在其中脱颖而出（EGFSN，2007）。

在满足这些技能需求及培养能够适应未来发展的毕业生方面，有人认为三线院校有必要将重点放在更广泛的、更具战略意义的创业教育上，包括满足毕业生的知识和技能需求，进而满足行业和企业需求、促进培育创立新企业等。加洛韦等人（Galloway et al.，2005）认为，为了迎合这一战略重点，各高校应该寻求创业型院校的发展路线。在设计课程时，应更加积极主动地满足雇主和商界的需求，以便更好地挖掘毕业生的创造潜能并鼓励他们的创业行为。

创业教育：一种培养适应未来发展的毕业生的方式

从政策角度来看，创业教育的重要性已经得到欧盟委员会的认可，该委员会认为创业教育对于帮助学生养成"正确的心态"进而促进更多的创业行为是非常重要的。创业教育项目的重点和目标应该是获得更广泛的终生技能,而不仅仅是培养学生去创建新企业(Audretsch, 2002; DfES, 2002; Martin, 2004)和提高创业技能(NSIHE, 1997; DfES, 2003)。创业教育应该有助于发展一系列的技能,包括创新能力和领导能力等,这些能力可以在任何就业环境中为个人和经济创造红利。创业教育还应培养学生的创业兴趣,激发其创业潜能(Galloway and Brown, 2002)。伯德西斯尔(Birdthistle, 2006)的研究表明,对于爱尔兰学生来说,不管是刚刚毕业还是毕业后五年甚至更久,创业都是一种潜在的职业选择。

根据吉布(Gibb, 1993)的观点,对于教育机构来说,真正的挑战是如何才能让员工不仅自身具有创业型的学习取向而且还要有能力去教。讲师在所有创业课程的整体效能中都发挥着关键作用,他们鼓励"创新"的学习模式,而不是传统的"灌输式"教学方法(出处同上)。通过"灌输式"开展的创业教育,最终将使学生看起来貌似懂得了学习内容,但事实上他们并未真正理解掌握。吉布建议,讲师在学习过程中不该是一个"独裁者",一味地向大部分被动的听众传递知识,他们更需要充当的是导师和合作伙伴的角色。此外,讲师们需要认识并理解每个人不同的学习方式,并努力加强和促进各种学习过程。

如表7-1所示,如果讲师要想有效地开展创业教育,那么他们就需要将教学方式从"灌输式"向"创业型"转变(出处同上:14)。这可能会使讲师在课堂上失去权威与控制力,因为他们已不再是课堂的中心,而成为了教育的引导者与促进者。

另外,将创业教育向商学院以外推广也是很必要的,而这也得到了布拉什等(Brush et al., 2003)及加洛韦和布朗(Galloway and Brown, 2002)等人的认可。加洛韦进一步指出,以"跨学科方式"开展创业教育能够影响一系列的部门，包括艺术、科学和技术学科（Galloway and Brown，2002）。海蒂和奥戈尔曼（Hytti and O'Gorman，2004）对大量的创业教育项目进行了鉴定与评估，研究发现，成功的创业教育项目能够将学习纳入学生的一般教育经历，并为学生提供超出主干学科以外的课程。

从本质上来说，面向研究生开展的创业教育（商科或非商科专业）应该面向全体学生，应该涵盖创业心态和能力提升等方面内容，而不仅包括创建新企业。然而，教育工作者面临的一项挑战就是要如何更好地设计包含最适当内容和提供机制的方案，以此来帮助不同学生群体获得必要的创业知识和技能。在探讨这一概念时，本研究采用了一种过程研究法来设计创业教育方案，提供了更切合实际的课程设计，以满足不同学生群体的需要和商业环境的需求。

表 7-1 灌输式和创业型学习模式

灌输式	创业型
只跟随老师学习	互相学习
被动的倾听者	干中学
学习书本知识	在辩论和交流中学习
向"专家"学习	在探索中学习（在指导下）
从某个关键人物（教师）的反馈中学习	从很多人的反应中学习
在时间安排有序的环境下学习	在灵活轻松的环境下学习
没有近期目标压力的学习	在实现目标的压力下学习
不鼓励仿效他人	通过借鉴别人来学习
害怕犯错	从失误中学习
通过笔记学习	在解决问题的过程中学习

资料来源：吉布（1993：14）。

采用过程法进行创业教育

在对三级创业教育课程进行评估后，海因斯（Hynes，1996）设计了一个创业教育过程框架。这个框架表明，创业教育是以过程为导向的。在这一过程中，利益相关者有一系列需求，但其性质和涉及的范围可能有所不同，这就需要采取灵活的方式方法来设计和讲授创业教育课程。从本质上讲，这一过程包含三个关键要素：输入、过程和输出。"输入"指的是学生在参与课程之前的情况和特点。"过程"由两个要素组成，反映了符合"输入"特征、目标和要求的内容及教学方法。"输出"反映了课程的"收获"要素——学员从课程中丰富了知识、提升了技能，而课程主办方获得了附加价值（见表7-2）。

表7-2 创业教育的过程框架

输入	过程		输出
学生的情况和特点	内容重点	教学重点	专业人员或职员
先验知识库 动机或态度 性向 需求或兴趣 独立水平 态度 父母的影响 自尊 价值观（工作和个人） 工作经验 性别	创业 创业 创新 新产品开发 创新 创意 研发 业务内容 营销 会计和财务 人力资源 法律方面 知识产权 就业立法 保险 能力或软技能发展 人际交往能力 （交流、展示、写作）	讲授式（阅读或演讲） 技能建构（案例研究、小组讨论、展示、解决问题、模仿、团队合作、企划） 发现探索 头脑风暴 个人目标设定 职业规划 咨询	个人的（自信交流） 知识 企业、倡议、个体经营、经商、管理和销售技能、分析、解决问题、决策、沟通、展示、冒险信心 更高程度的自我认识 职业 提升的知识水平 更广泛的职业选择

资料来源：海因斯（Hynes, 1996: 13）。

过程框架侧重于向学生传授两个主要组成部分，即知识和学问。霍尔和安迪亚尼（Hall and Andeiani, 2003）认为，知识包含所有可能影响人类思想和行为的因素，这些影响因素有时候能够对物理现象进行解释、预测和控制。这一定义还包括其他因素，例如技能、直觉、组织文化、名声和编码化理论，这些都能被纳入知识的范畴。知识涵盖从隐性（非编码化编撰的）知识的一端到显性（编码化）知识一端的范畴，在这一范畴内了解知识交流的本质，对成功开发有效的教学计划是至关重要的（O'Dwyer and O'Flynn，2005）。

格兰特（Grant，1996）将隐性知识看成是通过经验获得的诀窍、技能和实践知识。这种（隐性）知识与实际工作有关，而显性知识则是指从编码或便于交流的语言中获得的知识（Hall and Andriani，2003）。知识的获取方式有两种不同类型：体验式学习（包括观察、组织试验、组织自我评估、实验组织、无意识或非系统性学习）和外部学习（包括替代性学习、观察、目标明确的搜索和行为监控）。该过程框架提供了多种可供选择的结构和学习机制，以确保学生可以根据自身需求进行有针对性的创业学习，并能以此为基础，设计目标明确、重点突出的创业教育计划。

采用创业教育的过程框架：国际创业管理专业（IEM）的商学硕士（MBS）

国际创业管理专业（IEM）商学硕士（MBS）学位的设立，是为了面向来自不同专业的学生，在国际上管理和发展小型企业的理论和实践方面开展创业教育。因此，参与者要探索自身的创业潜力，并从实践中学习如何在国际上发展壮大小型企业。在制订创业教育课程计划时，应尽可能确保不同类型知识间的平衡，同时确保正式教育与非正式教育的融合，并根据创业教育的过程框架，设计和推进该方案。2007年9月，在提出的创业教育过程框架下，这一方案开始实施，并一度引起了热议。

输入

在最终确定教学内容和教学重点之前，有必要确定学生的个人形象和个性特征（"输入"）。也正是在国际创业管理专业（IEM）商学硕士（MBS）课程的输入阶段，有关职场的诸多需求才能在内容、教学和实施过程中得到考虑和满足。大多数学生群体本质上是不同的，这些不同体现在他们拥有不同层次的专业知识和职业抱负。因此，让学生完成"入门问卷调查"或者"创业自评估问卷调查"是一种用来评估不同群体的需求和共性的有效机制。

从这些调查问卷中获得的详细信息提供了基线数据，用以设计相关性更强的内容和授课方法，这在国际创业管理专业（IEM）商学硕士（MBS）课程中非常重要。在该课程中，由于学生的年龄、受教育程度、工作经验和创建小型企业的相关经验各不相同，于是就形成了一个多样化的学生群体。这些特点影响了某些入门课程的教授效率，也要求授课教师需要具备作为导师的经验，并对小型企业的运作有真正意义上的了解。

过程

考虑到学生群体的多样性，课程重点要放在内容和授课方式如何能满足学生的技能需求，以及它们是如何与外部企业（学生即将进入的企业，或作为雇主或作为员工）的需求进行整合的。这一过程由两个要素组成，即内容和教学。为了确保课程目标的实现，对它们进行整合是很重要的，而对其中一个阶段的决策调整将会对另外一个阶段造成影响。

内容/学科重点

国际创业管理专业（IEM）商学硕士（MBS）课程包含 10 个模块，这些模块要在两个学期（针对全日制学生）或者四个学期（针对非全日制学生）内完成。此外，还需要在 9 月提交一篇论文（参见表 7-3），该论文需要在相关导师的指导下完成。

表 7-3 国际创业管理专业（IEM）商学硕士（MBS）介绍

第一学期	第二学期
● 创办新企业	● 创业营销和研究方法
● 管理创新和内部创业	● 国际小企业融资
● 小企业的人力资源管理	● 国际小企业规划或咨询
● 国际化创业企业	● 管理国际企业成长
● 小企业经济学	● 家族企业：代际挑战与成长
国际创业管理论文（由学生完成的个人研究）	

创业教育计划重点向学生介绍了创业与创新的理论和实践，让他们了解创业的本质和创业者的特征，并传授隐性知识和显性知识。在整个方案中有一个应用重点贯穿始终，即鼓励学生构想一些创业想法，并制定切实可行的备选方案，以发展壮大现有企业。此外，诸如国际营销、财会和人力资源管理等主题，都能够为必要的商业主题领域增添价值。另外，诸如家族企业、小企业经济和创新与内部创业等更具体的模块，为学生们深入了解小企业领域提供了更广阔的视野。国际创业管理论文的完成为学生们提供机会去完成他们感兴趣的个人研究。这就向学生在既定研究课题中整合显性知识和隐性知识的能力发起了挑战。他们还将发展技能基础以鼓励学生实施更多的创业行为，以此找到一个更为全面、综合的企业管理视角。

毕业生需要具备诸如沟通、表达和写作等软技能。作为负责人或管理者，他们必须能够向身处的商业社区有效地展示自己，同时能够向客户推销他们的产品或服务。因此，要求学生们去做展示、参与解决问题和讨论会，并参与实战模拟是很有必要的。教育工作者面临的挑战是向毕业生提供内容重点的相关组合，同时确保学生获得并发展国际企业创建与管理过程中所需的技能和竞争力。这需要通过在教学中采用多样灵活的教学方法来实现。

教学重点

在课程传授的过程中，教师们通常采用多种与学科、奖项级别相适应的教学方法，包括授课、案例研究、角色扮演、影像资料、实地考察和嘉宾演讲。学生们以应用和实践的方式参加正规课程和研讨会，进而促进理论与实践的结合。其中，邀请客座讲师、角色扮演练习、案例分析讨论和团队作业是通常采用的基本教学方法。尽管柯比（Kirby，2004）发现，以课堂授课为主导的传统教学方式与创业课程不太相关，因为它们可能会阻碍创业技能和特征的发展，但是也有人认为讲师在向学生传授隐性知识方面发挥着一定的媒介作用。从本质上讲，教育者从传统的"讲台上的圣人"变成了"身边的指导者"（Hannon，2005：108），扮演着导师、顾问和挑战者的角色，同时他们提供建设性的相关反馈，以促进显性知识的传授。

汉农（Hannon，2005：108）建议，必须鼓励"体验式学习，以实践为基础的行动学习"，并且为参与者创造不同的学习环境和机会。此外，宾克斯（Binks，2005）指出，将不同活动纳入课程能激励学生们进行"综合学习"，即丰富的意向性学习，其特点是学生个人在一系列现实环境中能够在学习过程、自我意识或个人发展和体验学习之间建立深度联系。

其中一个环境背景是负责人或管理者与小型企业的联系。通过与作为企业顾问的小型企业合作，参与国际创业管理专业（IEM）的商学硕士（MBS）课程的学生能够将从课程中获得的利益、知识、认知和理解融入"现实"的中小型企业客户管理中去。

教学过程重点关注主动学习、基于问题的学习和发现式教学这三种教学方式。主动学习的技巧更多地强调学生去探索他们自身的技能、能力和个体自我意识水平。在基于问题的学习环境中，无论是他们自己还是在团队中，学生们都承担着解决问题、做出决定的责任，这也将在现实生活中产生影响。发现式教学为学生提供一个学习环境，让他们能够在职业生涯中继续进行自我教育。另外，教学过程所包含的角色扮演、嘉宾演讲和案例研究是对多样化教学方式的补充，同时鼓励学生发展技能，例如自我效能感、主动性和解决问题的能力。本质上来说，这些方式的有机结合为学生提供了个人及其职业发展的机会，并且有助于向学生传授隐性和显性知识。

创业教育将教学内容和教学重点结合起来，并强调了吉布（1993）提出的创新型学习模式，这可以帮助学生了解创业过程的各个阶段，并使他们具备一系列技能，这些技能被未来技能需求专家组（EGFSN，2007）视为工作中的必备技能。这个过程注重结合正式和非正式的教学方法，鼓励学生提出创业相关话题，例如在互动学习环境中如何解决问题、进行职业规划等。从本质上说，国际创业管理专业（IEM）商学硕士（MBS）的教学模块采用的就是这些教学方法。

与创业教育计划的实施一样，找出评估这类方案的最恰当方法也是关键问题。罗伯特森等（Robertson et al., 2003）指出，评估和考核是学生充分利用现有时间和资源以实现课程学习目标的基础。按照惯例，以理论为基础的第三层次终极考核阶段是评估的主要组成部分。吉布（1996）和亨利等（Henry et al., 2003）认为创业教育不太适合使用这些传统的考核评估模型。创业教育的评估方法需要反映创业课程的目标，也需要适应上述不同的非传统教学和实施方法。国际创业管理专业（IEM）商学硕士（MBS）课程采用了多种评估方法，例如完全基于项目的评估和与考试相结合的持续性评估。持续性评估是通过评估具体作业完成的，例如企业发展计划的完成、为该地区小型企业提供的咨询项目、报告撰写、访谈、项目工作和期末考试等。

输出

国际创业管理专业（IEM）商学硕士（MBS）课程的输出包括有形和无形两个方面。有形输出与所获得的理论知识、关系网的建立或专业组织的成员有关。学生们已经完成的商业计划或关于商业构想的可行性研究，这些可用于从政府机构筹得资金、获得风险投资或发展战略联盟等方面。另外，学生们也将拥有无形的收获，这些收获可能并不显而易见或易于评估，但它们会促进个人和职业的发展。更直接的输出结果也是更容易评估的结果，就是那些与提高自信心、沟通能力、报告撰写技能和团队合作能力有关的结果。

创业教育的环境：创业教育机构

在开发国际创业管理专业（IEM）商学硕士（MBS）课程时，考虑到了相关教育机构内部的物质条件和学习条件，以及影响职业选择可行性的外部大环境。重要的是，教育者和促进者需要确保眼前的环境（学习环境）有益于学习，这也涉及确保学生能够获得他们需要的帮助和资源。教育者和导师还需要了解更大的外部环境，包括更广泛的工作、经济、社会和技术环境，以此保证学生能掌握这种环境下取得成功所必需的技能。他们还需为学生提供各种资源，如学生创业中心、商业基金和创业导师，以确保国际创业管理专业（IEM）商学硕士（MBS）课程达到学生期望的水平，并促进和支持学生完成创业实践活动。

总结

在鼓励跨学科团队合作和专题研究的情况下，以一种综合的方式开展创业教育，这一点至关重要。这使得教育机构受益于跨界学习所获得的专业知识和协同效应。

国际创业管理专业（IEM）商学硕士（MBS）课程中采用的综合学习方法将提高学生对于在进步组织中工作的现实认识，但也许更重要的是，它为学生提供了将自主创业作为一种职业选择的意识、兴趣和准备。对于采用这种综合方法的教育机构来说，有一点是很关键的，就是教师必须认同这种方法，并愿意提供自身资源、花费时间来确保这种创业文化在其机构中得到体现。人们认为，国际创业管理专业（IEM）商学硕士（MBS）课程在对照创业教育的过程框架下进行审查时，强调了这一框架是如何能够成为一个实用模板的，即它不仅能指导方案设计，还能成为评估方案的有效机制。来自学生的反馈体现了国际创业管理专业（IEM）商学硕士（MBS）课程能为学生带来积极体验：

> 非常有启发性且恰当的模块，这是一次很棒的学习体验。
> 与创业者见面，听取那些真正在创业的人的意见，真的是一段非常愉快的学习经历。
> 这种教学方式和我所习惯的方式完全不一样。它更加吸引人且非常发人深思。

当我每天回到自己的公司，我就思考"我怎样才能把这里的事情做得与众不同"。现在我能从新的角度去看待我自己的公司。

以前我从未发过言，但是现在我每周都会发言。我现在信心满满。

结论

广义上的创业教育有其关键优势，例如这能使毕业生在不同领域为国家的经济战略需求做出贡献。而创业教育的过程框架也需要调整，将那些即将进入行业领域的毕业生群体作为框架的目标受众，在这些行业领域内，小型企业的地位变得越来越重要。这种方式还具有其他优势，即推动毕业生将自主创业作为职业选择。另外，可以通过其他方式运用这一框架来满足特定行业领域的需求。最后，创业教育应被视为一种灵活的机制，通过这个机制，可以传授知识、技能和能力，以满足特定的行业需求。

参考文献

Audretsch, D.B.（2002）, 'Entrepreneurship: A Survey of the Literature', Prepared for the European Commission, Enterprise Directorate General, Research（CEPR）, London, July.

Binks, M.（2005）, 'Entrepreneurship education and integrative learning', National Council for Graduate Entrepreneurship Education（NCGE）Policy Paper, 1, July.

Birdthistle, N.（2006）, *Irish Survey on Collegiate Entrepreneurship 2006*（online）, www.isce.ch/PDF/ ISCE06_ Irish_finalised_report.pdf, 9 February 2008.

Brush, C.G., Duhaime, I.M., Gartner, W.B., Stewart, A., Katz, J.A., Hitt,

M.A., Alvarez, S.A., Meyer, G.D.and Venkataraman, S.（2003）, 'Doctoral education in the field of entrepreneurship', *Journal of Management*, 29（3）, 309-331.

Department for Education and Skills（DfES）（2002）, *Howard Review of Enterprise and the Economy in Education*, London: DfES.

Department for Education and Skills（DfES）（2003）, 'The Future of Higher Education', www.dfes.gov. uk/hegateway/uploads/white%20Pape.pdf, 2006年8月9日查询。

Expert Group on Future Skills Needs（EGFSN）（2007）, 'Tomorrow's Skills: Towards a National Skills Strategy', The 5th Expert Group on Future Skills Needs Report, www.skillsireland.ie, February.

Galloway, L., Anderson, M., Brown, W. and Whittam, G.（2005）, *The Impact of Entrepreneurship Education in Higher Education*, Edinburgh: Heriot-Watt University.

Galloway, L. and Brown, W.（2002）, 'Entrepreneurship education at university: a driver in the creation of high growth firms', *Education and Training*, 44（8/9）, 398-408.

Gibb, A.（1993）, 'The enterprise culture and education', *International Small Business Journal*, 11（3）, 11-34.

Gibb, A.（1996）, 'Entrepreneurship and small business management: can we afford to neglect them in the twenty-first century business school?', *British Journal of Management*, 7, 309-321.

Grant, R.M.（1996）, 'Prospering in dynamically-competitive environments: organizational capability as knowledge integration', *Organizational Science*, 7,（4）, 375-387.

Hall, R. and Andriani, P.（2003）, 'Managing knowledge associated with innovation', *Journal of Business Research*, 56, 145-152.

Hannon, P.（2005）, Philosophies of enterprise and entrepreneurship education and challenges for higher education in the UK', *International Journal*, 6（2）, 105-114.

Henry, C., Hill, F. and Leitch, C.（2003）, *Entrepreneurship Education and Training*, Aldershot: Ashgate.

Hynes, B.（1996）, 'Entrepreneurship education and training: introducing entrepreneurship into non-business disciplines', *Journal of European Industrial Training*, 20（8）, 10–17.

Hynes, B. and Richardson, I.（2007）, 'Entrepreneurship education: a mechanism for engaging and exchanging with the small business sector', *Education and Training*, 49（8/9）, 732–744.

Hytti, U. and O'Gorman, C.（2004）, 'What is enterprise education? An analysis of the objectives and methods of enterprise education programmes in four European countries', *Education and Training*, 46（1）, 11–23.

Kirby, D.（2004）, 'Entrepreneurship education: can business schools meet the challenge?', paper presented at the RENT XVIII Research in Entrepreneurship and Small Business Conference, Barcelona, November.

Martin, L.M.（2004）, 'Developing an international entrepreneurship programme : a work in progress', paper presented at the IEEE Conference, University of Wolverhampton, 11 June.

Martin, L.M.（2006）, 'Regional innovative capacity; global trends; local needs', Keynote speech to DG Regional Policy, Committee of the Regions, Brussels, 31 March.

Muir, I. and Langford, D.（1994）, 'Managerial behaviour in two small construction organizations', *International Journal of Project Management*, 12（4）, 244–253.

NCIHE（1997）, 'Higher Education in the Learning Society'（The Dearing Report）, National Committee of Inquiry into Higher Education, www.leeds.ac.uk/educol/ncihe, 2006 年 7 月 10 日查询。

O'Dwyer, M. and O'Flynn, E.（2005）, 'MNC–SME strategic alliances: a model framing knowledge as the primary predictor of governance modal choice', *Journal of International Management*, 11, 397–416.

O'Gorman, C., Bourke, S. and Murray, J.A.（2005）, 'The nature of managerial work in small growth-oriented small businesses', *Small Business Economics*, 25（1）, 1–16.

Revenue Commissioners Statistical Unit（2003）, *Annual Report 2003*, Dublin.

Robertson, M., Collins, A., Wilson, K. and Lyewllyn, D. (2003), 'Embedding entrepreneurial studies across the curriculum paper', paper presented at the 26th National Institute for Small Business and Entrepreneurship Conference: SMEs in the Knowledge Economy, Surrey, UK, November.

第八章　创建创业型大学：应用新型创业发展方法的案例研究

K.马可·韦弗　罗伯特·德因蒂诺　德蒙德·米勒
爱德华·J.舍恩

引言：新型创业模式的发展

本章旨在提出一种代表新型创业方法的模式，即创建大学的创业中心。该模式建立在创业发展的核心要素之上，并描述了大学领导层的支持与合作如何帮助创造必要的条件，以推出新的项目并使大学注重创业精神。

本章以罗文大学（位于南新泽西州葛拉斯堡罗市）为例。大学领导层（校长、教务长、商学院及工程学院院长）及商学院主管创业的主席均认识到：采用跨学科方法的创业中心是建立其竞争优势的一种理想途径。他们承认建立采用跨学科方法的创业中心是建立竞争优势的理想途径。他们承认有必要建立一个创业项目，将大学的最大优势纳入一个长期计划中，即利用现有机会去创造一个激发新机遇的环境。

采用新型创业发展模式向实现创建创业型大学这一目标迈出了必要的第一步。这种模式考虑了建立大学决策方法所需的需求、动机、资源可用性、实施及产品扩展需要，这些均与创业的可行性方法相一致。

对创业聚焦的需求

许多人认为美国经济发展的下一个重要阶段就是强化和扩大创业。从农业经济转变为工业经济再转变为服务型经济，以及随后对科技的依赖将取代劳动力，意味着美国对开发知识产权及相应的商品或服务的日益重视。创业似乎已成为美国经济（Aldrich and Ruef，2006）的下一个开端。它将个人，尤其是 21 世纪早期的学生群体能利用的商业进步和商业工具全面最大化（Shane，2003）。或许，商业的发展与进步证明综合性大学也在发展，大学培养出的学生不再只是寻求就业，也寻求创业。本章案例研究中的大学教务长认为，发展创业选修课可作为一种"早期产物"面向商科的学生，随后创业选修课将会在所有专业的学生中进行更为集中的推广。这种集中化将会为全校范围内各专业的学生提供机会，让他们可以将在自己学科内学习到的知识与技能运用到学习创业上，并通过创建新产品和服务获得解决问题的机会。

罗文大学是南新泽西州四所公立高校之一。这四所高校中有两所是文理学院，而罗格斯大学卡姆登分校与罗文大学是该地区仅有的两所综合性高等院校。这些院校竞相争夺毕业于新泽西各高中的尖子生。罗文大学的领导层将重点放在创业研究上，认为这是一种可以增强学术项目独特性的一种有吸引力的办法，从而提高该大学在招收该地区有学术才能的学生方面的竞争力。

除了使大学具有竞争优势外，罗文大学还将创业发展确定为一项长期战略的核心部分，以便为所有生活在南新泽西州地区的人提供推动地区发展机遇。北新泽西州和宾夕法尼亚州东南部的高科技企业发展迅猛，而南新泽西州还未享受到高科技企业发展浪潮带来的便利，该地区的经济也因此受到影响。南新泽西州技术园区（SJTP）坐落在罗文大学校园中，创建该技术园区是解决该地区商业发展与创造就业机会的一项举措。这个独特的高科技社区的使命是促进先进研究方法的发展；使研究成果商业化；促进工程学、科学、计算机科学和商业领域内的技术转让、教育和创业。这一计划的最终目标是开发出一种推动该地区经济显著增长的引擎。

制订新计划和项目的动力

成功的创业者有能力且愿意去发掘和利用机会（Venkataraman，1997；Corbett，2007）。由于这种能力超越了个人的学科范围，也由于机会几乎会出现在各个领域，所以必须把培养和应用创业技能的机会呈现给所有感兴趣的学生，不论他们学习的领域是什么。谢恩（Shane，2000）指出，不同学科的各种知识能够帮助人们建立起机会识别的过程。发展新型学术计划的指导方针与发展一项新型服务的步骤很相似。在罗文大学，项目的提出或关于选修课的提议必须满足特定的要求，比如论证市场需求、是否具有支持该项目的充足资源、必备的能力及课程的衔接性。除此之外，大学的五年计划中还有一项关键的战略目标——从2002年至2007年，大学将带着一个非常实际的动机来发展这样一个项目："对拟议的新项目进行评估，评估它们将在多大程度上有助于提高大学或现有项目的声誉和质量。"在过去的五年里，该校通过对一定指标的评估（包括学术能力倾向测试分数、入学新生的班级排名及在美国新闻及世界报道等期刊中的大学排名），对其学术质量的认可程度稳步提升。

罗文大学在校园内选用了基于项目学习（PBL）的模式来贯彻它的创业项目（在基于项目学习的章节中将有更为详细的论述）。在产品开发术语中，一种新型服务或产品（学术项目）在有效商业模式下更有可能成功，这种模式不仅仅能给客户（学生）他们想要的东西，也会为他们所在的组织（大学）带来积极影响。就创业集中度而言，理想的手段是基于风险或项目的学习模式，通过这种模式，不同学科的学生可以通过团队合作来评估机会，并制订必要的计划，将机会转化为成功的企业。举一个这种方式的例子：两名工程学专业的学生与商科学生进行合作，研制出一种附加装置，能够使滑雪运动员更加舒适地乘坐传统滑雪板升降机。他们小组一起确定了这一产品的潜在需求与价格，为产品的生产销售进行了财务规划，并选用了最佳的生产材料。

为了激励核心参与者，许多不同的单位都采取了统一的方法，在几个统一阶段发展了创业项目：

- 回顾全球范围内成功创业项目所包含的课程；
- 确定这些学科领域的项目式教学方式；
- 为商科学生开发基于项目的专业化创业教育（包括课程与辅助活动）；
- 确定如何为非商科学生提供创业课程，以及如何克服课程先决条件的障碍；
- 与工程学院合作开展试点项目；
- 通过创业训练营在其他大学的院系发展兴趣来培养"领军人物"；
- 获得其他学院院长的支持；
- 获得全校范围内对此感兴趣的院系的支持。

最具挑战性的新服务或产品的特性之一是"产品组合"的必修课部分（会在后面的一节中讨论）。此处所提及的新"产品"是九门课程的组合，它并不要求非商科学生提前学习任何商学课程。这种与众不同的说法所依据的原则是，应当发展一种与重复性学习模式截然相反的相加性学习模式。遵照大学的规章制度，新的学术项目需要多个大学委员会在没有学生参与的情况下，通过多个评审程序进行评审，这与公司的新产品审批过程很相似，公司的新开发项目是由科技委员会审查和批准的，即使一项新产品已经在终端用户中清晰地显现出更多的功能，它还是要经过科技委员会的检查与审核。

该大学的教务长会指导并支持该项目的建立，其中包括：为进行资助的教授或讲师们提供机会，让其与所有院校的院长们探讨创业集中度的优点；将该提案纳入校董会学术事务委员会的日程并进行充分探讨；支持该项目在各地被认可；与大学评议会商讨以改进一般教育项目，使其比之前更加灵活，并减少必修课。这种改变使创业教育成为现实，尤其对于那些在其他高校主修创业课程的学生们而言。

统筹资源以建立创业重点

资源问题是许多新企业无法解决的共同难题，这主要源于缺乏对可用资源的宏观认识。对于构建成功企业来说，发现并合理利用人力、物力和财力资源是极为关键的要求。该大学通过自行评估其物力、财力和人力资源，充分认识到了可利用的资源。在2000—2002学年中，接连发生的几件重大事项推动创立了全校范围内的创业项目资源基地。首先，该大学战略性地启动收购了校园附近的近600英亩土地，并通过主高速路连通了费城的国际机场、费城、卡姆登、特伦顿、华盛顿及纽约等地。这片土地不仅为南泽西技术中心提供了未来的地理空间，同时也为新的学术大楼提供了场地，以此推动大学的发展。

其次，新泽西经济发展主管部门给予该大学600万美元的赠款，用以建设南泽西技术中心，这也是美国南部七个州中唯一的高科技中心。该技术中心为公司追求产品市场化提供了场所，为院系及学生们提供了进行更多由联邦或州资助的研究项目的空间，同时也为工程学院提供了更多实验室，以拓展工程学院跨学科的、以项目为基础的课程，并为新兴的科技类公司提供商学院支持下的企业孵化器。资本输入是资源的一个重要方面，它是实现创业型大学目标的必然要求。

第三，工程学院因其创新的、跨学科的、以项目为基础的本科课程而享誉全国，该学院的第一届学生于 2000 年 5 月毕业，并得到了美国工程技术鉴认协会（Accreditation Board for Engineering and Technology, www.abet.org）的委派，到当地的工商业界中拓展事业。这项委派在吸引院系、学生以及财力方面很有帮助，借此推动了创业事业的发展。

第四，工程学院与商学院同意将其知识技能进行整合，从而为整个南新泽西州的制造业与商业提供一套独特的服务，即用工程学研究与发展的知识进行联合管理。在此协议下，工程学院为各项目提供技术援助，从开发新产品到修订程序或申请新技术。在罗文学院及工程学专业的学生们最先进设备的帮助之下，公司与创业者们可以得到专业的培训及专家协助。管理学院在过去 25 年中一直担任商学院的培训部门，最近并入了新成立的职业与继续教育学院，以整合整个大学的服务，在设计生产环境、质量管控、精益制造和六西格玛等领域对员工进行培训（Pyzdek, 2003），帮助企业申请培训资金以提升员工的技能。五年来，该学院从新泽西州劳工部成功获得了超过 500 万美元的培训经费。大学中不同单位之间的合作为创新项目提供了人力与财力支持。

第五，商科学生与工程专业学生共同工作，以确保该项目成为市场上的一个焦点。大学中不同单位的协同合作也为创新项目提供了人力与财力支持。

第六，创业项目面临的另一个关键的资源问题就是各类资源在何处安置的问题，这与新企业在决定如何分配有限的资金时所面临的情形很相似。2001 年，大学教务长开始对该校 18 个中心和机构进行评估，以评估它们的财政能力、内部业务控制以及它们对于大学使命的认同程度。教务长管理着各中心的负责人，就中心与机构的发展、回顾、持续性与（或）解散情况来制定指导方针。

该校一直补贴各中心与机构，每年花费约 200 万美元。资金补贴包括为终身制教师提供休假或兼职替换的薪金、为员工发放薪水、运营费用及日常开支。鉴于 2001 年中期国家拨款的削减，加上预计在 2002—2003 年将会持续削减，确定现有中心和机构在支持大学履行其使命及财务能力方面的影响就十分必要了。通过查询账户余额可以看出，一些中心和机构存在赤字开支的情况。已有 4 家中心和机构关闭或搁置了，并且没有续订人事合同，这也为那些已经被削减资源的大学节省了一笔资金。在不同的中心或机构里，审核的指导方针也有所区别。这些方针或是完全自给自足型，或是部分得到大学的支持。所有的中心都要保持不亏本或盈利，以大学使命为中心。每一个单位都要为运营费用支付间接成本，比如场地费用、管账费用、公共费用，并部分地通过外部赠款和合同获取资金。

作为新型创业中心所提出的核心亮点，创新与创业中心（CIE）必须满足教务长所订立的所有新方针。主席要展现自己通过外援来创造收入的能力。商学院院长聘请了额外的创业教师，这对于学院的师资配备是重中之重。而且，通过与全校的教员和学术管理人员一起举办新兵训练营，授衔的主席或教授就可以获得中心的支持；换言之，主席或教授已经证实该中心可以服务广大学生群体和各个院系。此外，大批本科实习生将从新的中心和新的技术中心直接为该地区的公司服务。他们对当地企业的支持将有助于提高大学作为国家经济福利贡献者的声誉。由于 CIE 符合教务长所要求的自给模式，CIE 被视为创业型大学内的创业企业，因而被纳入实施计划。

制订实施计划

该大学意识到，校区的扩大、科技中心的创造性发展、企业孵化器的成立及与商学院、工程学院合作伙伴关系的建立都是促进当地经济快速增长的一个良好契机，可以帮助发展当地经济、创造就业机会，并将新技术转化成为盈利的企业。该大学也了解到，创业教育必须超越大学的6所学院，包括：商学院、传媒学院、教育学院、工程学院、美术及表演艺术学院、人文艺术与科学学院。创业研究所的罗勒教授是一位可以帮助跨学科建立联系的人才，而这种联系是成功构建创业型大学模式的必备要求。

建设校际创业项目的一个关键内容就是与创业研究所的罗勒教授进行常规的咨询。罗勒教授会评选出那些创业项目的重要赞助者。每个学期，中心主席都会在院长委员会与各位院长会面一次，以此促进非商科院系参与到各种各样的创业项目中来，并建议有提案的院长们在新生训练营中发展其项目，使各位院长的理念在创业教育的专业化发展过程中得到更新。同时还会邀请其他学院作为潜在的关注者参加到不同的学术项目中来，以此推动创业教育的发展。这一过程的第一步就是制订一项新技术创业教育认证计划，与其相类似的证书计划在其他学院中已经取得进展。

除此之外，中心主席要在院长的鼓励下协助其他学院的创业院系发展、递交赞助提议，以此来支持南新泽西州的各类经济发展项目，还要与校长办公室合作，向地方经济发展项目议会的代表团提出关于财政支持的各项提议，参与到地区商业组织（南新泽西州商会、特拉华河港口管理局及费城企业家论坛）的外联中去，从而赢得扎根于大学校园的创业教育主动权。

创业型大学模式的新产品扩展

在大学内建立内部的桥梁与联系对于营造创业环境至关重要，而下一个发展阶段就是确定南新泽西州地区的核心实力与地区竞争优势。伯克（Burke，2002）提议，大学校园计划中的规划变革需要与其外部环境建立更多的联系。一项关于当前的和潜在大学利益相关者的分析可以确定未来的拓展伙伴及咨询客户。

这一项扩展工作的关键内容是成立了南新泽西州创业论坛（EFSNJ，www.efsnj.org）以促进南新泽西地区的创新创业和业务增长。以下是该论坛及其对外拓展工作是如何培养新项目的例子：

1. 卡姆登/园畔酒店项目：帮助卡姆登/园畔酒店地区专注于商业发展、技能发展与创造就业机会。

2. 埃施朗购物中心评估项目：为协助城镇和经济发展委员会评估购物中心和周边商业区的再开发方案提供信息与工具。

3. 哈登海茨商业与专业协会：促进一项战略性计划的发展，并成功地帮助了车站大道购物区的改进和恢复，从而获得25万美元的拨款用以美化街道。

4. 哈里森小镇经济发展委员会：在最初的开发阶段参与哈里森小镇的长期战略计划。

5. 集训模式的延伸：通过集训活动来向教育者们介绍创业的概念，使他们的研究与教学工作更加有效，并且加强了他们彼此在经济事业发展方面的合作。通过加入南新泽西州技术园与企业孵化器，证实了他们能够在专业性或财务方面得到收获。随着业务对外拓展的增多及其为孵化器与科技园的初期建设带来了资金，新泽西州与地方立法委员们给予的支持也有所加强。

拓展创业新模式的第二个关键组成部分就是创造学术机会，以拓展创业中心各项目的市场。这包含两个关键领域：普通教育课程的设置和项目学习模式的开展。

普通教育课程的开设

为使广大专业领域的学生接触创业教育，大学已决定在"通识教育"的大旗下开设一门名为创业与创新（E&I）的课程。这一决定是综合考虑实用主义、合理的教学法及可能对大学产生的预期收益而做出的。

通过创业与创新课程，非商科专业的学生们也得到了接触创业项目的机会。这门课程被列为具有通识教育地位的社会科学和行为科学课程。其他大学已经制定了将创业教育与文科联系在一起的课程项目，但属于通识教育性质的创业教育课程仍然相对较少，成为一种亟待破解的难题。将创业与创新入门课程定义为普通教育课程的成功案例是基于美国高校联合会、卡内基提升教学财团的一系列分析而产生的，该分析弥补了通识课程与文科课程之间的缺口。对于文科专业的学生来说，传统的通识教育课程通常充当的是基础入门课程，也因为如此，这些课程很难去促进跨学科的知识与思想交流。相比之下，创业与创新课程强调综合学习，其本身就涉及多种学科，就像它的主题所强调的那样，该课程是综合了多种学科资源理念的结合体。

不去考虑非商科学生的专业，为他们开放创业与创新课程，为他们提供了施展自身创业天赋的机会。职业调查提供的充足证据表明，非商科和职业道路多样化的学生在未来很有可能成为创业者。举个例子，这些创业者包括：

- 12.5% 的地球学家（Farr and Shankin, 2004）；
- 40% 来自音乐专业（出处同上）；
- 13% 的心理学专业毕业生（出处同上）；
- 11% 的经济学家（劳工统计局，2004）；
- 1/3 的作家、创作者（出处同上）；
- 一半以上的艺术家和从事与艺术相关工作的人（Farr and Shankin, 2004）。

创业与创新课程是以商学院的6门创业课程为基础，调整后非商科学生开设的：

● 创业领域　创业教育出现于小型企业、高科技创新环境、企业环境、社会企业与跨国企业中。

● 创业思维　强调关注理解和发展机会。

● 解决问题　这里提供了一套对于战略与愿景规划的概述，向学生们介绍制定战略、场景、策略、工具、技能及执行计划的必要时机。

● 创造力　通过证实创造力可以习得的主张，强调了创造力的重要性，并阐释了获得创造力的基本逻辑、具体知识、工具及技能。

● 识别机遇　阐明了感知的重要性，包括观察与听闻的新方式，由此来发现独特的机遇。

● 创业生涯　它拓展了学生对于创业进程中可能发生的多种情境的认同。

学生初次接触到这门课程时就发现了创新产生过程的趋同性及创业者对于创新的反应。这对于学生规划自身的工作生活以及未来职业发展也会发挥作用。尝试这些新课程的学生们沉浸于这种学习体验中，这种体验清楚地传达了创业追求的基本特征和多种形式。

学生学习的关键收获包括：

● 理解创业的要领；

● 学习如何去利用成功创业者的动机、技能和策略；

● 发展制定决策的知识与技能；

● 培养创造力与创新性知识与技能；

● 为新产品、新服务和新客户去学习如何识别机遇。

从创业与创新课程的概念来看，设计者们很清楚，传统的教学法不太可能激发那些具有不同兴趣爱好的学生们去实现课程的宏大学习目标。当然，应用新颖而创新的学习训练，对于教学法而言起着核心作用。学习活动与学习资源的确立借鉴了很多作者的成果。比如詹姆斯·亚当斯（James Adams）(《突破思维的障碍》, 1986)，迈克尔·盖博（Michael Gelb）(《像达·芬奇那样思考》, 1998)，奇克·汤普森（Chic Thompson）(《引爆灵感》, 1992)，罗杰·冯·欧克（Roger von Oech）(《当头棒喝》, 1990)，当然还有爱德华·德·博诺（Edward de Bono）(比如《水平思考法》, 1970;《严肃的创造力》, 1992)。这种类型的教学法依赖于帮助改变学生认知、分析和处理问题、解决问题与识别机会的方法。

外在益处主要是对不断改进衡量大学和个人项目指标的需要的敏感度提高了。在一个高度关注毕业所需时间的时代，在通识教育中加入这样一门课程需要提高灵活性。或许整个项目中还有另外一点好处，就是延长了学生的在校时间，提高了毕业率。就归属于通识课程的灵活度标准这一定义而言，它将更注重满足不断出现的需求及学生的能力。哪怕增加一门课程，都要注重创业知识在文科研究中的应用。这不仅对于提高学生毕业后的就业率来说是一项关键的策略，同时也满足了学生为实现更灵活、更自主的职业生涯发展做好准备的需求。

即使知道有人已经支持这一概念，但这也不能确保创业课程能够有效应对大学课程审批下的严峻挑战。要使创业教育纳入通识教育成为现实，至少要满足6个条件：

• 第一，要把重点放在创业的普遍性和一般性基础上，摒弃传统商学院重盈利轻其他的偏见。

• 第二，明确表明创新与创业课程的内容、成果与目前人们接受的通识教育课程之间的匹配度。

• 第三，建议使用适当的教学方法和对具有指导意义的学习理论进行评估。

• 第四，要求具有基本的和明智的外联手段。创新与创业教育中心开展行动，为大学的其他领域、地方经济发展委员会及非营利组织提供支持和技术援助，以此换来它们非传统的支持。

- 第五，为创业课程和创业中心创造良好的声誉和正面的形象而做出的努力，被视为成功的必要条件。
- 第六，发起一系列活动来吸引商学院之外的支持者，以获得所需的院系的支持。

其他寻求将创业教育纳入校园的高校可以理直气壮地辩称，创业教育的确振兴了通识教育计划，因为它强调创造与创新，并专注于综合学习，将不同的思维方式或思考模式结合在一起。它也通过为学生们提供创业选择，为他们提高职业生涯发展预期提供路径。如前所述，学生们越来越多地选择自由职业、自主创业及在发展完备的组织中进行创业。尽管如此，该模式在社会和行为科学领域内获得校园支持，将创业作为通识教育课程并非易事。相反，作者采用的多种成功措施使得课程得以实施、招生得以成功。

基于项目的学生学习方式

基于项目的学习模式（PBL）要求学生通过真实的客户项目进行学习，而不是通过特定的基于问题的学习方法。PBL通常涉及培育创建一个产品或解决一个与课程相关的具体问题。PBL课程能鼓励学生们在真实而复杂的客户项目中，通过较复杂的任务来进行更有效的学习（Blumenfeld et al.，1991）。我们发现在PBL中存在着两个常见变量。学生管理咨询项目通常由商学院推出，与来自企业、政府或是非营利组织的真实客户开展管理咨询（Block，1999）。这些学生服务型学习（Kenworthy-U'ren and Peterson，2005：Papamarcos，2005）的方式大多类似，只不过服务学习项目通常针对非营利组织或政府客户，侧重于使学生更多参与公民生活及各自社区的活动。

设计 PBL 课程具体内容和任务的教授认为，商学院的咨询课程与服务型学习课程并无区别。我们将以下 4 种关系相近的学习方式区别开来，从而将 PBL 纳入实践性学习的广泛教育领域中。

- 基于问题的学习　学生会评估该项目，做出一定判断，设计出解决问题的方法，收集数据并演示解决问题或创建产品的分析过程。在这样的过程中，学生们学到具体技能，并挑战了自我能力。该模式通常应用于医学与工程学课程中。

- 管理咨询项目　学生小组参与管理咨询项目，其中有来自企业、政府及非营利性组织的客户。商业管理方法已引入客户群体与咨询项目中。

- 服务型学习　个人或学生小组与非营利性组织或政府组织会一起解决问题，完成真实客户的各种项目。这为客户与咨询项目带来了更多的公民参与机会及公众服务视角。

- 基于项目的学习　学生协作小组会见客户、明确项目、设计方式、收集数据、演绎分析，为客户提供书面与口头建议，从而完成客户的项目。课程强调实践性学习,课程中的知识与项目学习的关系是相辅相成的。PBL 项目可以设计为本科生或研究生课程。

在本章中，我们使用 PBL 这个术语，将学生咨询项目和服务学习项目归为 PBL 模式的一部分。PBL 的两个组成部分包括：客户需求或项目，而学生学习成果包括小组书面最终报告和项目口头汇报。

PBL 学生学习模式的大学实例

高校中有许多学科的教授都采用了 PBL 方法。本章节将简要介绍学习科学、工程学、医学和法律教育、平面艺术、人文学科、社会学科、研究方法及商业和创业教育的学生学习 PBL 的各种例子。

PBL 在电机工程导论课（Valim et al., 2006）、土木工程学的教授和学生们之间（Chinowsky et al., 2006）、美国国家航空航天局工程管理课程（Kotnour and Vergopia，2005）、环境工程课程（Van Der Vorst，1996），以及化学工程（Newell et al.，1999，2001）中十分受欢迎。PBL也被引入本科物理及化学课程。

PBL 模式的运用带来了以下三个积极成果：第一，通过对学生需求和能力的关注，使学生的留校率得到提升；第二，学生们在项目过程中发展了批判性的思维技能；第三，使学生为更灵活和自主的职业道路做好准备。

PBL 方式也在电脑图形图像教学课程（Marti et al.，2006）、环境社会科学、研究方法（Chinowsky et al.，2006）及国际背景下的跨学科项目（Vaz，2000）中得以应用。还有许多其他学科也在其课程中运用了 PBL 教学方式。

在大学商务与创业类课程和专业课程中，学生在学习时会结合他们自己的认知效应及他们的商业和创业教授给予的指导，在与他们的班级成员互动之中进行学习。

拉斯马森和索海姆（Rasmussen and Sorheim，2006）汇报了瑞典五所大学重点以 PBL 模式发展创业教育的结果。他们发现学生在亲身参与 PBL 课程中提高了管理项目的积极性及能力。奥库丹和日扎萨（Okudan and Rzasa，2006）对于在宾夕法尼亚大学进行的创业领导力课程结果给予了积极评价。所有的学生小组都使用 PBL 模式来完成生产、销售产品和获得盈利的任务。当提及学生的动机时，他们反映说，有一些还未毕业的学生已经决定参加他们大学的创业辅修课程。

通过训练营方式将 PBL 模式引入大学院系

我们认为，PBL 能更有效地帮助学生做好创业生涯和未来社会领袖角色的准备，因为 PBL 一直是一种行之有效的教育方法，它要求学生解决问题，鼓励自主学习、进行批判性思考、倡导分析决策、多角度考虑问题，要求学生们进行调研并总结技巧、开发智力以及开展团队学习等。PBL 非常适合现有的商业创业课程，以及目前在越来越多的学院和大学开设的较新的社会创业和环境创业课程。

而将 PBL 方法引入大学课程当中仍有未解决的问题即如何让那些教授对于一系列全新的、更为复杂的挑战与机遇做好准备。将创业重点引入整个大学的一个有效办法就是为创业院系开展 PBL 训练营，为教师在其常规课程中设计和管理 PBL 组件做准备。

创业院系进行的 PBL 训练营建议对此感兴趣的院系深入研究 PBL 教育法，并要求他们解决与学习理念、目标、方法、评估测量和结果等相关的多种问题。为创业院系精心设计的训练营展示了 PBL 是如何让学生们走出教室，进入一个更为广阔的包括商业及其他组织的领域中去的，并为学生、院系、大学和所在的社区带来了许多益处。PBL 训练营可以分享学术领域内的信息，为院系带来各种"成功"的机会，并且为院系自身课程引入 PBL 模式缩短了准备时间。训练营教师会帮助学生学会如何将课本和课程学习与实际问题和项目结合起来，并在这个过程中发现如何利用他们新获得的知识、技能和能力有所作为。

PBL 训练营的相关说明

典型的两日（12 小时）训练营将包括以下主题：

- 介绍 PBL 的目标；
- 描述 PBL 的学习理论基础；
- 介绍服务型学习、商业咨询理论及最佳实践活动；
- 了解客户职业道德及披露文件；
- 学习如何发现与识别优秀项目，使学生、客户以及院系间实现共赢；
- 评估一个项目能否在一个学期内完成；
- 学习管理不备而来的客户；

- 培养学生以专业的商业态度行事；
- 建立并保持在领域内的联络；
- 为教职员工参与者提供"培训培训者"的合作学习体验。

训练营引入了理论、信息和资源，以帮助教师在与学生团队一起经营项目时的工作变得更加轻松。呈现的顺序为：人物、事件、地点、时间、原因、经过，还有必要展示出院系是如何以最佳的方式来管理基于项目的教育活动，以及是如何在其当前课程内及时间限制下进行学习的。

教职训练营的主题包括：
- 解决问题；
- 咨询；
- 服务型学习；
- 项目设计、建议与实施；
- 项目反馈与回顾。

学生从参与 PBL 课程中学习到的内容包括：
- 在多学科项目小组中起到良好作用；
- 发现、阐述及解决问题；
- 同专业受众及一般受众进行更有效的沟通；
- 使用概念性及分析性问题解决工具。

建议将以下三本书纳入 PBL 训练营：彼得·布洛克的《完美咨询》（Peter Block，1999）；罗伯特·H. 谢弗的《高影响咨询》（Robert H. Schaffer，2002）；朱迪斯·黑尔的《顾问实操手册》（Judith Hale，2006），以及其他出版物与媒体资源。

在不完全信息和数据的大学学期时间限制下，一种辅导视角被提了出来。教师必须明白，他们在学生完成项目的过程中将拥有许多教授与训练他们的机会。PBL 得以在广泛的组织环境下开展，是因为客户可能包括地方的商业公司、新创业者、非营利机构、高校、政府部门和社会创业者及其企业。

在训练营中，参与训练的教职员工会被要求写下他们自己关于 PBL 的想法和计划，以及离开训练营后的一项目标。创新与创业中心（CIE）充当学院 PBL 项目和大学经济发展外展项目的协调机构。该中心研习班的"那又如何"的口号旨在帮助参与者更好地理解、管理他们的学生项目，以此促进 PBL 模式的发展。根据训练营的总结，院系应该能够做到：

- 理解 PBL 与咨询的概念；
- 理解项目发展及管理的理念与目标；
- 通过学习技能与资源来帮助管理咨询项目；
- 为新课程项目积聚力量；
- 为未来课程开展新的 PBL 计划；
- 为日后实施而建立行动方案。

院系 PBL 模式训练营的成果

我们已经从 PBL 教学经验中了解到，与传统的管理咨询或是服务型学习项目相比，PBL 采用的方式更为精细。院系所担心的主要一点就是如何在将 PBL 组件纳入课程的同时，使其仍能涵盖课程的主要内容。从三个教师创业营的经验中，我们发现了一个挑战，即学习如何设计和管理"小规模"项目。这些项目可能只占总课程评价的 15%—20%，而不是 50%—100% 的比例都是更传统的咨询或服务学习课程。我们还需要做更多的工作来对 PBL 进行更加细致的调整，并为越来越多的教授提供一种将 PBL 纳入自己的课程中去的方式。

PBL 也有助于回答以下问题：如何教育学生利用在学校学习的知识去解决繁杂的问题，并学习如何完成各类商业与社会项目，这是美国正在考虑的问题。那些年轻时就顺利完成 PBL 项目的大学毕业生将具有各种技能与能力，以便为自己工作的组织与集体贡献力量。PBL 正在成为一种重要的教育方式，以帮助教师提高学生的成绩。本章给出了学习理论与实践，来帮助教师更好地了解 PBL 前景与潜力，为学生、教师、大学乃至社会带来更多的益处。

总结与结论

　　罗文大学致力于创建创业型大学，其决策涉及：筹集资金，将其纳入该校的十年战略规划之中；聘用创业主席，其中包含高层决策会议的主席，支持成立创新和创业中心；协助开发新技术商业化中心和孵化器；同意主办南新泽西创业论坛，并在领导层的意愿下推动传统大学实践的变革。此外，主要领导人要帮助新任主席打破传统的障碍，在保证教学质量的同时保持核心领导方针。

　　尝试这种方法的大学必须认识到，创业型大学并不是以重大的技术授权项目着手的，或是以一项全国闻名的创业项目、一个新的营销口号开始的。将创业精神融入大学的各个方面，需要有能力培养特定学科的领军人物。例如，创业艺术教授或学生是什么样子的？学生将如何受益？该地区如何在经济发展前沿获得收益？以及该项目如何从其风险投资中获取资金来源？

成功经验
　　● 一个由大学教职员工和管理者组成的领导团队对于成功营造一个创业型大学的环境至关重要。
　　● 根据本章所描述的计划，可以逐步在校园内建立支持创业教育的环境。
　　● 一种全新的创业发展方式可以应用于大学校园环境之中。
　　● 应该阐明成为创业型大学的动机和预期目标。

- 应以大学的内部优势和资源为基础，规划新的创业倡议和项目；例如，有利的地理位置和特定的学科领域。
- 创业计划和方案的制定应该与地区经济发展、创造高薪就业岗位联系起来。
- 创业课程与学术课程应同基于项目的学生学习方法结合在一起。
- 课程与项目应由多学科领域的学生和教师团队进行设计。
- 创建创业型的大学应该汇聚创造新型企业所需的全部创造力与灵活性。

结论

将支持性环境和无先决条件的政策与以项目为基础的学习模式相结合，为广义创业计划的增长和可持续性创造了环境。前面讨论过的累加性学习模式是罗文大学教职工开发罗文大学模式的基本理论基础。同时，一门自下而上倡导的通识教育课程和一项对非商科学生不加限制的政策，为罗文大学的学生创造了极其宝贵的学习经验，并为大学的经济发展努力带来价值。

考虑这种模式的其他人必然会在商学院以外培养出创业的领军人物，并且意识到，聪慧的学生们在一起学习，就能够创造出比个体价值总和更大的价值。罗文大学不可能再走回原来的老路。我们的希望是，随着大学教师的流动，这所大学承认差异价值、发展创业型大学的热情与决心会感染其他高校。

参考文献

Adams, J.L. (1986), *Conceptual Blockbusting: A Guide to Better Ideas*, Reading, MA: Addison-Wesley.

Aldrich, H.E. and Ruef, M. (2006), *Organizations Evolving*, 2nd edn, Thousand Oaks, CA: Sage.

Block, P. (1999), *Flawless Consulting: A Guide to Getting Your Expertise Used*, 2nd edn, San Francisco, CA: Pfeiffer.

Blumenfeld, P.C., Soloway, E., Marx, R.W., Krajcik, M.G. and Palincsar, A. (1991), 'Motivating project-based learning: sustaining the doing, supporting the learning', *Educational Psychologist*, 26 (3&4): 369.

Bureau of Labor Statistics (BLS), US Department of Labor (2004), *Occupational Outlook Handbook, 2004–2005 Edition*, Economists, www.bls.gov/oco/ocos055.htm; Writers and Editors, www.bls.gov/oco/ocos089.htm, 9 August 2004.

Burke, W.W. (2002), *Organization Change: Theory and Practice*, Thousand Oaks, CA: Sage.

Chinowsky, P.S., Brown, H., Szajnman, A. and Realph, A. (2006), 'Developing knowledge landscapes through project-based learning', *Journal of Professional Issues in Engineering Education and Practice*, 132(2): 118–124.

Corbett, A.C. (2007), 'Learning asymmetries and the discovery of entrepreneurial opportunities', *Journal of Business Venturing*, 22: 97–118.

De Bono, E. (1970), *Lateral Thinking: Creativity Step by Step*, New York: Harper & Row.

De Bono, E. (1992), *Serious Creativity*, New York: HarperBusiness.

Farr, M. and Shankin, L. (2004), *Best Jobs for the 21st Century*, 3rd edn, Indianapolis, IN: JIST Works.

Gelb, M.J. (1998), *How to Think Like Leonardo da Vinci*, New York: Delacorte Press.

Hale, J. (2006), *The Performance Consultant's Fieldbook: Tools and Techniques for Improving Organizations and People*, 2nd edn, San Francisco, CA: Pfeiffer.

Kenworthy-U'ren, A.L. and Peterson, T.O. (2005), 'Service-learning and management education: introducing the 'WE CARE' approach', *Academy of Management Learning and Education*, 4 (3): 325–335.

Kotnour, T. and Vergopia, C. (2005), 'Learning-based project reviews:

observations and lessons learned from the Kennedy Space Center', *Engineering Management Journal*, 17 (4): 30-38.

Marti, E., Gil, D. and Julia, C. (2006), 'A PBL experience in the teaching of computer graphics', *Computer Graphics Forum*, 25 (1): 95-103.

Newell, J.A., Farrell, S.H., Hesketh, R.P. and Slater, C.S. (2001), 'Introducing emerging technologies into the curriculum through a multidisciplinary research experience', *Chemical Engineering Education*, 35 (4): 296-299.

Newell, J.A., Marchese, A.J., Ramachandran, R.P., Sukumaran, B. and Harvey, R. (1999), 'Multi-disciplinary design and communication: a pedagogical vision', *International Journal of Engineering Education*, 15 (5): 376-382.

Okudan, G. E. and Rzasa, S.E. (2006), 'A project-based approach to entrepreneurial leadership education', *Technovation*, 26 (2): 195-210.

Papamarcos, S.D. (2005), 'Giving traction to management theory: today's service-learning', *Academy of Management Learning and Education*, 4 (3): 325-335.

Pyzdek, T. (2003), *The Six SIGMA Handbook, Revised and Expanded: The Complete Guide for Greenbelts, Blackbelts, and Managers at All Levels*, 2nd edn, New York and London: McGraw-Hill.

Rasmussen, E.A. and Sorheim, R. (2006), 'Action-based entrepreneurship education', Technovation, 26 (2): 185-195.

Scha er, R.H. (2002), *High-Impact Consulting: How Clients and Consultants Can Work Together to Achieve Extraordinary Results*, San Francisco, CA: John Wiley.

Shane, S. (2000), 'Prior knowledge and the discovery of entrepreneurial opportunities', *Organization Science*, 11 (4): 448-469.

Shane, S. (2003), *A General Theory of Entrepreneurship: The Individual-Opportunity Nexus*, Cheltenham, UK and Northampton, MA, USA: Edward Elgar.

Thompson, C.C. (1992), *What a Great Idea!*, New York: HarperPerennial.

Valim, M.B.R., Fariness, J.-M. and Cury, J.E.R. (2006), 'Practicing engineering in a freshman introductory course', *IEEE Transactions in Education*, 49 (1): 74-79.

Van Der Vorst, R. (1996), 'The local company project: involving local companies in undergraduate environmental engineering', *European Journal of Engineering Education*, 21 (2): 161–168.

Vaz, R.F. (2000), 'Connected learning', *Liberal Education*, 86 (1): 24–31.

Venkataraman, S. (1997), 'The distinctive domain of entrepreneurial research', in J.A. Katz (ed.), *Advances in Entrepreneurship, Firm Emergence, and Growth*, Vol. 3, Greenwich, CT: JAI Press, pp. 119–138.

Von Oech, R. (1990), *A Whack on the Side of the Head*, New York: Warner Books.

第九章　通过科学为导向的团队与项目开展创业教学：三个案例研究

杰德·C. 马科斯科　A. 丹尼尔·约翰逊　萨拉·M. 约克姆

引言

　　从教学的角度来说，培育创业者是具有挑战性的。学生想要成为创业者则必须学会识别机会、抓住机会，并且这些机会必须是能为社会带来变革且将为社会带来可持续价值的。这一过程包括学生学习如何创办新企业的事实性知识；然而，学生应用知识的能力在很大程度上决定了他们能否会成功，尤其是在事业的初期阶段。那么我们如何帮助学生更好地应用知识并发展他们解决问题的能力呢？无数研究表明，当教师营造出一个"积极学习"的环境时，尤其是在集中发展这些能力的环境中，学生能够更快地获得这些技能（Halonen et al., 2002：284）。

　　在本章，我们将简要描述自主学习的教学基础，列举5种发展自主学习的教学策略，并提供一些案例研究。这些案例围绕的是以团队为基础和以项目为基础的课堂。在这些课堂里，他们使用极富科学性的问题来使学生脱离舒适区，进入一个自主学习创业技能的环境中。我们相信，自主学习——尤其在受到以科学为导向的项目刺激后，能够培养学生的思维能力。而在早期创业中，这些能力是最为重要的。此外，我们发现学习了这些早期创业技能的学生更有可能继续参与后期的创业过程（改善企业、进行财务分析、制订营销和运营计划等）。

自主学习如何帮助我们教授创业技能？

自主学习是实习、服务型学习及相似经历的一个重要统一特征；它在很大程度上决定了学生能否从这些机遇有所收获。不幸的是，很多教师因准备不足无法在学习中使用自主学习的教育方法。造成这种情况的原因主要在于这些教师所接受的就是被动教育（即以讲授为主导），并且他们只有在被动教育中才感到自在。在这种环境下课堂主要侧重知识的习得；默认（错误的）思维能力能够自行发展。在本质上，两种教学方法（启蒙主义和自主学习）没有孰好孰坏之分，二者在现代大学课堂都占有一席之地。然而，两者不可互换。在特定时间里某一种方法将更好地实现教学目标、满足学生的学习需求。我们需要了解哪种更适合特定的情况。退一步讲，了解我们是如何学习的也很有意义。从这个角度来看，我们能够更好地了解某种具体的教学技巧和策略是怎样促进自主学习，进而发展学生的思维能力的。

在理解人类学习的过程中，建构主义占据着主导地位。该观点来源于约翰·杜威（John Dewey）、让·皮亚杰（Jean Piaget）、大卫·奥苏贝尔（David Ausubel）的著作，并且已经被认知神经科学和行为学（Dewey，1916：6；Gardiner，1994：9；Taylor，2002：231）的实证研究所证实。根据建构主义模式，思考模式和知识内容不能完整地从一个人传授给另一个人，因为学习者并不是一张白纸。相反，随着信息的传播，学习者就要构建他/她自己的独特思维模式，反思他/她自己的生活经验和先验知识。每种心智模型包含专业知识和需要去评估、操作和应用那些概念的思维模式。

建构主义模式进一步指出，学习者与所获得新知识的交互过程将极大影响他们获得和使用信息的方式。当个体遇到认知问题时，他们首先尝试运用预先存在的心理模型去解决它。如果他们成功了，那么在解决问题时得到的新知识或能力就只与某一种特定的心理模型产生紧密联系。这个过程将新的内容和思维模式与现有的、经常运用的心智模式联系起来。这是整个学习过程中的一个重要组成部分。它也是由被动的说教式的教学情境（如讲课）所培养的显性学习模式。然而，这种获得信息的方式往往高度封闭，不适用于其他情况。

教员们经常会看到这种学习模式的局限性。大多数大学生已建立起某种心智模型。这种模型可以帮助他们识别相关事实，并在大脑中作短时记忆，继而识别出多项选择题中与之相关事实的正确陈述与不正确陈述。同样的心智模型也将应用于整个高中和高考的选择。然而，当教师要求学生回忆前一学期（甚至是上一次考试中涉及的课堂内容上讲过的）一门课程中学过的稍微复杂一点的概念，并将这一概念应用到新的情景中去时，很多学生都无法应用相关的知识，也不具备相应的思维能力。部分学生记得的信息也有可能是错误的——在关键细节上的理解错误或对必要能力的错误使用。只有少数学生能够成功地解决问题，但也是勉强地解决或表示很困难，特别是在面对复杂或模糊的新情况时。

建构主义模式还描述了另一种学习形式，它有时被称为"深度学习"。学习者强烈抵触形成新的思维模式，这种状态一直维持到他们目前的心智模式无法解决其所遇到的疑惑、问题或情况时。一旦现有的所有思维模式无法解决问题，学生们（无意识或有意识地）就开始积极组建新的临时心智模型来评估应对当前的挑战。尽管这些临时模式像是在赌博，学生们还是非常愿意接受新的知识内容并可以很快掌握新的思维能力。潜在的相关知识内容和过程技巧与其他已存在的心智模式也可以被纳入新的临时心智模式之中。一旦构建了一个可以圆满解决当前问题的新的思维模型后，其他的临时模式将会被遗弃。在未来，如果这种新习得的模式可以成功地解决问题，那么其中所包含的知识内容和思维能力都会得到不断加强。

教师要有意识地在实践中为学生寻找难题，这样学生就无法用已有的思维模式完成要求中的任务，从而帮助学生建立新的思维模式。学生沉浸在这种主动的学习环境中，更愿意且更能够去解决复杂的问题，比如上一段中提及的任务，将知识应用到新的情境当中。建构主义的核心原则并不只适用于个人。阿吉里斯和舍恩（Argyris and Schön，1978）将组织学习的水平划分为单环和双环学习，这与个人学习中的浅层学习和深度学习相类似。

当教师从建构主义的观点批判地看待自己的教学目标时，就很容易看清被动说教和主动指导策略哪个更合理。当教师的目标是传播教学内容时，说教便是更好的选择。例如，说教适合教学生在法律方面更好地区分营利和非营利基金会，这些学习如果依靠学生努力发现和总结信息的方法就会浪费很多时间。然而，如果学习目标是让学生将一个成功的非营利性项目概念化，或是掌握一种现在或将来能用到的技能时，主动学习就会更合适。学生需要学会发掘市场需求并发现新的商机，并可能同时起草一份模拟的或非营利性的创业计划来迎合当前市场环境。

另一个情况是，假设教学目标是让学生学习不同的方法与获得风险投资（VC）。最初，教师可能会解释或讲授风险投资是什么以及产业是如何进行组织的。但是，如果教学目标是开发思维能力，为将来评估风险投资提供知识，主动教学才是更好的选择。对于说教形式的风险投资课程而言，它的长期价值是有限的。因为这些基本事实与原则很可能一开始被记住，然后被重复，最后很可能被遗忘。学生可能从未尝试将知识运用到真实的情况之中，这样就不会存在长期的学习。然而，当要求学生去识别风险并建立正确的风险理念、识别其中必要的联系的时候，他们将会体验到这个过程。尽管这种体验很有限，但是他们却很有可能在将来的创业生涯中运用它们。

虽然在被动的教学环境中也可以创造出深度学习的挑战，但深度学习更可能发生在学生积极参与的过程之中。在活跃的学习环境中，教师的角色会转换成学习过程的促进者，而不是权威信息的发布者或信息的主要来源。教师的主要目标是为学习者提供可实现的挑战。这种挑战超越了学生当前的心智水平和技能组合，但却很有可能完成。一个经过良好设计的挑战不仅能促进新思维的形成，还能鼓励学生重温或检查他们与预先存在的心智模式之间的联系，从而巩固知识。一旦学生挑战成功，将会形成自身的思维模式和心智模型，并激励他们接受更多的挑战（Pintrich et al., 1994；Lawson, 2002：76）。

促进学生学习就像其他推动过程一样；主导者必须密切关注群体的现状，并在恰当的时机提供所需的资源。下面几节将介绍相关的例子。然而，本章的内容不会对其过程进行详细描述，想了解更多促进学习的技巧请参阅麦基奇（McKeachie, 2002：30）和迈克尔森等（Michaelsen et al., 2002：59）。

什么样的教学策略会促进自主学习？

大部分教师都错误地（且习惯于）倾向于依赖单向的方法，如讲课或阅读，也或许是一些专项写作课程（Boyer Commission, 1998：5-6；NRC, 2003：14；Tanner and Allen, 2006：1）。这种情况太令人遗憾了，因为有更多的好方法可以挑战学生当前的心智模式，并鼓励他们参与更多的学习过程。以下所列是几种替代方案（欲进一步了解其他教学方法信息，请读者参阅 McKeachie, 2002；Michaelsen et al., 2002；Bain, 2004；Herreid, 2006）。

- 引导式讨论　讨论很容易根据小组的能力水平进行调整，但在较大的小组则很难实施。一个十分高效的讨论小组并不会被导师的提问所主导。相反，老师的提问只是催化剂，用来催生更为重大问题的讨论。学生会花大量的时间解决问题、对彼此做出评价，而不是花时间去评价教师。

- 案例式学习　学生要讨论一个或虚构或真实的故事，阐明其具体概念。有大量的商业相关教学案例及一些可以快速编撰或改编的案例可供参照。常有人批评这些案例缺乏充实的内容，但如果教学目标是培养思维能力、将知识应用于新问题，那这就不是一个很明显的弱点了。

- 问题式学习　（PBL）这种教学方法广泛应用于法学院和商学院，但不适用于本科教学。案例式学习和问题式学习看起来相似，因为两者都使用历史的和虚构的案例来实现教学目标。二者关键的区别在于使用的情况不同。在传统的案例学习中，案例充当着教师领导的小组讨论媒介。在问题式学习中，教师仍然促进学生的学习过程，但是案例并没有为解决所提问题提供充分的内容。作为一个小组，学生们必须分辨出他们需要找到的答案，以便解决他们案例中的关键性学习问题。小组内的每个人都有分配的相应任务，查找、掌握解决案例问题所需要的特定知识，然后在课堂上与同学们分享这些知识。问题式学习是一种构建功能性内容知识的有力学习方法，可以提高思维过程中的技巧，并训练学生们在合作小组中进行学习。

- 团队式学习　这种同时传授内容和思维能力的混合式策略是由拉里·迈克尔森提出的（Larry Michaelsen et al., 2002）。学生们被分配到各学习小组，并且要求小组成员要对彼此的学习过程负责。这种方法可同时适用于大班级和小班级。假如执行情况较好，它在继续提供内容范围的同时，对高层次的主动学习有所提升。正如以下所描述的，一位作者给新生开了一场研讨会，成功地运用这一学习策略讲授了创业精神（后面部分将会深入具体地展示这一案例）。

表 9-1 教学策略一览表

方法	适合教授的内容	所要求的直接协助水平	典型与重点	学生的自由程度
引导式讨论	要旨	中	预设的或历史问题	话题：低 方向：中
案例式	处理技巧	中	预设的或历史问题	话题：低 方向：低
问题式	要旨和处理技巧	中	需要合理决策的情况	话题：中 方向：高
团队式	要旨和处理技巧	高	取决于课程话题	话题：中 方向：中
项目式	处理技巧	低	有待解决的具体问题或难题	话题：低 方向：非常高

● 项目式学习　这一策略结合了团队式、讨论式和问题式学习的各种要素，会给学生们展示一个亟待解决的实际商业问题或情境。这一问题的特殊参数并没有完全确定，因此把这些参数弄清楚也是学生们学习过程的一部分。学生们还必须决定如何着手解决该问题。通过小组讨论，学生们会得出解决挑战性问题的最初计划，这个计划将成为他们课程项目的路线图。在小组项目进行过程中，教师会提供大体上的指导，使学生在接下来的时间里继续完成任务，达到他们设定的目标。如果需要的话，教师可以选择提供一些重要的资源（比如参考材料，联系该领域的场外专家或者提供购买材料的资金）。但在理想的情况下，学生会提供大部分或所有必要的精神上和物质上的材料。成功或失败完全取决于学生；从一开始，学生就必须知道指导教师不会因为计划不顺利而施予援手。在实践中，通过项目导向式学习，学生们可以学习到许多在实习过程中才能学到的技巧。接下来，我们要描述一门初／高级研讨课程，这一课程是由一位成功运用项目导向式学习的作者提供的。

表 9-1 总结了上述每种方法的主要特点。

驾驭生命的分子装置：团队式主动学习的课程实例

2007年1月，其中一位作者将团队式学习应用到大一新生的研讨课中。这次研讨课的课题是"驾驭生命的分子装置：从艾滋病检测到氢动力汽车"，从中可以看出该教授既关注存在于每个活细胞中自然发生的纳米技术也对这些分子装置对于社会的无限潜能给予了高度重视。这门课程的目的在于尽可能地利用这些机器的新颖性和它们在市场中的潜能，使学生们体验创业过程必备的冒险精神——尤其是在创业的早期阶段，要学会识别、接受冒险精神，并断定这些创业点子是否可以成为创业的机会。因为这些学生都是不了解分子装置的新手，需要一种融合主动学习与灌输学习的混合授课方式来同时传授知识，为体验创业过程提供助力。

在新生研讨课的第一天，将这15名学生分为5组，作为这个学期的学习小组。每组的3个学生要用不同方法来研究如何使用分子装置。比如，一组探索如何能将这种机器用作先进的医疗设备；另外一组则研究这些机器如何应用于可代替能源设施中；第三组探讨这些机器如何应用于适合发展中国家的低成本技术中。

整个学期内，这些小组会获得很多进行团队建设的机会，这些机会将帮助他们从单纯的学生小组发展成为成功的学习小组。例如，学生们每周都要进行阅读小测试，如果其小组的综合分数最高，则会得到额外加分的奖励。学习小组互相积极竞争以获取得分后正当的"自夸权利"。此外，在学期期初、期中和期末分别允许各小组联合提出三个项目。经实践证明，这项任务是一项有效的团队式学习练习，尤其是对于那些有一个或者几个成员不善口头陈述并且依赖从其他组员身上学习这些技巧的小组。

令人吃惊的是，到了期中阶段，学生们的关注点从制作生物技术设施转移到教授其他学生关于分子装置的知识,尤其是教初中生和高中生。起初,只有一组分配到的任务是探索与分子装置有关的教育资源如何商业化的问题,但是在学习了纳米计算机的相关知识后,其他小组也开始研究怎样让年轻人接受并喜欢他们。事实上,一组最初探索分子装置作为替代能源工具的团队,已经为一家教育娱乐公司制定了一项商业计划,来作为他们的团队项目之一。该计划成为了校内千美元种子基金竞赛的"敲门砖",并在该学期内就得到了这笔钱。

从制造设备到科普分子机器科学的转变进一步推进了正在进行的团队学习过程。最初的研究主题很难让学生们去设想开创自己的公司。但是他们的新关注点——创造"细胞技术的精灵"——使他们清楚地看到自己可以取得成就的方式。创办公司的这个想法是具有感染性的,这种想法会从参与种子基金比赛的3个学生传播到班里其他5个学生之中。在学期即将结束的几个月中,那些新生中的6名学生继续合作,撰写了一份更好的创业计划,并筹集私人基金,开发了新的教材。到了大二,这6名学生参加了一门由同一教师指导的独立学习课程,并且又提出了两项基金建议书,其总额超过25万美元。

从自主学习的角度来看,这个班级是成功的。这12个学生中的四分之三直接参与了教育公司的建立,其余的四分之一则直接参与——每个学生都与至少一位公司创始人在同一个学习小组中学习过。上这节课的12个学生中有6个参与了这家公司,而且在他们"详细计划"新公司的过程中,继续构建与分子装置相关的知识并发展他们的思维技巧。但是这门课的真正成功可以从学生们的评论进行判断,而这些评论是从他们在研讨会上对这段经历的总结报告中摘录出来的。

关于课程:

> 这样的研讨课就是我选择维克森林大学而不去其他学校的原因。

这是一段令我终生难忘的、很棒的经历。

最初的 15 个学生中有 3 个退掉了这门课，至少其中有一人不敢相信这门课是那么难……我很为那些退课的人感到遗憾。我为自己修了这门课而感到自豪，并且迫不及待地想要学以致用。

关于团队：

我学会了这样一个道理：三个臭皮匠，胜过诸葛亮。

我觉得自己似乎找到了一群人和一个目标，他们激发了我的兴趣和创造力。

在课堂讨论中，围绕着这个新创公司的讨论越来越深入，我觉得自己越来越融入其中。

关于公司：

在这种大型项目中与同龄人一起合作，并且实际获得了一大笔钱，而且使商人相信我们的理念，这是一生难逢的机会。

我们提出的计划成为了使我为之自豪的成果。

我从没想到自己能够成为这个由十名学生和一个教授组成的团队中的一员，并参与公司的建立和运营。

关于其他公司：

如果没有马科斯科（Macosko）教授的话，我在生物系里就不会有这样宝贵的人脉，也不会有机会给非洲的众多村庄带来影响。

这个课程激励着我走出去，真正在生活中践行"促进人类更美好，创造更好的世界"这一座右铭。

感谢这个课堂，它激励我在大学尝试着去开创自己的公司。

关于创业：

我正考虑辅修一门创业课程，并且十分渴望去了解商务知识及开创和运营一家企业所付出的努力。

作为一个生物和西班牙语专业的学生，四年来我从未接触过和商业有关的课程，但是现在我正在学习怎样撰写创业计划书，怎样组织一家企业，了解在创建公司时会出现的财务问题。

初创公司（BioBotz）……不仅引起了我的兴趣，而且也引起了其余四个同学的兴趣，进而影响我们去辅修有关创业的课程。

最重要的是，团队式学习非常适合这种十分具有理科性质的新生研讨课。正如一位电气工程学教授提到他对这种积极学习策略的运用，"团队式学习看起来十分有效和有趣，有助于学生学习很有难度的材料"（Weeks，2002：1）。要完成这一策略就要将学生分成小组，使这些小组在完成挑战和开放式课题中变得成熟起来，而这些挑战和课题要求高度的合作。团队式学习的特别实践经历将随着具体的学习内容和班型而变。但是这个新生研讨课提出了一种强力有效的教学策略，即在高度的内容驱动基础上向学生讲述创业为何物。

开展以科学为基础并融合创业者经历的课程有一个好处，即学生有机会探索一个科学研究领域，该研究领域可以为学生提供技术支持，为获得创业机会奠定基础。而这与那些在只关注创业流程的课堂上产生的创业想法相比，具有更大的竞争优势。在那些更典型的课堂上，教师要求学生概括创业概念，然后研究它们的可行性。在大多数案例中，学生的观点来自于他们的日常经历——在酒吧、餐馆、图书交易、房产中介等地和活动中的经历。因为所有大学生对这些点子都十分熟悉，其中基本不涉及特殊的知识，所以也很少能反映出竞争优势。

适应性教科书计划：项目式自主学习课程实例

2007年1月，其中一位作者为大三、大四学生开设了一门名为"创造更好的教科书"的研讨课。这一课程的灵感来源于他对当前生物学入门教材的失望。这些900余页的课本实例充足，但在概念之间的联系衔接方面并没有提供太多指导。此举造成这些教科书更适用于表层记忆或浅层记忆，而无法让学生对其产生更深层的、更功能化的了解。该课程的目标是让学生们为一本更精简的教科书编写一个样章，该教材侧重于概念理解而不是事实积累，并且以学生为中心，可以根据不同的课程结构量身定制。

十个分别代表商科和人文学科的充满活力的学生选修这门课程，其中只有一名理科生。第一节研讨课上，教师给学生们提出了一项创业问题：为生物教科书设计一个新模式，并且为这个学期勾画出三个主要目标。首先，小组要开展一项市场调查来了解学生和教员的需求。其次，我们要依据他们的调研结果创造一个教科书的原型，并能够用其筹集所需的资金。再次，用一个真实的生物班的学生来检验这个原型。最重要的是，学生们必须要用冒险精神去探索创业过程，为了新的生物教科书的模板来调查学生和院系的市场需求，设计出一个产品并利用目标群众来进行产品测试。

在第二次会议上，学生们提出并讨论了一系列与该挑战有关的特殊问题：如何进行需求评估？谁应该参与？我们如何整理展示我们的发现？这一章的主题应该是什么？应该包括哪些概念？在第二次周会的末尾，学生们要为完成市场调查和原型设计设定一个期限。

在很短的时间，小组拧成一股绳来决定接下来该做什么，以实现每一个小目标。到了第三周的课上，参与者将大多数工作分成更细小、更明确的项目，由两到三人组成的他们自己分配的团队负责完成更具体的任务。例如，由两个小组分别为教员和学生进行需求调查调研。其余两组在当地和全国范围内对253名大学生和51名科系教员进行这些调查（运用其中一名参与者所制作的在线调查系统），然后将调查结果反馈到一项正式的市场调查报告当中。关于他们的原型结构的一些重要决策都以这些数据为基础。该小组的其他成员则安排图书出版行业的专业人士来到小组分享他们的见解。

学生在撰写原型章节时选择了基础遗传学。这是一个大家都觉得很难理解的主题。在开发的过程中，他们对竞争对手进行了研究。他们从广泛使用的大学生物学教材和流行的遗传学科学指南中进行选择并阅读其中的章节，然后研究其写作风格、组织、概念罗列和其他因素是如何对结构效果产生影响的。小组检验出的很多最佳实践成果最终将出现在他们的原型章节里。这章的终稿在四月初完成，正好赶上了审查。大家向维克森林大学（Winston-Salem，NC）中学习生物学导论的学生发放了这一章的复印版，然后请学生结合书面和网上的调查与他们现在所用的教科书作对比。测试组认为他们改写的章节明显更容易阅读，且具有更清晰的写作风格和布局。内容充足又不过量，补充的教学辅助工具很有作用但又不过分。显然，参与这堂课的学生成功解决了上课之初所提出的具有挑战性的问题。

即便这个章节是成功的，但它仍然存在问题：研讨课上的学生是否从这次经历中受益？该研讨课的最后作业是要求参与者对他们的经历进行反思。他们反馈的摘要最能说明一切：

在课程之初，我根本没想到我们可以做这么多，能够创造出这么惊人的有用的成果。

我们共同穿越未知的领域，并合作解决遇到的障碍。我们作为一

第九章　通过科学为导向的团队与项目开展创业教学：三个案例研究　　197

个团队朝着一个共同的目标努力，但重要的是，你让同学们做了大部分的决定……你给了我们很大的自主权，这也是原型章节能够按时完成并达到目标的一个重要因素，而且也是这一章节很受欢迎的原因。

在课内外我都能和伙伴们建立联系，而且我现在也准备继续保持这种联系。我发现，被分到那些更小的组里，我反而会工作得更加勤快努力，因为我感觉到了责任和归属感。

这门课最大的优点就是它包容了不同学术背景的、有着不同优点和缺点的学生。

这个课堂带给我很多欢乐，同时也带给我一些具有现实意义的团队工作经验。

通过本学期的这门课，我学到了很多关于团队工作的东西，并且在团队中能够尽我所能。我认为我在这个项目中学会了合作和规划时间。

长久以来，这门课是我上过的最令人焕然一新的课，而且我感觉也是成果最多的课之一。

我个人从这门课中获得的是强大的满足感及更多的自信。

我们的小组完成了所有任务……用"想要做"和"必须做"的心态去做一件事的结果是完全不同的。

回顾过往，项目导向型的学习方式并不适合那些胆小怯懦的人。这种学习方式要求导师让出他对课堂的许多主导权。同时，这并不能替代真正的体验式学习经历（比如，医师实习）。跟教学法相比，这个方法对于导师的灵活性和责任感有更多的要求，并且要求导师花更多时间去监督学生的学习过程。导师的疏忽仍然会发生，但是大多时候只发生在幕后，学生并不知晓。比如，这门特别课程中的学生并不知道他们的导师私下单独联系学院的同事，来确保他们可以完成学生们的书本使用调查。

乐于冒险是创业精神的核心。此外，作为这门示范课程的参与者，学生们渴望成功的心理能够成为创造活跃学习环境的有力工具。

"让我们来创办一家生物科技公司吧"：一位参与者对项目导向型学习计划的反思

2004年秋，雷蒙德·库恩博士（Dr Raymond Kuhn）在维克森林大学开启了一个特别的学期来教授免疫学。但是，在开课演讲中，库恩博士补充提到要在免疫产业中基于一些基本但关键的实践经验创办一家生物技术公司。如果学生们感兴趣，就可以要求与博士进行一个简短的面试，并且写一份短短的申请书。面试包括谈谈自己的基本情况、好恶和目标。面试中库恩博士从未问过学生是否懂得关于生物科技、经商、创办公司、资产负债表的知识，或任何其他一丁点儿关于开创一家公司所需要的知识。回顾一下，他仅仅是聚集了一群有共同特点的学生：一群渴望创造出一些有价值的东西的学生。

库恩博士也在校园周围发放传单，号召学生们找他讨论创办生物科技公司的事。仅有一名学生单独对传单做出了回应。其他所有提交申请的学生所响应的是口头向他们兴奋地分享这个消息的学生。最后有8名学生被选中参加这个研讨课程——"开创一家生物科技公司"。学生的学术专业背景各不相同。只有两名学生是生物专业，其他学生的专业则主要是会计学、商业、经济学和通信专业。

说明一下这些学生是如何被选中的过程是很重要的。每个学生天生的兴趣都被激发了出来，这种兴趣促使他们投入这个特别的项目。每个学生的内心都存在一种想去创造价值的激情，只是想要创造的目标和对象在改变。

这门课程第一堂课的内容是库恩博士对一个潜在产品进行了描

述——研究鱼类疾病的诊断工具组合。上课的学生被要求围绕诊断工具组合的概念建立一家可行的公司。

该堂课最令人印象深刻的就是库恩教授的陈述,"参与这门课的学生都会评为优秀等级"。他通过这样的说法改变了课程的激励因素。这样,学生并不担心这门课程会影响到他们的平均学分绩点,而是担心自己在同龄人面前的表现。毕竟害怕失败是一个有力的刺激。在整个行业中,在社区及同龄人面前失败远比一门课程成绩不好更能伤害一个人的自尊心和心灵。他通过说出的这几个词增强了我们自身及互相之间的责任感。这种责任感进一步激发起渴望成功的激情。之后他发放了一张清单,上面列着创建生物技术公司需要解决的一些问题。

这些问题涉及多个方面,主要是从公司基础的(但同样重要)合法结构到知识产权保护、市场策略、产品生产、融资风险。学生围坐在温斯顿大厅的一张大桌子边,开始讨论起各种策略以找到每个问题的答案。在几个小时的时间里,学生们分成几个调查小组,并决定把客座"主题"演讲者带进来,同时选定人员。演讲者的专业领域范围涵盖从营销策略到创业经历;从风险投资到公共关系。每个演讲者需要给学生们讲授一些关于公司如何形成、发展和成功运营的现实观点。

听了这些人的真实故事和创业经验,学生们对此进行调整并制定了属于自己的可行性商业策略。重要的是(库恩博士的功劳),只有那些成功解决过难题的人才能被选中来演讲。创业环境中有许多的困难需要解决;学生们要学着具有批判性,同时善于将分析作为学习过程的一部分。学生们需要鼓励,需要积极的激励才能前进。

值得注意的是,决定课程结构的正是学生。库恩博士只是起到催化的作用(正如前面所描述的)。只有当产生需要的时候或别人向他提出问题和意见的时候,他才巧妙地介入,但是大多数时候他会让研讨会顺势进行。旁观者都对这些学生惊人的能力感到十分吃惊。这说明当人们把激情付诸于工作时，是不需要任何人来照管的。

背景调查是由成员们分成小组并利用自己的时间去做的。每节课都是三小时。第一个小时由客座嘉宾主持，包含三十分钟的提问时间。在那之后，一个小组会就分到的问题展示他们前一周的调查情况，然后该小组决定接下来应该关注的问题。接下来的一周，这个过程会再次开始。

事后看来，库恩博士巧妙设计的课程覆盖了各个专业（不仅仅是生物），或者说这是一个非常幸运的偶然。真正的企业是由来自不同背景、具有各种包容度和学习方法的管理者和员工构成的。真正的企业必须想出解决问题的最佳办法并加以利用，这常常需要不同观点和想法的融合。

项目导向型学习成功的关键在于探索学习的动机。哈里·A. 奥弗斯特尔特（Harry A. Overstreet）说，"首先，要激发别人强烈的渴望。唤醒那些可以做此事的人，使他拥有整个世界，不能走一条孤独的路。"（Carnegie，1936：34）库恩博士就是这样做的。他提出了一个项目，为每个学生提供机会，使他们能够将自己同其他人的思想和策略融合在一起，并将其应用到重要的事情上去。当实际情况中非常重要的事情得到解决时，为找到解决方案所付出的一切努力都是值得的。学生、社区、潜在的顾客和整个产业都和学生一起努力，因为每一个部分都会从这种成功中受益。

期末，学生们花数小时在图书馆里做基础调研，与数不清的商界人士面谈后，产品的概念发生了变化。学生们发现他们与其向大学教授和研究人员推销他们的诊断工具盒，不如将其投放到水产养殖业市场。学生们已经发现，这种以合适的形式设计的且针对适合行业的基本诊断产品可以在现实中获得可观的利润。对于这种产品的需求是真实存在的！这其实是一个"调研"为主的学期，学生在期末组建了一家公司，起草了一份商业计划，而且已到了我们实行自己的商业策略的时候。这时候，该公司也已筹集了 11000 美元的种子资金。

约翰·杜威（John Dewey）曾经说过，"想要变得更重要的欲望是人性最深的渴望"（同上，第 18 页）。在现实问题上付出的努力提高了大家对这个项目的责任程度。很自然地，这种责任感鼓舞了学生。当学生们意识到他们的工作具有真实的价值，并且这个价值可以得到认可，得到潜在顾客的大力支持作为奖励，那么这份奖励就是无价之宝。

我永远感激自己在大二的生物科技研讨课上所学到的创业知识。这份经历改变了我的人生，开辟了我至今仍在前行的职业道路。就是在这个课堂上，我发现了自己对创业的激情，发现了自己的天赋，最重要的是，我对自己和同龄人的天赋产生了自信。年轻时对这些技能的学习给予了学生在就业竞争中显著强于他人的优势。对比典型的大学毕业生，年轻的创业者更有能力且进步得更快，因为他们有着指数型学习曲线。我们无所畏惧（虽然多半出于无知），可我们学习得很快，并且有无数多的机会来运用课堂上学习到的知识。这是一个成败全靠自己的学习环境。你必须马上开始采取行动。世界不会等待任何人，除了学习你别无选择。

我永远不会忘记那一刻——当我知道这种具有创业精神的生活是为我准备的时候。大二期末的时候，我有幸遇见两位参与巴布科克学院电梯创业计划的风险投资人，并有两分钟的时间来说服这两位风险投资人，使他们相信我的公司是值得投资的。没有任何经商背景，也没有任何跟风险投资人打交道的经历，我的思维快速运转，词句脱口而出。显然，我们才是最合适的选择。在 81 家申请团体中我们位列第六，并且是唯一一家由本科生组成的团队。

如今我们的 Aqualution 公司已经通过创业计划比赛和其他途径筹集了超过 45000 美元的直接资本。公司也与维克森林大学及库恩博士建立了密切的工作关系。库恩博士通过补助金的形式额外为公司筹集了

75000美元的资金。该公司有两家产品供应处并且致力于其概念的试验证明。最初团队中的三名学生和库恩博士仍然是核心团队的成员。

结论

在这三门理工科创业研讨课中，学生们进行团队合作，创造新的思维模式，以此来解决那些在旧模式和假设下难以解决的问题。他们提出了自己的问题，然后弄清楚了在哪里可以找到提供思考角度的数据，再设计了一些新的实体（教育项目、教科书或者生物科技公司），并对其进行检验与改善。这种建构主义学习过程与创业者创造新产品新服务的过程相似。因此它能够使学生们体验到创业的过程。

这三个研讨班的主要特点是注重科学，以创业的模式来解决与科学有关的问题。尽管这些课程的主要目标并不是进行团队建设，但我们在这些课程中看到了学生们凝聚成一个个高度相互依存的团队。这三门课程创造了一个积极活跃的学习环境，这种环境是获得新思维模式的重要条件。富有科学性的项目和学习团队相结合的策略，可以用来帮助学生学习及应用创业技能。

参考文献

Argyris, Chris and Donald A. Schön（1978）, *Organizational Learning: A Theory of Action Perspective*, Reading, MA: Addison-Wesley.

Bain, Ken（2004）, *What the Best College Teachers Do*, Cambridge, MA: Harvard University Press.

Boyer Commission on Educating Undergraduates in the Research University （S.S. Kenny, B. Alberts, W.C. Booth, M. Glaser, C.E. Glassick, S.O.

Ikenberry, K.H. Jamieson, R.M. O'Neil, C. Reid-Wallace, C.-L. Tien and C.N. Yang)(1998), *Reinventing Undergraduate Education: A Blueprint for America's Research Universities,* New York: Carnegie Foundation for the Advancement of Teaching.

Carnegie, Dale(1936), *How to Win Friends and Influence People,* reprinted in a revised edition(1981), New York: Simon & Schuster.

Dewey, J.(1916), 'Method in science teaching', *General Science Quarterly,* 1, 3-9.

Gardiner, Lion F.(1994), *Redesigning Higher Education: Producing Dramatic Gains in Student Learning,* San Francisco, CA: Jossey-Bass.

Halonen, Jane S., Felicia Brown-Anderson and Wilbert J. McKeachie(2002), 'Teaching thinking', in McKeachie(ed.), pp. 284-290.

Herreid, Clyde F.(ed.)(2006), *Start With a Story: The Case Study Method of Teaching College Science,* Arlington, VA: NSTA Press.

Lawson, Anton E.(2002), *Science Teaching and Development of Thinking,* Belmont, CA: Wadsworth/Thomson Learning.

McKeachie, Wilbert J.(ed.)(2002), *McKeachie's Teaching Tips,* 11th edn, Boston, MA: Houghton Mifflin.

Michaelsen, Larry K., Arietta B. Knight and L. Dee Fink(2002), *Team-Based Learning: A Transformative Use of Small Groups,* Westport, CT: Praeger.

National Research Council(NRC)(2003), *Bio2010: Transforming Undergraduate Education for Future Research Biologists,* Washington, DC: National Academies Press.

Pintrich, Paul R., Donald R. Brown and Claire E. Weinstein(1994), *Student Motivation, Cognition, and Learning: Essays in Honor of Wilbert J. McKeachie,* Hillsdale, NJ: Lawrence Erlbaum.

Tanner, K. and D. Allen(2006), 'Approaches to biology teaching and learning: on integrating pedagogical training into the graduate experiences of future science faculty', *CBE–Life Sciences Education,* 5, 1-6.

Taylor, Peter C., Penny J. Gilmer and Kenneth G. Tobin(2002), *Transforming Undergraduate Science Teaching: Social Constructivist*

Perspectives, New York: Peter Lang.

Weeks, William（2002）, 'Team-based learning in: "El Eng 447: Information Theory and Coding Theory"', www.ou.edu/pii/teamlearning/docs/Course%20by%20Wm%20Weeks.pdf, 6 November 2008.

第三部分

跨界与实践

第十章　油醋汁案例：文理科领域的创业

凯利·G. 谢弗[①]

引言

若问文科大学的校长"学校能为学生做些什么？"，我们会得出一长串漂亮的回答，但是答案中关于"提供职业培训"的内容却只字未提。一个很好的答案可能是鼓励学生培养终身学习的兴趣。这需要通过高度重视有见地的讨论，向学生展示假设与事实之间的差异，教他们如何去发现和运用事实。另一个答案可能是鼓励学生进行独立的判断。这是通过在重要的生活问题上提出对比鲜明、往往同样经过充分研究的观点。在这个意义上讲，接受过通识教育的学生或许更倾向于将"视情况而定"当作答案，但他们也能指出在做出一个决定时应考虑的因素。第三种答案或许就是通过通识教育的要求，使学生们将世界各国的知识传统建立起一种联系。这些要求会引导学生详细研究几个主题——学术专业或辅修专业以外的主题，仅仅对知识浅尝辄止并不能使人们获得充分的理解能力。

我们将文科教育的目标与对创业行为本质的几种描述进行了比较。

[①] 本章的研究由尤因·马里恩·考夫曼基金会赞助。

目前关于创业的一本重要教科书指出：

> 当我们把寻求机遇、敢于冒险同实现理念的坚韧精神结合起来，我们将形成一种特殊的观点。这种观点可以在一个机构的内部或外部、营利或非营利的企业里、在商业或非商业的活动中展现出来，其目的是为了产生创造性的理念（Kuratko and Hodgetts，2004：3）。

对于创业，当前的教科书中还有一种定义，即"创业是一个过程，在这种过程中，人们投入必要的时间和精力，承担相应的经济、精神及社会风险，从而创造出全新的、有价值的事物，并在其中收获经济与个人的满足及独立"（Hisrich and Brush，1985：18；Hisrich and Peters，2002：10）。此外，尽管与创业有关的研究文献常常关注的是参与者的假定人格特征（Shaver，1995），但在近半个世纪以来，有关文献开始采纳了部分社会心理学方面的观点，这起始于弗里茨·海德（Fritz Heider）的研究，他首次提出行为是个体与环境共同作用的结果（Heider，1958）。在创业文献中，这种观点得到了沙恩（Shane）和文卡塔拉曼（Venkataraman，2000）的高度重视，他们指出机遇与个体都是非常重要的条件。对于这些作者乃至许多其他作者而言，创业"涉及对机遇资源的研究；发现、评估及利用机遇的过程；以及那些发现、评估和利用机遇的个体"（同上：218页）。

从社会心理学的角度来看，当前人们所认为的文理科同上文所描述的创业之间仅仅存在着内容上的差异。好奇心作为一种心理过程，也会以同样的方式进行，无论它的目标是寻求一个科学发现还是一个新的商机。这两个目标的内容范畴或许有所不同，但它们实现的方式是一样的。这对于其他的心理过程来说也是一样的道理。评估的过程本质上是可以比较的，均可以识别特点、列举优劣、得出结论。无论被反复推敲的内容是市场的创造潜力，还是针对某一文化事件的历史意义的争论，都是如此。创造的过程本质上是具有创新性的，当认知界限模糊时，就会出现新的范畴，且各种元素都以新的方式组合起来。同样，无论是一幅画、一座宏伟的金属雕塑、一部小说，还是一种无胶片的摄像方式，都是如此。鉴于过程中的这些相似点，有人或许会问，为什么创业还没有成为文理科的重要组成部分呢？本章中余下部分将会说明产生这一问题的原因，并在促进创业同文理科更好地结合这一理想目标上提出举措。

基本"食材"

人人都知道油醋汁由油和醋调制而成，那么我们用油醋汁来比喻创业和文科的结合是否恰当呢？让我们一起往下看。无论人们何时谈及文科或是文科教育——即使它与这种或那种专业训练截然不同——他们都倾向于从古代哲学开始谈起。我承认：我也有此倾向。在亚里士多德的《形而上学》中，第一行便是"求知是人类的本性"（Aristotle，Ross 译，1952a：499）。但很快，在亚里士多德的论点中，艺术同经验被区分开了。从这一观点来看，艺术是对于普遍真理的一种理解，而经验是基于个人层面的对现实实践的认识。当涉及行动的时候，经验则是关键："医生所医治的不是一个碰巧被称为人的人（实际上，他治疗的是被称为人的个体）（同上：499页）。"当涉及智慧的时候，艺术才成为关键，因为当我们要去了解事物的本质时，我们必须掌握有关其起因的知识，而我们只能在一般概念的层面获得这些知识。亚里士多德认为，知识比实践更胜一筹，理论知识与日常的自然规律离得越远越好，与实践者相比，教授知识对于学者而言才是一份合适的工作。事实上，亚里士多德在他的《政治学》一书中写道：

毫无疑问，儿童教育应当包括那些有用而且确属必要的内容，但并非一切实用的内容。职业分为自由和非自由两类，后者包括一切有偿工作，因为它们会消磨和贬低心智（Aristotle，Ross 译，1952b：542）。

将亚里士多德的分类置于当代背景之下来看，"自由的"教育为头脑提供精神食粮，而职前教育（接下来会予以更详细的叙述）只为肉身而服务。有关哲学、艺术和数学的研究使人的智力更加敏锐，有助于增长智慧。这些研究恰好代表了人类在教育事业方面努力的最纯粹的形式，因为研究止于研究本身。确实，这样的研究增进了人们的文化场域感，也有助于一个人对个人与国家之间关系的复杂认识。但是，个人身份的发展和负责任的公民身份的实践，在当代文科领域受到高度重视，就像亚里士多德时代一样。所以，这些文科教育的附加影响引起了学术界的关注。

重要的精神生活——与肉身的欲望正相反——也是柏拉图在《理想国》中描述的重要组成部分（Plato，Jowett 译，1952）。尽管我们承认一个自给自足的社会中必然会存在商人、零售商及"雇员"，但他们每天对物质资料的追求却产生了可怕的后果：

因为我怀疑，许多人并不满足于这种简单的生活方式。他们也会渴望添置沙发、餐桌和其他家具，还会渴望精致的佳肴、香水、薰香、名媛和点心，他们不只渴望其中的一种，而是每一种……他们还想要获得金子、象牙及各种各样的物质满足……

所以我们必须要扩大边境，因为原本健康状态下的城邦已不再足够。而如今，我们的城邦必须要通过众多的行业充实起来，而这些行业所反映的并不是人类的自然要求……接着我们就会渴望邻邦的疆土，用以增加我们现有的牧场和耕地，而他们也渴望我们的疆土，如果他们的欲望也如同我们一样超过必要性的限制……我们就会爆发战争，格劳孔（Glaucon），不是吗（Aristotle, Ross 译, 1952b：318-319）？

对许多人而言，柏拉图的重商主义与从中升华出的知性主义是文科元理论的一部分。如同德克特（Deckert, 1976）所说，灵魂的较低层面与食欲和情欲联系在一起，中等层面与精神状态（各种情绪，比如恼怒与骄傲）相关，最高层面——理性——产生知识和理解。因此，最高级别的人莫过于"将最高层面的价值观置于美好、真理与美的理想之上"（同上：41页）。在柏拉图人性论未被证实之前，德克特（Deckert）认为"文科教育就是一项将学生引向柏拉图式价值观的工作"（41页）。在一个推崇成就和商业成功的社会中（即使回溯到20世纪70年代文化动荡时代也是如此），文科教育的目的是引领学生偏离这种价值观，而这一目标必须是秘密进行的。其结果是：

>文科大学得到升华；当院系的美好愿景是使学生发生转变时，文科教育的真正使命就变成了一项隐秘的议程。那就是使学生以此种方式进入精神与心灵的人生境界，他们便从此不会仅仅因为物质的富足或荣誉声望而感到完全满足、充实和快乐（同上：43页）。

从某种意义而言，德克尔对于文科院系的观点仍然准确，对于向文科课程中灌输创业的提议，我们可以预料到会遇到一股平静、惯性的阻力。比起为创造财富而付出的努力，人们在实现柏拉图式理想时所付出的努力少之又少。在这样的环境下，创造社会价值与创造经济价值的创业过程是否一致并不是最重要的。

在现代，文科教育往往与"职前培训"形成鲜明对比。在本科阶段，许多学院都会开展这类培训，如建筑学院、商学院、教育学院和工程学院，这类培训也包括法学与医学的预科课程。无论培训的特定内容是什么，职前培训都被看作是为学生提供物质食粮做准备，但并不一定能给予学生精神食粮。有趣的是，有时评价者们会将这种特定的、正在发展的职前培训课程视为文科教育失败的证据。举个例子，鲍威尔（Powell, 1983）在书中写到，美国的文科教育一直是种非常保守的传统教育："由于不合理的教育方式，文科教育课程忽视了实践内容，这使得学生们在毕业后无法很好地应用他们所学的知识。"（第227页）一个掌握诗歌写作艺术的学生也学习到一种交流方式，这可以使其在日后的新闻工作中受益。一个沉醉于科学发现过程的学生也可以学习一种方法论，用以创造和检验发明。一个知道如何管理、分析社会科学数据，并用来检验理论的学生也可以学习一种方法来简化公共政策中的复杂难题，使其成为可解决的问题。鲍威尔认为，由于拒绝承认文理科教育在实际上是有用的，这些学院中的保守派已经为他们所谴责的专业职前培训创造了需求。

在当代，亚里士多德与柏拉图的观点已经得到了许多学者的认同。这些学者会认为物理学要比工程学更加纯粹，因为后者与实践联系在一起，比如在两岸同时建一座吊桥时要确保它们最终会在中间对接上。他们会更加欣赏那些致力于"发表声明"的艺术家，而非那些仅仅能获得所谓的"商业成功"的艺术家。他们偏爱宗教胜于心理学，因为前者更好地指示了人们该如何生活，而后者只会收集那些关于人们实际行为的数据。曾有人反对现在大学中那些已得到接受的观念，他们曾因异端邪说被审判并烧死在火刑柱上。自那个时代以来，我们已走过了漫长的道路。[①] 然而,现如今文理科教育的捍卫者仍存在顾虑——德育不应该包括任何形式的经济获益。前者的起源是基于智力的,而后者的起源是基于实践的。这两种传统就像油和水一样无法融合。或者用现如今的比喻来说,就像油与醋一样无法融合。

在这一点上,亚里士多德学派或许会开心地宣称:我将纯粹的智力追求赋予了如油般的柔软性,而将对实践的追求降为一种酸液。没有它,人们也可以生活得很好。然而,我们从哲学导论课学习到的教训是:人们需要小心,不要急于同意一个例子的论点。因为有时候事情会另有玄机。油可以从橄榄(一种果实)中榨取,醋可以通过葡萄酒(由果实制成)蒸馏而来。所以,二者的来源可能不会像文科教育捍卫者所说的那样不同:橄榄与葡萄都是果实。还有一个更为棘手的事实,即根据文科教育似油论,葡萄藤上新摘下的葡萄甜蜜可口,而从树枝上摘下的新橄榄却苦涩不可食用(Townsend,1978)。

过程:将"原料"摇匀

这里的用意并非是要为醋辩解,认为它胜过油,也不是说油好过醋。这里真正想表达的是在如今的大学中,两者可以结合起来,形成一种大家都喜闻乐见的组合。但是若要这样做,就需要强有力地使二者结合,而不仅仅是打个比方。因为在大多数大学中,将创业与文科结合到一起不仅仅是一个新颖的设想。通往成功的道路上充斥着来自智识方面和机制方面的障碍。

首先是智识障碍。如果文科院系认同亚里士多德式的教育观,或者将其职业生涯致力于推动学生达到"柏拉图价值尺度"标准,那么他们

[①] 登录 www.ox.ac.uk/aboutoxford/history.shtmlwww.ox.ac.uk/aboutoxford/history.shtml。

就无法认同物质主义所推崇的观点，比如将创业融入他们自身所开设的课程中。

对于那些受过商业培训的人来说，其中的困难阻力是很难理解的。毕竟，很少有英语专业的学生毕业后能够写得出伟大的美国小说，而是从事新闻或出版工作，这可以使他们用一技之长糊口。有些艺术专业的毕业生会把在等待"被发掘"道路上所经历的贫穷视作一种美德，但有更多的艺术毕业生成为了设计师、平面艺术家，在大大小小的公司中工作。有些历史专业的学生继续追寻学术生涯，但也有相当一部分人进入法学院工作或者参与到公共政策的相关事宜中。卓越的培训同之后的创业成功之间是非常有可能产生联系的，因此，人们疑惑为何文科院系对此视而不见。对于我们这些经过心理学培训的人，这个问题更加犀利，因为我们认同马斯洛的需求学说（Maslow，1968），即人们在追求自我实现需求（一种高层次的柏拉图价值观）之前，必须首先满足对于食物、居所与安全感的基本需求。

反思过后，答案似乎显而易见。对于支持柏拉图理想的文科教员而言，那些基于经济利益的理论是最不具说服力的。对于这些人而言，关于经济的学说都将被规避，无论是应用于本科生还是院系成员身上。个人甚至可以宣称要将个人作风与教学风格保持一致，柏拉图学院的成员们会规避做任何与自身利益相关的事。因此，创业教授的世界观（他的学术理论基础是假设人们会为了自身利益而行事）与鲍威尔"高度保守"的文科院教员的世界观并不相容，因为前者所传授的学术元理论是基于利己主义假设的。因此，在一种纯粹的智力层面上，试图将创业普及到文科领域可能会产生许多争议，要想阐述和解决这些争议均并非易事。

其次，机制因素。即使是对于那些想要积极地将创业元素整合到自身课程中的文科院系而言，仍需要对制度进行重大调整。通常，各高校都有如何培养院系合作关系的心理模型，其中最为杰出的要属"跨学科计划"（见 Janssen，Eeckhout，Gailly and Bacq 在本书第十一章中关于跨学科方法性质的扩展讨论）。传统的跨学科教育方式最终能否成为一个正面案例仍有待考证。

要了解跨学科计划如何成功（或失败），就必须要考虑到典型大学或学院结构的背景。这一结构始于大学或学院的顶层董事会，而高校校长要向其汇报工作。在制定大学的议事议程时，校长的职责主要在于维系、增加必要的财政支持，来维持学校的良性运作。在校长之下，还会有一名首席学术主任（通常是大学教务长），主要负责学校的日常运作。直接向教务长汇报工作的只有各教务科的负责人，也包括财务处、科研处和附属单位的行政主任。教务科通常由各学院院长和副院长领导。在某些拥有专业学院（如商学院）的大学中，专业学院领导的最高级别可能是副院长。在那些拥有更为大型专业学院的学校中，这些专业学院也会有相应的学院主席，他们是文理科院系最终"教学内容"的决策者。在这一结构中，决策得以制定，资金得以流转。

尽管院系有一定的"自治"能力，但这对于院系教职员工而言也不足为奇。而且，那些从公立学校投身到私立学校（或相反）、从大型高校投身到小型院校（或相反）的教师会发现，这个学术园地的新家与他们刚刚离开的家园十分相像。事实上，如果存在一个行业领域，其中一家"公司"的成功运营应能够预测出另一家公司能否实现成功运营，高等教育尤为如此。

在制订跨学科计划时所产生的一些状况，到底是起因于对其感兴趣的教师自下而上的压力，还是因为来自行政官员自上而下的压力？无论这些状况的原因是什么，在各大高校内，跨学科计划的"生命周期"是非常相似的。初期，一项跨学科项目很可能具有两种决定性特征。首先，它可能是由一些问题或现象引起的。其次，它包含的知识内容很可能会出现在两种或两种以上的传统学科交叉点上。美国研究、黑人研究、环境研究、国际关系、神经科学和公共政策都是这样的例子，它们都具有上述两种决定性特征。当然，这些跨学科的尝试还存在一些其他共同点：

- 通常会有一个内部的"领军人物"；
- 该项目最初可能是由委员会组织的；
- 至少在早期阶段，该项目不会有教师为其投入固定时间；
- 由于资源有限，每一个选择加入该计划的传统院系都将产生机会成本；
- 有学生固然不错，若有出版物发行则更好；
- 若要成功，该项目需要创建一套自治体系（比如雇用、绩效奖励与晋升、任期），类似于参与院系的"原"学术单位所建立的体系。

教师与管理者们常常欢迎新的跨学科项目，希望这些计划能够打破学术单位之间的壁垒，让研究者们从自己学科的"仓库"中走出来，同时启发学生参与有关各种问题和现象的讨论，这些问题与现象是他们在现实世界（非学术界）中可能遇到的。这样的外部例子比比皆是：企业体系内部的跨职能小组、非营利部门或智库机构中的矩阵组织发动多领域的专家起草报道，影响公共政策。

然而在太多情况下，跨学科项目无法走下去（更别说繁荣发展了），除非它们可以吸引到至少两种极为稀缺的资源。第一种在校园内部，第二种在校园外部。在高校内，要想保证创业教育的合法性，靠热情高涨的学生选修跨学科课程是远远不够的。事实上，尽管教室里坐满了兴奋的学生，但是有些学者仍然担心这门课过于简单，或者教师在给这门课程判成绩的时候要求过于宽松。为了实现校内合法性，跨学科项目要求院系教师进行自我调动。这意味着它要管理校园内属于自己的部分，同时自身还要评估院系活动的流程且亲自向行政部门提交自己的议案。在校园外，跨学科项目需要合适的出版物来支持自己的院系。机会咨询与资金支持都是非常好的条件，但对于院系教师而言，出版物才是学术圈的王牌，而并非是美钞。有些跨学科计划得益于一个事实——参与院系原来的学科专业中可以通过一般的方式获取奖学金。而另外一些跨学科的参与者可能需要在开展项目的同时参与期刊的出版。

对于我们之中那些想要将创业延伸到文理科的人而言，大部分跨学科课程的例子都提醒他们在热情之余也应谨慎。对某些人而言，他们很难正确理解促进创业成功的必要技能与通识教育所培养的技能是相同的。而如果从拜占庭式的组织结构及现代大学的功能去辗转前行，则完全是另外一回事。这里有一些具有指导意义的个人案例。2004年春季，我的创业启动课程在威廉和玛丽学院（威廉斯堡，美国弗吉尼亚州）开讲，这是由考夫曼基金会资助开设的商业创业课程的一部分。这项集中课程——可能会涉及四门独立的课程——获得了副院长在工商管理学士计划上的支持。一项相关的正式提议已经提交给商学院课程委员会，并由其进行审核。我希望这项提议能够得到商学院的批准。但是，即使该提议得到批准，在12月院系召开的会议之前，批准结果也不会马上下发。这次会议会在学生们春季学期入学登记一个月左右之后召开。实际上，要想将这些课程列入春季课表中，就要在10月中旬提交申请。因为时间安排错位，其中的3门核心课程（第四门是对一门现有课程的内部调整）将被放入临时的"主题"清单。按照传统，这些是那些暂未被正式批准的课程。遗憾的是，由于学分压力，许多商学院对学生可选修的"主题"课程数量设置了严格的限制。

尽管这个情况听起来不尽如人意，但其他文科院校的排课就更加糟糕了。如果商学院的规模足够大，开设各种专业，那么在学校课程委员会对课程方案进行审查之前，该方案首先要被提交给相关专业领导审批。在大学中，全体委员会考虑新计划的预算应分配到何处，文理科院系掌握着对于所有课程事务的最终控制权，要获得商学院的批准首先需要通过预算委员会的讨论，然后经过校际课程委员会，最终到院校理事会进行投票。所以一项新方案需要超过一年的时间来得到最终批准也不足为奇（假设过程中并不需要实质性修改）。要获得查尔斯顿大学创业中心的正式批准（查尔斯顿，美国西弗吉尼亚州首府）需要超过10个月的时间——对有些人而言，这样的学术过程听起来就犹如打破陆地速度世界纪录一般漫长。然而，当人们了解到中国南京汽车集团从白手起家到建造起一座完整的工厂，并仅用8个多月就使推出的名爵系列汽车达到了欧洲的尾气排放标准时，那么，这个过程的时间跨度就有了新的意义。因此，若说学术审批过程影响学术创新的话，则实在是轻描淡写了。

然而获得批准却并不是成功的保障，因为那些为了跨学科事业而努力的人们还会面临两项额外的挑战。第一项就是学生选课。学生们要知道这些课程是可选的，并能够在选课系统中找到这些课程。在互联网、社交网络化、按需印刷的时代，有些读者或许会感到惊讶，因为许多大学仍需要花费数月来完成我们上面所说的事。一项在五月就已批准的计划可能到八月还未能及时编入课表。因为课表一年只打印一次，这就意味着在一个学年里得到批准的方案要在下一个学年才能得以实施，而且直到再下一学年才能得以推广。除非该项计划有自己的详细清单，以及在该校的选课系统中有自己的课程名称，否则学生们需要在很多地方搜索才能获得有关课程的信息。

第二项挑战主要在于教师的职能和评估问题。在许多在线选课系统中，一门交叉学科课程（对各学科专业之内的与跨学科的学生都开放）通常会有两种不同的"课程报名编号"（CRNs）。每一种CRN都有自己的前提条件、课堂人数限制和选课名单。这意味着对一个课堂的学生而言，教师将收到两份课堂花名册，两份成绩单，还可能会有两套学生课程评估结果。就如本书第十四章中，马尔斯与霍斯金森（Mars and Hoskinson）所叙述的一样，如果学科内的课程是由来自不同专业或学院的教授团队进行教学的，那么教学学分应以何种方式分配？这也增加了人们对这些评估问题的担忧。此类评估问题还涉及对学分分配方式的关切。

对于这一想法，无论有多少潜在的利益相关者表达了不尽如人意的支持，成绩、学分、先决条件、交叉选课、兼职——这些都是跨学科事业前沿阵地的现实情况。因此，除非整个学校都极力推动这一项计划，并愿意（能够）调整自身内部体制来促进计划的实施，否则院系教师将创业教育纳入课程体系中的努力只会是他们创造性实践的一个开端而已。简而言之，要使这样一项计划成功，就必须从上层的"机构改革"开始。

结果：美味！

如果油与醋可以经过充分摇动而融合，那么至少参与者们会发现这种融合是无比美妙的。无论教员们来自于哪个专业，他们在该项的课堂合作中经常会发现跨学科的课程教学是一种全新的体验。若有研究者的调研在几年中取得了进展，那么他在自己所属领域内的专业知识很可能会得以加深，但是他的研究范围就会变得更加狭窄。而若有人所教的课程从大一刚刚入学一直持续到博士毕业，那么他所探讨的问题在学术上就会变得更加具有挑战性，但同时也失去了一定程度上的学术吸引力。博士生就像青少年一样，了解什么样的问题是已经有答案的，什么样的问题是无法讨论的。对比来看，大一本科生就像四岁的孩童一样，他们对任何事情都可能会追问："为什么？"跨学科合作的一项深远益处就在于——尤其在课堂上——每一个参与项目的教师都会重新表现得像一个充满好奇心却一无所知的一年级学生一般。

一个典型的结果就是提高了学术兴趣水平，大大促进了教学。高素质的学生当然可以从文科教育中获益，即使这种文科教育具有极强的柏拉图性质。他们喜欢用一般的哲学观来进行推理，并能兴致勃勃地参与有关什么构成了真理、美或正义的讨论。但是，对我们其他人来说，与实践的某种联系则更为重要。在尝试去定义什么是好的或者什么是道德的过程当中，对功利主义与惩罚主义的抽象对比只能让我们深入到这点。当询问一位创业者应该如何处置一位为配偶购买药品而挪用公款的员工时，我们会发现看待道德理论的不同角度。回到最初的话题，无论内容是抽象的或者是实际的，我们用以创造、评价及判断的认知技能都是相同的。在这一层意义上，油醋汁作为整体，要优于其组成部分。

参考文献

Deckert, M.（1976）, 'Liberal arts: a Platonic view', *Liberal Education,* 62, 40–47.

Heider, F.（1958）, *The Psychology of Interpersonal Relations*, New York: Wiley.

Hisrich, R.D. and Brush, C.G.（1985）, *The Woman Entrepreneur: Starting, Financing, and Managing a Successful New Business,* Lexington, MA: Lexington Books, as cited in R.D. Hisrich and M.P. Peters（2002）, *Entrepreneurship,* 5th edn, New York: McGraw-Hill/Irwin.

Kuratko, D.F. and Hodgetts, R.M.（2004）, *Entrepreneurship,* 6th edn, Mason, OH: Thomson/South-Western.

Maslow, A.（1968）, *Toward a Psychology of Being,* 2nd edn, New York: Van Nostrand.

Plato, Republic, Book II, trans. by Benjamin Jowett, in R.M. Hutchens（ed.）（1952）, *Great Books of the Western World,* Vol. 7, Chicago, IL: Encyclopaedia Britannica, pp. 295–441.

Powell, J.M.（1983）, 'Professionalism and the liberal arts in the American university', *Liberal Education*, 69,225–232.

Ross, W.D.（1952a）, Aristotle, *Metaphysics*, Book I, from *The Works of Aristotle*, trans. into English by W.D. Ross, published by Oxford University

Press, and reprinted in R.M. Hutchens (ed.)(1952), *Great Books of the Western World*, Vol. 8, Chicago, IL: Encyclopaedia Britannica, pp. 499–626.

Ross, W.D.(1952b), Aristotle, *Politics*, Book VIII, From *The Works of Aristotle*, trans. into English by Benjamin Jowett, under the editorial supervision of W.D. Ross, published by Oxford University Press and reprinted in R.M. Hutchens (ed.)(1952), *Great Books of the Western World,* Vol. 9, Chicago, IL: Encyclopaedia Britannica, pp. 445–548.

Shane, S. and Venkataraman, S.(2000), 'The promise of entrepreneurship as a eld of research', *Academy of Management Review*, 25, 217–226.

Shaver, K.G.(1995), 'The entrepreneurial personality myth', *Business and Economic Review*, 41(3), 20–23.

Townsend, D.M.(1978), *The Cook's Companion,* New York: Routledge.

第十一章 广谱式创业教育的跨学科性[①]

弗兰克·詹森 瓦莱丽·埃克豪特 贝努瓦·加伊 索菲·巴克

引言

近30年来，中小型企业在创造就业机会和创新性方面展现出了极大的优势，加之新的创业环境、新技术和全球化的刺激，科学界对创业的关注与日俱增（Fiet，2001）。与此同时，创业教育课程数量激增，这股趋势首先席卷美国。当前美国有1600多所高校开设了2200多门与创业相关的课程（Katz，2003；Kuratko，2005），近年来这股趋势也传播到欧洲，而欧洲的大部分创业教育项目是在过去十年中开设的（Klandt，2004）。

教育体系尤其是大学，在当下创业文化的形成和传播方面发挥着重要的作用（Fayolle，2000）。它极大地影响着学生如何发现、评估和把握有吸引力的创造价值的机会。教育也因此成为培养创业精神和创业积极性的核心要素。再加上中小型企业在社会经济环境中的重要性不断提升，越来越多的欧洲大学均已开设创业教育课程。

当前，创业逐渐被学术界所认可（Bruyat and Julien，2001；Cooper，2003）。学术领域内有已对此做出大量研究的重要科学团体（Acs and

---

[①] 感谢凯莉·谢弗提供有用的意见和建议。

Audretsch，2003；McGrath，2003）。一些作者倾向于认为创业教育是一个跨越不同学科的广阔领域（2003），也有人认为该领域具有包容性和折衷性（Low，2001）。创业不能被简化为单一的定义，其含义确实比所谓"创办企业"的单一观点更加广泛（Verstraete and Fayolle，2004）。根据库拉特科（Kuratko，2005：578）的观点，每个人都能够产生"创业观点"，这一观点可以在组织内外、营利性或非营利性企业中、商业活动或非商业活动中展现出来，以产生有创意的想法。从教育的角度来看，这意味着创业教育不能将自身局限于创办公司，而是必须扩大到创业精神的发展。在商业活动和其他一切人类活动中，创业精神包括发现商机、整合不同资源，从而创造能够满足需求的丰富价值（Albert and Marion，1998）。

不论创业教育成熟与否，它作为一种学术领域，本质上是跨学科的，因此它需要特定的教学方法。一些大学已在尝试探索这种教育方法，并致力于为其创业教育课程设定教育目标和要求。然而，只有少数大学在真正意义上采取了跨学科的教育方法。事实上，大学常常受困于学科的课程结构。创业教育课程在不同的学校也不尽相同，并且通常只针对某个学科（1—2门学科）的学生开放。除商学院外，工程学院有时也会开设创业课程，然而只有极少数的大学真正开办了广谱式创业教育课程。这些大学的创业课程作为一种"先驱者"，可能会对其他大学教育课程项目产生影响。格林等人（Greene et al.，2004）强调，创业教育课程常常会成为几种教学方法的实验领域，如虚拟的创业模拟游戏、从业人员证言、跨学科教育等，而这些方法的应用在如今的传统管理教育课程中往往更加普遍。

在这种背景下，本章旨在通过对1997年以来在比利时鲁汶大学开设的广谱式创业教育课程进行案例分析，讨论创业与跨学科教学法之间的联系。因此，针对贝查德和格雷瓜尔（Béchard and Grégoire，2005）最近强调的对创业教育相关文献的批评，本章也尝试对与其相关的问题给出答案。这些作者强调研究创业和教育科学间的交叉学科，并培养相应的专业技能的必要性，然而创业教育文献很少借用管理学以外的概念或理论（Gorman et al., 1997）。

本章内容如下：首先，笔者提出一个概念模型，以便评估创业教育课程的跨学科水平。其次，笔者描述自 1997 年以来在鲁汶大学内部存在的广谱式创业教育课程。再次，在跨学科框架的基础上，本章将对跨学科性的各个方面及学生的满意度进行分析，并讨论广谱式创业教育课程对创业的影响。最后一部分是本章总结。

跨学科教学的概念模型

鉴于跨学科教育具有用语多样性、缺乏跨学科的一般定义或可参考的操作框架的特点，雷杰·科利特（Rege Colet, 2002）提出了可以应用跨学科原则的教育模型，该模型使我们能够对跨学科实践进行评估。作者将跨学科教学方法定义为学习经验的实践活动，在不以学科为界限的特定情境下，实践学科技能和知识，以获得一个综合的知识体系[①]（Rege Colet, 2002）。需要强调的是跨学科教育与多学科教育不同，从各学科之间的关系规模来看，多学科教育方法仅是几个学科的堆叠，而跨学科教学法则是将这些学科整合在一起。

雷杰·科利特在说明当前跨学科教育的定义时指出，这些定义都是基于他的"跨学科方法的概念基础"中的三条原则。首先是关于两个或多个学科在概念、理论、方法整合方面的原则。其次，为实现整合，不同学科代表的协作原则很必要，这表明这些学科的科学实力的协调与合

---

① 从法语翻译而来。

作。最后，整合与合作的预期结果是以"综合"的形式呈现的。因此这三条原则是相互联系的，特别是"综合"，它是前两个原则相互作用的结果。

瑞姬·科利特模型（见图11-1）是基于以下三个原则：第一，整合原则定义各个学科知识间的联系和构成。第二，协作原则涉及跨学科项目的利益相关者之间的互动和工作流程的管理。第三，综合原则是前两条原则的结合，即由此产生的学习经验和影响。最后一条原则表示目标（即学科整合）与手段（即协作）间的关系。另外，任何项目都有一个认知维度（如整合原则）和实用维度（如协作原则）。这两个维度相互关联，它们的相互作用产生了综合原则。最后，学科整合属于知识构成问题，而协作属于工作组织问题。

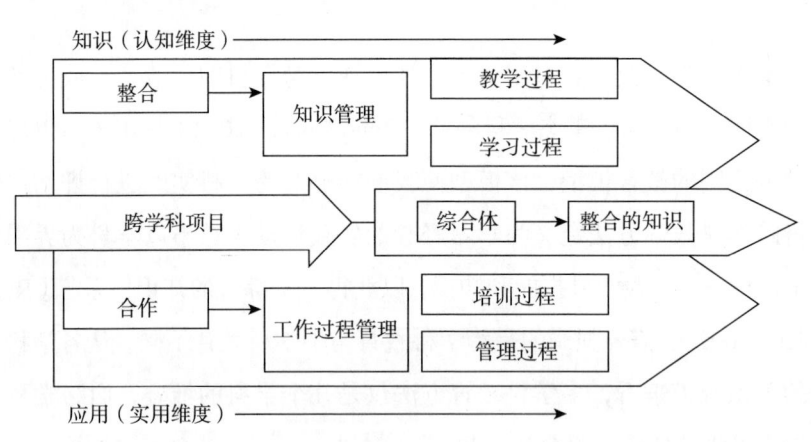

资料来源：瑞姬·科利特（Rege Colet，2002）。

图11-1 跨学科教学方法的概念模型

真正的跨学科意味着知识体系的组织水平和工作流程的组织水平之间的平衡。这种平衡可能会产生两种偏差：工作的组织主导知识的组织或是知识的组织主导工作的组织。第一种失衡状态是在机构的团队合作、项目管理和谈判中忽略了整合内容。在这些情况下，这个过程最好选择多学科模式，因为不同学科的知识体系可以相互并列。第二种失衡状态是在实现综合概念指标的建设过程中缺乏实际考虑。这个过程就成了工作范式的扩展，并且与多学科方式相似。当真正的团队合作缺失、学科划分盛行时，学科合作、交锋和互相充实则不会产生。

对于可能涉及的认知过程，在跨学科教育相关文献中，为了描述认知过程经常使用布卢姆（Bloom，1979）的分类法。该分类法采用六层次分析法来表示学习困难程度。整合知识的构建意味着布卢姆分类法中最高层次的学习经验和认知过程，即分析、评价和综合。为了达到这些层次，学习活动和工作方法变得比内容更为重要（Petrie，1992）。为了回应该层次的要求，跨学科教学发挥了作用，并采取一种趋同方式，将各学科调动起来以解决当前的形势或问题。

从这个意义上说，跨学科方法倾向于在目的和过程之间追求平衡。① 与现实问题相关的课题对这些学科来说常常很有吸引力。因此，只有当学科融合产生有意义的学习时，学科本身才有意义。该融合过程使学科跨越分类的界限，并将现实复杂性简化表达，以产生基于真实问题或情景的有意义的学习经历。

结果不再是核心，过程才是。其目的是建立目标和为找到解决方案而采取的方法之间的一致性，不一定是最优方案，却是令人满意的方案。一个项目不能与其环境分离，因此从教育的角度来看，跨学科的方法是很必要的。

因此，这种基于项目和问题的学习方式中，过程占据核心位置似乎是自然而然的选择。教学方法的选择是以创业领域的跨学科性质为条件的。然而，这种选择也可能来自于这个领域本身。无论如何，在创业领

---

① 我们并不是说内容不重要，而是学生的目标更多的是以过程为导向而不是以内容为导向（Petrie，1992：320）。

域所需方法和涉及跨学科性的教育选择之间似乎存在重叠。换句话说，最好的创业教育似乎只能是跨学科性的。

在接下来的内容中，笔者将通过分析鲁汶大学开发的广谱式创业教育课程，阐述跨学科教学方式和创业的紧密联系。

广谱式跨学科创业教育课程案例

这一部分首先探讨鲁汶大学（UCL）的大学与创业关系，其次描述自 1997 年起在鲁汶大学开设的创业教育课程。

大学与创业：围绕跨学科建立联系

与其他创业教育课程不同的是，鲁汶大学在 1997 年设立的创业教育课程是从跨校园倡议和需求中产生的。该跨学科课程依托于这所大学全面的服务及其与当地经济环境的关系。

大学及其所处经济环境的关系这个广泛又常谈的问题是多方面的，而鲁汶大学的创业教育是其中一个方面。该问题的提出基于大学的三个根本使命。鲁汶大学曾经想要在创业领域发挥作用，不仅通过它的教学使命，同时也通过其研究使命，尤其是通过其得到的研究成果来创造经济价值。在其执行服务社会这一使命时，鲁汶大学希望为其所在的比利时南部瓦隆地区的社会经济发展做出贡献。全球创业监测组织有关比利时的年报（GEM，2002 年和 2003 年）[①] 证实，瓦隆地区在创业方面表现不佳。当地的几个主导产业，如钢铁、煤炭、纺织等，自 20 世纪 80 年代初期就骤然衰退。因此，该大学就把在这种环境中"促进创业"视为

[①] 这是仅有的两份专门分析瓦隆地区的报告。虽然 2003 年的数据显示出一些改善，但根据关于比利时整体的后续报告推断，该地区的情形仍然很棘手。

一个有价值的目标。[①] 由此，鲁汶大学建立了创业支持体系，该体系在三个层面上开展工作：管理知识产权、为新兴企业融资和给予创业支持。

首先，为保护大学的知识产权，一方面要管理并促进从大学向校外的技术转让，另一方面，1982年鲁汶大学创立了一家致力于实现这些目标的公司，名为Sopartec。迄今为止，Sopartec公司管理的专利约有80项。其次，鲁汶大学设立了一个由Sopartec管理的机构，为大学创业项目的承办方提供便利。大学直接将过去在新兴创业项目上进行持续研究所获得的资金进行再投资，或者帮助寻找公众或私募资金。此外，该大学已参与创建了名为VIVES的风险投资基金。最后，除了与瓦隆地区合作创建的孵化器外，自20世纪80年代末以来，一个商业中心一直在提供信息和支持服务。

在创业教育方面，鲁汶大学管理学院自20世纪90年代初以来一直提供各种创业及中小型企业管理课程。1997年，应工程学院和法学院的要求，鲁汶大学管理学院与其合作推出了一门名为CPME[②]的创业和金融创新跨学科课程。得益于校长的支持，该课程得到了几家公司和大学基金会的资金支持。为了区别于其他针对创业者或管理专业学生设计的课程，并强调其完整性，鲁汶大学决定将其作为选修课提供给工程学、生物工程学、法学和管理学的本科生和硕士生。这个选择是希望将不同学院的学生聚集到一个共同的创业项目中。一开始，这就意味着学生必须进行团队合作，且这个团队包括上述4个专业方向中至少3个方向的代表。跨学科的选择是以下3个因素的结果：鲁汶大学管理学院之外的学院需求、差异化意向、集体主义而非个人主义的创业观。

[①] 没有科学证据表明1997年缺乏创业精神。关于比利时的第一份创业报告是在2000年拟定的。
[②] CPME 代表"中小企业创业跨学科教育项目"。

尽管主要针对的是跨学科学生，但是跨学科教育课程可能已经把自己局限在学科教学方面。然而，创业吸引了多种学科，例如经济学、管理科学和法学[①]。因此，创业教育必须是跨学科的。它同时也应该侧重于各个组织的不同职能，而不应该平行看待。

接下来，笔者将通过分析在鲁汶大学开设的广谱式创业教育课程，来阐述大学和创业的紧密联系。

鲁汶大学的 CPME 课程

本小节详细介绍 1997 年鲁汶大学开设的创业和创办公司方面的跨学科课程：CPME。我们将介绍该课程的教学目标、目标受众、课程结构和内容、学习目标及相应的教学方法。

该课程的初步目标是训练学生创办新企业与处理相关问题的能力，同时为潜在的学生创业者提供分析和解决问题的工具和理念，帮助他们完善创办新企业的过程。此后，课程追求的目标已经扩大到最广义上，既包括创业技能与活动，也包括更广泛意义上的创业精神的发展。

该课程已经被纳入工程学、生物工程学、法学和管理学课程中。CPME 课程的目标受众是正在修读这四门课程中任意一门的学生。CPME 课程不是一个单独的学位课程，其课程可替代一些学士和硕士学位的必修课和研讨课。

自 2007 年 9 月以来，CPME 课程发生了一些变化。该课程已经向鲁汶大学所有学院开放，包括经济学院、社会和政治科学学院、法律与犯罪学学院、工程学院、生物工程学院、农艺与环境学院、心理与教育科学学院、神学院、理学院、人文科学学院、哲学院和医学院。然而，在

---

① 心理学和社会学也已整合到一些创业课程中。

2007—2008年度，只有前6个学院加入了该课程。[1]其他学院正计划将其向学生开放，尤其是医学院及其理疗和体育教育系。

在形式和内容方面，CPME课程分散在学士、硕士学位的后三年。每年大约挑选30名学生，算上创业教育课程不及格或没修完的学生，三组学生共约80人。根据学生的动机，通过书面申请和个人面试两个环节选拔学生。他们的课程开始于一个周末的自评讨论课。第一年的课程共计135学时，共3门，每门课程45学时，分别涵盖创业的几个主要方面（法律、金融、经济、管理）。约20%的课程都是由来自不同学科的教师共同授课。学生的最终评估是根据跨学科课程内容完成情况的汇报展示和一篇涉及各个方面的论文，由所有授课老师来进行评分。老师在最短的时间内教会学生面对和解决现实生活中可能遇到的诸多问题，迫使他们走出校园，提早接触现实生活，并利用他们在课堂上学到的学科知识解决问题，以检验、评价其能力，同时帮助他们更好地理解各个学科在商业环境中是如何相互影响和重叠的。第二年包括两门课程，共100学时，侧重于中小企业分析课程和国际创业课程。中小企业分析课程要求每名学生必须选择一个中小企业，并从各个方面对它进行分析，在创业者面前将其呈现在课堂上。该课程也会受到学院、中小型企业专家和创业者、个案分析和实地调查等多方面的干预。国际创业课堂的重点是通过与国外大学[2]的学生合作，开展国际创业项目或模拟国际创业，使学生熟悉其他创业文化。这些课程更具互动性，因为学生必须在一个既定的认知环境下集体解决各种商务问题。而最后一年主要是完成关于新企业创办的硕士论文设计，同时有30个学时的课程来讲解商业计划的方法问题。通

---

[1] 这6个学院代表鲁汶大学60%的学生（鲁汶大学校长委员会2006—2007年度报告，Chantiers et Défis 2006–2007, p. 66）。

[2] 我们已经开发了一门国际创业课程，其中涉及与美国大学合作的学生交流。参照琼斯等（Jones et al., 2008）。

过共同完成其新的商业项目，学生们必须自行识别、分析、组合与发展相关的具体知识。硕士论文设计必须由来自3个不同学院的学生组成的跨学科小组完成。

自2007年9月以来，受博洛尼亚改革（Bologna Reform）的影响，CPME课程集中于后两年的学习，即两年的硕士学位。以前第一年和第二年的学习课程，现在都放在第一年教授。第二年的创业教育课程仍然以硕士论文设计为中心。现在每年招收50名学生而不是原来的30名。

在学习目标方面，CPME课程同时具有培训目标和辅助目标，在此之下，该课程既教授认知技能（整合原则）又教授非认知技能（合作原则）。培训课程针对希望开展创业活动但又一直没有发现特别商业机会的学生。这些创业教育课程旨在为学生提供具体的创业工具和能力，以便培养学生创业的观念和资质，同时使他们在不远的将来，为创办或收购新企业，或在现有企业中开发新活动做好准备。辅助课程针对的是已经发现潜在商机的学生及正在寻找个性化支持和建议的学生，来帮助他们俘获特别商机并构建项目。

每个类别都对应经过调整的教学方法。尽管培训课程也需要学习创业模型、概念及理论，但必须超越传统的知识"传播—接受"教学方法。事实上，它们必须结合实际，培养学生的创业态度和技能（Saporta and Verstraete，2000）。这种创业教育课程旨在实现理论概念和实际商业问题的正面交锋，同时促进学生积极参与，采用问题式教学法。最后，像任何以学习者为中心的课程一样，这些课程常常需要更广泛的教学资源和监督，并且相比传统学术课程，这种创业更适合范围较小的学生群体。辅助课程通常需要更加个性化的方法，针对每个学生或团队发现的商机特点进行微调，并提供大量辅导、计算机网络设计和资料收集。学生可以通过期末论文或参加创业计划大赛等方式获取这类学习经验。

显然，CPME课程明确强调以问题为导向的学习和师生互动。课程的头两年通过开展以问题为导向的学习活动，并结合学术专家和创业者、个案分析、实地调查及创业大赛等的干预，为学生们提供具体技能、相关理念及工具。第三年，学生将接受专门的和个人的指导与支持，完成他们的硕士论文项目，且该项目必须是关于创建一个可以是任何类型的组织（商业、社交等）的新企业。

总而言之，CPME 课程从理论概念的学习开始，通过以项目和问题为导向的方法来推进，最后以每个学生得到个性化指导来完成硕士论文项目而告终。

每节课，学生们必须在跨学科小组中完成项目和论文，并根据课堂出勤情况对其进行考核。跨学科课堂要求采用不同的时间和空间框架，即：可变的日程安排、固定教室和设备——这些都是专门给上 CPME 课的学生准备并由他们负责的。所有的这些设置都是为学生的自主性、责任心和学习专业方法的培养而专门设计的。这些课程在专用教学楼里授课，晚上上课，学生们一天 24 小时都享有使用该课程设施的专属使用权，包括电脑、电信设备、会议室和后勤保障等。那些设施由学生自行管理，由不同群体共同承担责任。这种合作和专门空间的使用权在学生当中产生了一种"俱乐部"效应，学生们跨越不同群体及其原专业，发展出自己的学习社群。另外，分享实体空间促进了学生间的知识和经验交流，同时产生了一种提供安全感的粘合效应。这有助于学生尝试面对创业中的挑战和不确定性。

正如这门课程名称所表示的一样，创业教育课程所使用的方法是跨学科性的。下一小节将探讨对创业教育课程跨学科性及其影响的评价。

创业教育课程的评价

在本节中，我们首先根据瑞姬·科利特提出的概念框架，对课程设计的跨学科方面进行描述和分析。第二，我们在瑞姬·科利特的分析工具的基础上，研究 CPME 课程的跨学科指数。第三，评估学生的满意度。第四，评估创业教育课程的创业影响。该分析将使我们获得一些关于其优点和不足的观点，即我们应该通过学生们对创业教育课程的看法，尤其是对其跨学科本质的看法来支撑这些观点。

课程的跨学科整合与合作方面

跨学科特点和课程时长是该课程区别于许多其他创业教育课程的特征。CPME 课程设计的各个方面是其跨学科本质所固有的。该课程的整个过程中，学生必须完成众多小组项目，包括他们的硕士学位论文设计，而这些学生具有不同学科背景。该学科设计的跨学科层面更加深入，体现在其目标、教学方法、目标受众、管理和学生评估中。下面来讨论这些方面。

CPME 涉及瑞姬·科利特模型中的两种目标：认知目标和实际目标。事实上，根据它的第一个学习目标（培训）来看，CPME 课程涉及认知能力，如回顾相关概念、工具和解决问题的活动。因为整合原则旨在整合各种知识体系，所以从这种意义来说，这些能力参考的是整合原则。此外，从其第二个目标（辅助支持）来看，创业教育课程也涉及实际能力，如为学生完成硕士学位论文设计提供专门的指导和支持。因为合作原则旨在聚集该课程的众多利益相关者来支持并评估学生的硕士论文设计，从这种意义上讲，这些实际能力参照的是合作原则。从非认知的角度来看，创业教育课程的目的也包括培养有自主性和责任心的公民及善于合作的领导者。根据瑞姬·科利特模型，我们首先解决知识组织的问题，然后再解决工作组织各个方面的问题。

除了根植于大学的学科结构和发展进程，创业教育课程还通过教学方法来实现真正的跨学科特点。教师和导师队伍、学生的设计、学习与评估活动、考试及硕士论文评审团，这些都是跨学科维度的显著特征。学习活动和内容的顺序设计旨在推动学生逐步摆脱学科观点的限制并接受更广阔的视角，从而使他们把创业理解为整合的知识体系。早期的课堂以基本学科（如管理、法律等）为起始，然后迅速地把学生带到需要解决的现实问题中。这种转变促使学生必须理解各学科知识体系在商业环境下是如何相互影响和重叠的。尽管在第一次课中通常由教师向学生们分享具体的研究问题、相关概念和工具手段，但在这些课程后面都伴随着互动性很强的环节，即只有在一定的认知环境下学生需要集体解决商业问题时，教师才会介入。最后，通过共同开发新的商业项目，学生们日渐增长的自觉性与教师的辅导和支持不断地结合，而这些辅导和支持在学生群体的具体期望、目标和能力方面逐渐变得个性化。另外，教师的参与本身也变得创业化，因为他们必须应对不断变化的需求，处理前景不确定的项目，有时甚至要探索未知的领域。

在教学组织方面，CPME 课程也体现了跨学科的众多方面，例如目标受众、管理和学生评估。首先，在目标受众方面，如上所述，该课程在早期阶段（即在第一个学习周期之末）就从不同学院挑选了有志创业者。这使得学生们的培训和专业化学科学习同时进行，而不是前后进行。这一特征使该创业教育课程区别于在研究生、终身学习或高管教育课程中提供的其他创业教育体验。

第二，管理方面，该课程由科学委员会来管理，该管理机构每月开会一次。委员会成员包括参与到课程中的全部学院的学术代表。另外，该课程的结构和内容已得到每个学院的验证，并被看作各自学士和硕士学位中不可或缺的一部分。事实证明，创业教育课程硕士论文设计尽管由 CPME 课程的科学委员会管理，但它实际上替代了每个学科硕士学位课程所要求的硕士论文。

值得注意的是，由于大多数大学的纵深和长远发展趋势，相应学科内的创业教育课程在选课学生和管理方面与各自学科项目的紧密结合是非常独特的。对我们来说，这似乎特别体现了鲁汶大学的开放活力。这种活力有利于实现真正的跨学科教学体验。

　　第三，我们通过跨学科硕士论文设计来了解学生的学习进展。像所有不只是简单习得学科概念和工具的教学计划一样，无论是在评估标准的定义还是衡量方面，学生评估本身就难以实施。然而，作为整合到学士和硕士学位中的学术课程，CPME 课程必须包含符合各自学科要求的正式评估，并由相关学术机构认可。考虑到各学科常常依赖于不同的评估标准、衡量方法、规模或理念，这种对学生学习进行的跨学科评估成为一项特别的挑战。因此，该评估必须不仅要考虑创业教育课程的整合原则（获取整合知识体系的评估），同时还要考虑它的合作原则。的确，它必须侧重于评价各种任务、责任和成果如何很好地在每个创业团队的成员间实现分配与协调。这两个原则通常是相互交织的，因为每个成员都倾向于对与他或她自己的学科立场相关的问题负责，也对这些问题及其解决方案在该项目其他维度的应用负责，还对其他成员之间进行交往而产生的后果负责。根据创业项目的特点，目前的任务或问题可能十分偏向于一些成员的学科专业知识（例如，在高科技项目中偏向工程学；或在涉及复杂合同协议的服务企业中对法学的偏向）。然而，被评判的正是集体的成果，因为每个队员都会根据其团队成果质量而进行评估。这使得平衡工作量和工作成果质量的任务落到了队员们自己身上。因此，个人评估仅用于对创业教育课程中所涉及的学科技能及学生在学习活动中的持续参与这两方面的评估。重要的是，评估对象是团队合作的质量而不是他们的创业项目的经济潜力。实际上，即使一个小组通过特征、所需资源、竞争环境或市场准确判断出他们所考虑的创业机会潜能有限或潜能为零，但他们依然可能完成得很好。项目结果本身不构成唯一的评估标准，而是团队共同达成这个结论、分析并综合这个结论的能力，因为它反映了学生形成创业环境所要求的整合观点的能力。

学生在课程结束时必须要完成硕士论文设计,这很好地说明了这种跨学科集体评估及其复杂程度。因为每个组都有来自不同学科的成员,所以会有一个专业学者团队来进行辅导,该团队包括来自相应院系的人员。因此,学生有三位论文导师(而不是像传统项目中只有一个),分别来自该大学三个不同的学院。这种有时会让专业学者感到不舒服的多导师结构可能产生两种负面影响,而这些影响可能会损害支撑创业教育课程的合作原则。有些人可能因为他们在项目中的贡献被弱化或被忽视而不愿为项目贡献更多。相反,其他人会试图偏向自己学科的利益或评价标准,从而威胁到项目的整体平衡及一致性。创业教育课程管理者的责任就是确保在每年产生的项目组合间避免发生这些潜在的危险。

因此很难确定具体、可量化的评估标准,实施起来也很困难,因为每个项目的评估常常是基于共识,由课程管理者来平衡每个论文导师的评估意见。尽管该方法看上去比较务实,然而这种做法有时看起来很随意或者缺乏透明度,从而使学生感到不安。事实上,在学生提供的反馈中经常会提出与评估有关的问题,尽管这个问题不影响他们对创业教育课程本身的总体(积极的)认知。稍后我们会讨论这个问题。

CPME 课程最终旨在建立跨学科创业团队,因为这些学生小组是由来自不同学院的未来专业人才组成的,他们应该能够结合各自的专业知识,学会接受彼此的观点,领会彼此的语言。这种横跨多个学科的学习过程,是创业教育课程中教师与学生重视的一个关键要素。这也强化了创业教育课程的跨学科维度。同时,实际商业项目最终可能会为学生创业行为带来机遇,因为如果学生希望解决实际商业问题中的复杂性,就要被迫采用跨学科的视角。而要以创业团队的形式完成这一任务,一方面要求学生学习如何达到高度的自主性和专业水准;另一方面,要学习如何信赖、利用、认清组内每个成员的特殊技能。因此,在 CPME 课程中,学生逐渐形成的创业项目构成了该课程专业发展目标的奠基石。

对于教师和课程管理人员来说，这些项目就是核心，围绕它们每个学科的贡献才能结合到一起，并且整合成创业的不同方面。与此同时，学生们也下定决心要实现预期成果，这样的决心和承诺使他们更加积极地投身于学习过程。这里再次强调：学习过程本身比最终结果更重要，因为即使创业项目最终没能成功，大家也能收获非常有意义的学习经历。当然，学习内容并不是完全无关紧要的。例如，让同样的跨学科团队集中精力处理青铜铸造过程，从中学到的关于创办新企业的知识，不会比集中精力去解决一个创业问题学到的多。通过这种主动的学习过程，通过检测、探索、质疑、评估到最终验证（或没能验证）他们的创业项目，学生们将会看到创业的各个方面及其多样化的工具、术语和视角。这个过程是借助现有工具和概念，同时与学习伙伴互动而实现的。我们要注意的是，基于项目的学习实际上是创业教育课程的必然选择，因为项目这一概念对各种类型的创业活动来说都是普遍的。

由于综合原则来自知识整合原则和课程利益相关者合作的原则，该原则只能通过把 CPME 课程跨学科性的各个方面作为一个整体来评估而进行分析。

课程的综合方面

根据瑞姬·科利特（Rege Colet, 2002）提出的跨学科维度，CPME 课程已采用经过调整的评估工具进行了评估。经原作者批准，该工具使用李克特量表评估跨学科学习过程中涉及的整合、合作和综合水平。通过得出的数据一方面确定学生和教师们对知识内容结构的整合程度的看法，另一方面确定对工作流程组织中的合作程度。在这种方式中，整合原则由 4 个指标进行衡量：学科内容整合程度、基于问题的学习过程的整合程度、教学目标的整合程度、评估过程的整合程度。合作原则由另外 4 个指标来衡量：教师间的合作、学生间的合作、师生互动、课程设置。这 8 个指标中的每个指标都包含几个子项，该问卷通过分项检测学生们的认同程度（原表中使用的 4 个程度标准是：完全认同、部分认同、部分不认同和完全不认同）。最后，整合和合作维度两类得分（每个指标加起来的总分）的比被定义为跨学科指数。真正的跨学科课程中，这两个维度应该是平衡的，即跨学科比为 1（Rege Colet，2002）。

该测试于 2004 年 4 月和 12 月在 3 个年级（一、二、三）的学生中开展，证明了 CPME 课程事实上是具有相当的跨学科性的。三年课程的跨学科指数分别为：1.08、1.17 和 0.99。因此在这三年中，知识内容组织和工作过程组织之间的平衡似乎得到了学生的好评。（如图 11-2）

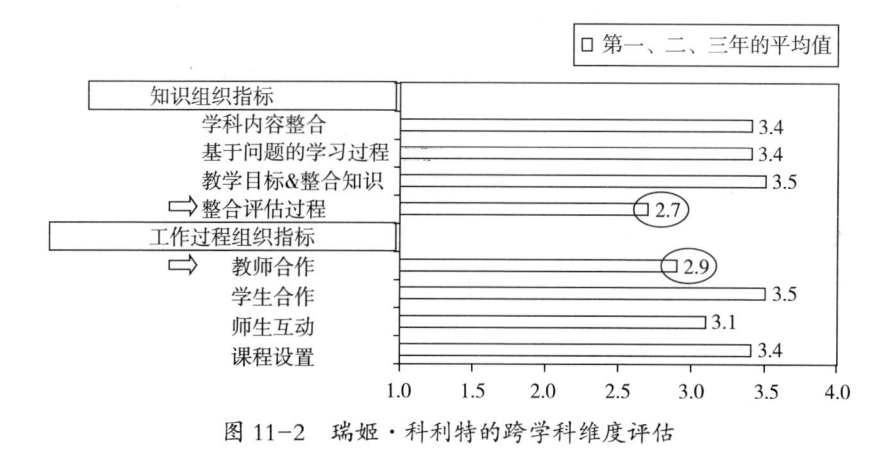

指标	第一、二、三年的平均值
知识组织指标	
学科内容整合	3.4
基于问题的学习过程	3.4
教学目标&整合知识	3.5
⇨ 整合评估过程	2.7
工作过程组织指标	
⇨ 教师合作	2.9
学生合作	3.5
师生互动	3.1
课程设置	3.4

图 11-2　瑞姬·科利特的跨学科维度评估

该测试还提供了关于在教学策略一致性方面感知到的优缺点的详细信息。其结果和下一小节要讨论的学生满意度调查相一致，并确定了从整体提高创业教育质量需要努力的具体维度。而且，并不令人意外的是，尽管该课程的跨学科质量报告不错，但在教师合作与透明的学生评估过程这两方面仍然存在改善空间。正如上面所强调的那样，教师之间的合作及评估过程的一致是因情况而异的，如来自不同学科的教师和讲师一起工作的意愿和能力、信息和经验的交流、团队的沟通和行动，所有这些方面通常不会在一个学术环境中同时出现。

需要说明的是，发展及实施跨学科维度评估是为了给教师和创业教育课程管理者提供反馈，这些反馈可以用来评估和调控这个复杂的跨学科课程的质量。

在接下来的小节中，我们来看看学生对创业教育课程的满意度。

学生满意度

在开展上文提到的跨学科维度评估的同时，根据创业教育课程管理者的倡议，学校已经连续五年进行了（2000、2001、2002、2003 和 2004 年）调查，旨在收集学生们对于课程的看法。需要注意的是在调查开始之前，被试学生是根据他们对创业的兴趣而预先选出来的。

第一份定性调查发给在 2000 年、2001 年和 2002 年结课的前三批学生，该调查中包括开放问题和半结构性问题。在这个初步调查的基础上，确定了一份由 57 道封闭式问题和 3 道开放式问题（三道题分别是该课程的主要优势、主要局限和一些相关建议）构成的调查问卷，并以邮件的形式发放给 2003 级和 2004 级的学生。所有学生都完成了第一份调查问卷，54% 的学生回复了邮寄给他们的问卷。

这些调查得出了非常令人鼓舞的结果：调查显示，98% 的学生总体上对 CPME 课程"相当满意"或者"非常满意"。学生注意到了两大主要优点：一是该课程的跨学科方法，二是学习过程中的高度互动性。创业教育课程的这两个特征不仅是先天动机的来源，同时也表现为学生后天满意度的主要动因。这表明学生对跨学科方法和互动性两方面的期待得到了满足。需要特别强调的是，学生对课程内容的跨学科维度、教师团队、学生小组、客座讲师及评估委员会都非常满意。

与传统课程相比，创业教育课程需要学生付出更多努力。在连续几年的创业课程中，学生每个星期必须付出两个晚上，并且针对不同任务付出很多额外精力。这意味着这些学生可能更有积极性，同时也可能比"普通"学生要求更高。在评估方面，我们可以假设该过程与成人教育课程相似，是对有着不同背景和预期的人们进行分组，而不是在传统的学科内部对学生进行评估。然而，由于跨学科性是该课程的核心特点，所以与成人教育评估相比，学生们具有不同教育背景这一事实对教学并未造成影响。因此，学生们不会因为彼此的知识起始水平不同而感到不满。这样有高度积极性的受众是 CPME 课程取得成功的原因之一（见表 11-1）。

表 11-1　学生满意度调查：部分结果（部分认同和完全认同的学生百分比）

部分结果：2006 年 5 月	第一年（%）	第二年 商学院学生（%）	第二年 其他学生（%）	第三年（%）
注册时，我已有创业项目	31	33	33	18
今年的课程增强了我近期创办或并购企业的积极性	81	57	87	83
内容及训练活动				
这一年的活动开展得很充分	78	100	67	83
从业者的贡献质量很高	81	86	100	83
教学方法与课程目标相符	78	86	93	92
跨学科团队合作很有帮助	94	86	93	100
学习评估				
团队合作的评估标准很明确	33	43	47	82
评估中充分考虑了团队合作的"内容"维度	76	60	69	83
评估中充分考虑了团队合作的"过程"维度（阶段、方法、进展等）	31	67	42	83

调查结果表明，学生们希望得到改善的方面在于教师之间的协调性及评估过程。学生们希望增强师生互动，并且希望评估过程更加透明。

他们认为不同课程间的联系应该更加明确，这也表明不同课程间的整合可以进一步完善。他们常常认为集体评估过程缺乏透明度，有不公之处。尤其是像上面提到的，相比于小组的集体成果，个人贡献未得到重视。另外，该课程的跨学科维度使选择具体明确的评估标准或门槛变得很困难，且这些标准是用来评估学生项目的范围、内容、学科知识等方面的多样性的。特别是来自不同学科教师的各自不同的期待，以及如何结合起来达成共识，对于学生来说好像都很模糊，或至少没有足够的沟通。因此该课程的问题似乎是如何实现更好的合作。然而，请大家回想一下，跨学科维度是在课程内容、教师团队、学生小组、客座讲师和评估委员会等几个层面共同呈现的。跨学科性的多方来源可能分别解释了学生们所关注的不同问题。

我们也从校友的职业发展来评估 CPME 课程。在最后一小节，我们来讨论创业教育课程对创业方面的影响。

创业教育课程对创业的影响

由于明显的区域经济问题，在 CPME 课程的早期阶段，至少从一个正式的视角来看，它的目标从严格意义上来讲只局限在创业方面，也就是创办新企业。从这个视角看，教育课程只能以潜在创业者为目标，并且只能由一个成功的必备条件来衡量，并以它为前提，即创办的新企业的数量。这种方式在大学创业课程和教育课程中的影响非常大。

为评估 CPME 课程对创业的直接影响，我们在 2005 年开展了一项调查（Heylemans，2006）。调查样本由 1997 年到 2005 年（我们的第一批学生于 2000 年毕业）之间参加过 CPME 课程的学生构成。我们共计发放了 124 份问卷。84% 的问卷寄达了收件人，16% 的问卷由于收件人地址变化被退回。结果显示，CPME 课程原来的学生中，有 63.8% 认为创业教育课程对他们的创业意愿有影响。在开始这门课之前，58.7% 的学生认为他们有可能会创业。在他们上了创业教育课后，79.3% 的学生预计他们非常有可能创业。创业教育课程同时也对学生的预期创业能力有一定的积极影响：89% 的学生认为创业教育课程结束后，他们就能创办企业了，而课程开始之前这一比例只有 63.8%。

至于创业教育课程对学生创办企业的积极影响，结果显示 75% 的学生在上完第一年、第二年或者最后一年的 CPME 课程后想成为创业者，只有 35%（平均）的学生声称在参加这门课程时就已有创业项目（如表 11-1 所示）。

在 CPME 课程的校友中，一些人已经创办了企业。调查显示，在 2000 年到 2005 年间的毕业生中，11% 的学生已经创办了公司。他们创业的门类包括：零售、财会、休闲、电脑、旅游和电信公司。与针对"传统的"欧洲学生开展的调查结果相比，该比例更有说服力。最重要的是，这些调查证明绝大多数人对工作保障更为重视，随着教育层次的提高，风险规避程度也随之增加（Boissin and Aimin, 2006; Guyot et al., 2006）。另外，我们的调查结果不包括 CPME 课程帮助创建的子公司或者已有组织的创业活动的相关数据。

然而，这也意味着许多创业教育课程的校友做出了"传统"的职业选择，进入现有的组织机构。这些选择通常跟他们的学科出身相一致。即使学生没有参加任何创业课程也可能会做出这些选择。

随着时间的推移，我们已经找到了对这种明显差异的各种可能解释。这些差异与延迟效应、选拔偏倚、技术强度有关。这些解释在很大程度上促进了初始目标的演变和扩大。接下来我们将具体讨论这些因素。

首先，延迟效应是由于欧洲大学教育似乎鼓励学生慎重看待创业这一事实而产生的，尤其强调不成熟的"网络类"项目存在隐患。一些学生希望在或早或晚的将来开展创业活动，但是他们仍决定先到大型机构工作。对这些学生来说，在未来意向方面（Kolvereid and Moen, 1997；

Noel，2001），创业教育课程对于创业的影响还不明显，只能从长期的视角观察到。学生们的"谨慎耐心"和创业教育课程影响的"观察延迟性"与一些实证研究相一致。这些研究表明，强大的功能体验或基于专业的实证经验实际上改善了后期的生存前景，并增加了新创企业的发展潜力（Dunkelberg and Cooper，1982；Hambrick and Mason，1984；Storey，1994；Westhead and Birley，1995；Dahlqvist et al.，1999）。该解释和学生的动机一致，并证明了评估创业教育课程的创业影响应该包括该课程开办几年以后所收集的数据（Block and Stumpf，1992）。维斯珀和加特纳（Vesper and Gartner，1997）引用的非正式研究表明，参加创业课程和在或近或远的将来创办企业的可能性之间紧密相关。在学生选修完整的创业教育课程而不是一门孤立课程的情况下，这个结论可能得到印证。校友调查也显示，在2000年到2005年之间毕业且一直没有创办公司的学生中，有70%的人希望最晚在7年之内创办公司。

我们的选拔方法和目标的不足之处，是对该矛盾的第二种可能解释。参加创业教育课程的学生选拔的偏倚，背离了最初创办新企业的目标，这可能是另一个减弱该课程创业影响的潜在因素。轶闻证据表明，一些"简历驱动"的学生申请该课程不是因为他们想成为创业者，而是因为他们意识到上这种课能够增加他们在就业市场的认知价值，或是因为它的跨学科维度，或是因为招聘人员对创业通常持有正面的看法。处理选拔偏倚要求创业教育课程管理者在最开始的时候就能有效地遴选出具有合适创业资质的学生。学术研究（Brenner et al.，1991；Chell et al.，1991；Filion，1997；Chen et al.，1998）试图找出可能和创业能力相关的因素：个人特征（独立欲望、结果导向、内心控制、灵活性、领导能力等），创业动机（成就感需要、寻求自主性等），能够刺激创业技能出现的外部因素（社会文化环境、家庭环境、工作经历、教育水平等）。同样，有人建议考虑创业者类型。然而，由于创业过程仍然是多层面、因情况而异的，因此必须考虑这些先天的因素，并且不能将其简化为一个能够用来识别未来创业者的预定义模型。事实上，一些用来识别创业者的心理测试或分类测试已经受到了严厉批判（Chell，1985）。上述情况也同样适用于只设立理想类型的分类测试和特征。一个学生的创业资质很难在惯常习惯中进行先验评估。另外，即使是简历驱动的学生受众也能在未来组织或整个社会的创业文化传播中发挥作用，因此，他们对于创业教育课程目标的实现有所贡献。发扬创业文化也应该涉及培养其职业生涯中具有间接创业特点的学生。所以创业教育课程的目标不仅是培养创业者，也是教育与创业者共事的学生，无论是作为员工、顾问还是管理者，其更广泛的目标是培养那些能为创造更有创业特色的环境做出贡献的学生。最后，对于接触创业教育课程后，认为创业不是他们想要的生活的学生，可能会避免开办注定会失败的企业。了解自己不擅长的方面与了解自己擅长的方面同等重要。

最后，第三个可能的解释是该课程的技术强度，因为技术导向型新创公司，如大学的衍生公司，在早期的 CPME 课程中可能占比过高。的确，作为跨学科硕士论文要求的一部分，所有的项目小组首先必须要有一个来自工程学院的学生。结果，由于该学院的内部要求，大多数硕士论文的设计都有很高的技术维度。特别是其中大部分都与他们在大学内部开发的知识产权和技术的商业化有关。这种技术偏倚，实际上排除了很多其他潜在领域（例如零售和服务行业）中广泛的创业机会，它们本可能已经成为了创业教育课程所追求的目标。为了解决这一"技术"问题，确定更加灵活的硕士论文小组结构的规则。现在，即使组内没有技术或技术有限，学生也可以根据自己的兴趣组成小组，而不是根据他们的学科，因此这也限制了工科学生做出更多贡献的空间。然而，所有小组必须保持跨学科性，即所包括的学生至少来自两个不同的学院。

评估过程促进课程发展。在学生和教授的共同影响下，除狭义的创业外，CPME 课程追求的目标已经扩展到最广泛意义上的创业技能和活动范围，如内部创业、为中小型企业工作、开办非营利企业、衍生公司，通过这些方式培养普遍意义上的创业精神。这包括"在企业内部和所有人类活动中发现机会、汇集不同性质的资源、创造能够满足需求的财富"（Albert and Marion，1998：28）。这也清楚地表明，对创业教育课程创业影响的评估，需要超越该课程的前期校友所创建的公司数量这一衡量标准。

总结

在"管理教学学会"刊物一期专刊的序言中，格林等（Greene et al., 2004）强调，对于如今倾向于向传统商务课程推广的教学方法而言，创业教育课程通常发挥着试验场的作用。创业对想要开发跨学科教学方法的大学来说是一个很好的演练场所，因为创业作为一个理论性的知识体系，本质上是一个跨学科领域，而且创业教育非常适合采用和跨学科内容相关的教学方法。

本章介绍的大学创业教育课程的个案分析，证明了跨学科大学课程在学士或硕士学位阶段是如何帮助学生建立学术生涯与现实世界、自身与未来职业发展之间的桥梁。在 CPME 课程中，围绕学生创业的硕士论文设计使学生们接触的不仅是跨学科的学习内容和相关问题解决，还有跨学科的团队管理方式。对于很多机构来说，这些创业教育课程增加了大学作为融合各种知识和文化的场所优势。因此，这种课程可以在当地的社会经济环境和大学之间搭建桥梁。对于教师而言，这种跨学科的创业教育课程为新教育方法和技能的发展提供了沃土，这些新方法可渗透到院校其他（学科）课程中。这强化了作为大学的核心资本之一的跨学科性，因为在大学中，各种经验、理论和知识都能够相互碰撞且相互依存。正如约瑟夫·熊彼特（Joseph Schumpeter）十几年前所强调的那样，多数创新都是从现有知识的创造性结合中出现的。

另外，正如学生所强调的那样，跨学科课程中采用的互动性和嵌入式学习方法（如这里提出的创业教育课程）是其最具吸引力的特征之一。该方法目前在学术机构内得到了强化，同时它作为解决正常的学科环境新问题的方法，在整个大学内得到了发展。矛盾的是，随着该方法进入传统学科，学生对创业教育课程的兴趣可能会降低，因为它的运行方式变得不再新颖。换个角度说，积极和情景化的教学方法是普遍的，可能使更多的学生被诸如鲁汶大学创业教育课程这样的跨学科课程所吸引，因为他们已经习惯了它的方法。

创业教育课程的跨学科维度在学术环境中也有具体的"文化"挑战，因为尽管在学术环境中学科间搭建联系很耗费时间精力，但所收获的相应回报却不成正比。一方面，将他们从所教授的学科框架中脱离出来很难。的确，尽管跨学科教学要求更加苛刻，但国际评估及评价体系通常不包括在跨教学实现过程中付出的努力。另外，大学晋升体系有利于研究，尤其是严格的学科研究，因此给跨学科工作定义，并应用普遍的评估标准相当困难。总的来说，开办这种课程最大的困难是它们必须把不同学院的学术需求都融入进来。因此，跨学科管理主体及与学院管理层之间的对话是至关重要的因素。

最后，我们应根据其总体目标来考虑创业教育课程的内在价值。当然，这些目标不仅应该涉及短期创办的新兴企业数量，而且还应涉及广义上的创业活动、意向和态度。这包括新企业发展、参与中小型企业，以及所有与创业直接或间接相关的活动。因此，作为能够推动鼓励创业、重视创业的环境出现的因素，创业教育课程的目标也应从文化视角来考虑。换句话说，正如大卫·伯奇（David Birch）接受采访时所言，创业教育的作用是强调创业的重要性及创业对社会和经济的作用，并且使公众和政治领导通过意识到它的重要性而营造良好的环境。

参考文献

Acs, Z.J. and Audretsch, D.B. (2003), 'Introduction to the Handbook of entrepreneurship research', in Acs and Audretsch (eds), 3-20.

Acs, Z.J. and Audretsch, D.B. (eds) (2003), *Handbook of Entrepreneurship Research*, Boston, MA, Dordrecht and London: Kluwer Academic.

Albert, P. and Marion, S. (1998), 'Ouvrir l'enseignement à l'esprit d'entreprendre', in Birley, S. and Muzyka, D. (eds), *L'Art d'entreprendre*, Paris: Village Mondial, 28-30.

Aronsson, M. (2004), 'Education matters—but does entrepreneurship education. An interview with David Birch', *Academy of Management Learning and Education*, 3 (3), 289-292.

Béchard, J.P. and Grégoire, D. (2005), 'Entrepreneurship education research revisited: the case of higher education', *Academy of Management Learning and Education*, 4 (1), 22-43.

Block, Z. and Stumpf, S.A. (1992), 'Entrepreneurship education research: experience and challenge', in Sexton, D.L. and Kasarda, J.M. (eds), *The State of the Art of Entrepreneurship*, Boston, MA: PWS-Kent Publishing, 17-45.

Bloom, B.S. (1979), *Taxonomy of Educational Objectives: The Classification of Educational Goals*, London: Longman.

Boissin, J.P. and Emin, S. (2006), 'Les étudiants et l'entrepreneuriat: l'effet des formations', *Proceedings of the XVth International Conference in Strategic Management*, Annecy-Geneva, 13-16 June.

Brenner, O.C., Pringle, C.D. and Greenhaus, J.H. (1991), 'Perceived fulfillment of organizational employment versus entrepreneurship: work values and career intentions of business college graduates', *Journal of Small Business Management*, 29 (3), 62-74.

Bruyat, C. and Julien, P.-A. (2001), 'Defining the field of research in entrepreneurship', *Journal of Business Venturing*, 16, 165-180.

Chell, E. (1985) , 'The entrepreneurial personality: a few ghosts laid to rest?', *International Small Business Journal*, 3 (3) , 43-54.

Chell, E., Haworth, J. and Brearley, S. (1991) , *The Entrepreneurial Personality: Concepts, Cases and Categories*, London: Routledge.

Chen, C.C., Greene, P.G. and Crick, A. (1998) , 'Does entrepreneurial self-efficacy distinguish entrepreneurs from managers?', *Journal of Business Venturing*, 13 (4) , 295-316.

Cooper, A. (2003) , 'Entrepreneurship: the past, the present and the future', in Acs and Audretsch (eds) , 21-34.

Dahlqvist, J., Davidsson, P. and Wiklund, J. (1999) , 'Initial conditions as predictors of new venture performance: a replication and extension of the Cooper et al. study', paper presented at the 44th World Conference of the International Council for Small Business, Naples (Italy) , 20-23 June.

Dunkelberg, W.G. and Cooper, A.C. (1982) , 'Patterns of small business growth', *Academy of Management Proceedings*, 409-413.

Fayolle, A. (2000), 'Editorial du dossier sur l'enseignement de l'entrepreneuriat', *Revue Gestion 2000*, 17 (3) , 74-75.

Fiet, J.O. (2001) , 'The pedagogical side of teaching entrepreneurship', *Journal of Business Venturing*, 16, 101-117.

Filion, L.J. (1997) , 'Le champ de l'entrepreneuriat: historique, évolutions et tendances', *Revue Internationale P.M.E.*, 10 (2) , 129-172.

GEM (2002) , *The Global Entrepreneurship Monitor: Executive Report for Belgium*, www.gemconsortium.org/ document.aspx?id=265, March 20, 2008.

GEM (2003) , *The Global Entrepreneurship Monitor: Executive Report for Belgium and Wallonia*, www.gemconsortium. org/document.aspx?id=357, March 20, 2008.

Gorman, G., Hanlon, D. and King, W. (1997) , 'Some research perspectives on entrepreneurship education, enterprise education and education for small business management: a ten-year literature review', *International Small Business Journal*, 15 (3) , 56-77.

Greene, P., Katz, J. and Johannisson, B. (2004) , 'From the guest co-editors:

entrepreneurship education', *Academy of Management Learning and Education*, 3（3）, 238–241.

Guyot, J.-L., Lohest, O. and Giacomin, O.（2006）, 'Le passage de l'auto-emploi, prise de risque: le cas des primo-créateurs en Wallonie', in *Données longitudinales dans l'analyse du marché du travail*, University of Aix en Provence, June.

Hambrick, D.C. and Mason, P.A.（1984）, 'Upper-echelons: the organization as a reflection of its top managers', *Academy of Management Review*, 9(2), 193–206.

Heylemans, A.（2006）, 'L'impact des formations entrepreneuriales sur la création d'entreprise', Thesis, Louvain-la-Neuve（Belgium）: Louvain School of Management.

Jones, S., Denslow, D., Janssen, F., zu Knyphausen-Aufseβ, D., Lopis, J., Shinnar, R. and Toney, B.（2008）, 'Teaching international entrepreneurship through student exchange: observations, obstacles and recommendations', *Journal of Entrepreneurship Education*, 11, 99–115.

Katz, J.A.（2003）, 'The chronology and intellectual trajectory of American entrepreneurship education: 1876–1999', *Journal of Business Venturing*, 18, 283–300.

Klandt, H.（2004）, 'Entrepreneurship education and research in German-speaking Europe', *Academy of Management Learning and Education*, 3(3), 293–301.

Kolvereid, L. and Moen, O.（1997）, 'Entrepreneurship among business graduates: does a major in entrepreneurship make a difference?', *Journal of European Industrial Training*, 21（4）, 154–160.

Kuratko, D.F.（2005）, 'The emergence of entrepreneurship education: development, trends and challenges', *Entrepreneurship Theory and Practice*, 29（5）, 577–597.

Low, M.B.（2001）, 'The adolescence of entrepreneurship research: specification of purpose', *Entrepreneurship Theory and Practice*, 25（4）, 17–27.

McGrath, R.G.（2003）, 'Connecting the study of entrepreneurship and theories of capitalist progress: an epilogue', in Acs and Audrestch (eds), 515–531.

Noel, T.W. (2001), 'Effects of entrepreneurial education on intent to open a business', *Frontiers of Entrepreneurship Research*, Babson Conference Proceedings, www.babson.edu/entrep/fer.

Petrie, H.G. (1992), 'Interdisciplinary education: are we faced with insurmountable opportunities?', *Review of Research Education*, 18, 299–333.

Rege Colet, N. (2002), *Enseignement universitaire et interdisciplinarité: Un cadre pour analyser, agir et évaluer*, Brussells: De Boeck University.

Saporta, B. and Verstraete, T. (2000), 'Réflexions sur l'enseignement de l'entrepreneuriat dans les composantes en sciences de gestion des universités françaises', *Revue Gestion 2000*, 17 (3), 97–121.

Storey, D.J. (1994), *Understanding the Small Business Sector*, London and Boston, MA: International Thomson Business Press.

Verstraete, T. and Fayolle, A. (2004), 'Quatre paradigmes pour cerner le domaine de recherche en entrepreneuriat', Proceedings of the 7ème Congrès International Francophone en Entrepreneuriat et PME, Montpellier (France), 27–29 October.

Vesper, K.H. and Gartner, W.B. (1997), 'Measuring progress in entrepreneurship education', *Journal of Business Venturing*, 12 (5), 403–421.

Westhead, P. and Birley, S. (1995), 'Employment growth in new independent owner-managed firms in Great Britain', *International Small Business Journal*, 13 (3), 11–34.

第十二章　灯光、摄像机就位，开拍：通过创业推进人文价值观

琳内特·克莱尔

引言

本书的许多章节都着重于通过人文科学课程传播创业理念。本章描述教授创业的方法，以及通过借用其他学科的非传统教学方法以提高商业课程中学生的自我效能。只要管理部门支持创新的学习方法，创业者职业跟拍和纪录片项目就可以用于文科院校和研究型大学，并以此举办创业电影节。

作为创业入门课程的一部分，创业者职业跟拍和纪录片项目给予学生与一个甚至多个创业者亲密接触的经历，（通过电影节）来补充课堂所学知识。在15周课程教学的前半段，除了职业跟拍和纪录片项目，学生在课堂上所读、所听到的都是创业和创业精神。他们还将参与机遇识别练习并培养他们自身创业所需的技能。创业工作跟拍和纪录片项目为学生提供了一种模式，使他们可以通过自己的体悟去理解创业，也可能通过这种方式帮助他们了解参与创业的真实感受。

创业电影节是在华盛顿塔科马港市为期六周的创业工作跟拍和纪录片项目的高潮。每个学生要在至少8小时的职业跟拍后制作一部10分钟

的关于当地创业者的纪录片。创业电影节每年举办两次（每学期一次），今年是第三年。电影节对公众开放，包括学生制片人、同行和教授、电影创业者及其他对此感兴趣的社区成员。这是一种绝佳的方法，能够让学生参与探索创业的内涵，了解创业的真实面目及其面临的机遇挑战是什么，以及需要什么技能才能参与其中。学生们通过创业者跟拍，与创业者们建立密切的联系，并且创作一个关于该创业者的小视频案例。每部电影的创作过程都是费时、痛苦和焦虑的，却又是极为值得的。在平均花费20个小时去剪辑时长10分钟的电影的过程中，学生们将重新体验一次他们的工作跟拍，并批判地思考成为一个创业者将意味着什么。

职业跟拍和纪录片项目将文科、技术、交际和商务相结合，加强了跨学科联系、批判性思考和终生学习的人文价值观。此外，该项目通过提供"深度学习"（Kreber，2001：225；Cooper and Lucas，2006：4）的机会，大大提高了大学生的自主创业率（同上）。

本章开篇描述创业者纪录片项目和创业电影节。接下来的两节先后分别探讨该项目的挑战及收益。在收益部分，我们将会讨论学习机制及其他目标，如与当地社区建立联系。

创业纪录片项目

创业纪录片项目是在一所商业领导力学院的创业课堂中进行的。学生们不需要有任何电影制作的兴趣和经验。上课的第一天，他们会接到个人任务，即寻找一个当地的创业者并制作一段与其相关的10分钟的纪录片（见表12-1）。学生们对此的反应不一，有人欢喜有人忧。

有人建议学生们锁定一个他们感兴趣的创业者，开始职业跟拍的体验，最终制作成一部短片。如果学生在确定创业者方面有困难，他们可以和导师讨论自身的兴趣，由导师为他们确定他们可能感兴趣的当地创业者。学生们至少要花 8 个小时体验职业跟拍并制作一部公开的电影,因此这就需要创业者愿意接受这一点。[①]学生们还将得到一张职业跟拍时间日志,在上面注明体验职业跟拍的日期和次数及工作内容。学生和创业者都需要在表格上签字,以便学生获得职业跟拍体验的学分。

表 12-1 创业职业跟拍和纪录片时间表

周次	活动和项目预期	可能的学分(200)
1	反思 1(期望的事情)	10
	电影制作入门	
2	30 秒视频预	8
	发现创业者	
3	反思 2(确定创业者)	10
	选择电影节主题	
	电影制作进阶——客座讲员	
	职业跟拍创业者	
4	职业跟拍创业者	
5	反思 3(进行创业反思)	10
	职业跟拍创业者 / 电影编辑	
	制作电影海报并向创业者递送邀请函	
6	电影制作后期——客座讲员	
	教授预览电影初稿	
	编辑电影	
7	反思 4(技术挑战和艺术性)	10
	编辑电影	
8	电影杀青	80
9	创业电影节(两晚)	16
10	反思 5(学习效果)	16
	签署职业跟拍日志(体现为 8 小时的职业跟拍学分——可能会有额外加分)	40

[①] 普吉特海湾大学制度审查委员会(the University of Puget Sound Institutional Review Board)的咨询意见表明,这个项目或章节并不需要人的赞同。这一章节是对教学方法的描述而非对创业者或学生作品内容的分析。建议其他机构考虑这个项目的读者应确保他们的大学也从相似的角度对项目进行解释。

对于绝大多数学生而言，电影制作是一项新的活动。不过，尽管他们的班级不是艺术班，但纪录片必须是高质量的。倘若纪录片的质量不够高，导师会把它退回给学生再次编辑。迄今为止，电影的质量不是最大的问题，值得期待提升的是创新性和艺术性，而并非质量问题。电影必须力求有趣，有故事性，能充分展示主角是创业者并且解决课堂中所选的一个主题。

该课程一周三次，每次时长 50 分钟。课程的前一天选择电影的主题时，导师会和全班分享以前的主题并要求学生在下次课前想好主题。比较热门的主题包括创业者的成功与挑战、创业者的一天及创业的起点。在下次课上，学生们为这些电影形成了一个可能的主题列表。每个学生可以给自己感兴趣的两个主题投票。这样一来便缩小了主题的列表，以便我们讨论剩下的选项，最终确保每个人都有一个可以切实运用到其纪录片里的主题。这些主题帮助他们在观察和分析的基础上形成自己的电影，也有助于帮助他们在电影节上对创业者们进行比较。

学生有三次电影制作课。电影制作入门安排在学期的前两周，从如何借出媒体服务部的摄像机及如何开机开始。课程包括三脚架和舞台灯光的使用，以及取景、拍摄采访、幕后花絮的重要性（创业者说话时显示的视觉图像）与电影剪辑概论。教师会带着摄像机、无线话筒和三脚架来上课，以此强调这三件物品在创作高质量电影中的重要性。许多说明会在黑板上呈现，展示基本的构图概念，例如三分之一原则、顶部空间的概念及如何在既定光源的房间里放置主体。

电影制作进阶课程安排在学期的第三周。课程包括介绍高质量纪录片的案例及达到半专业效果的技巧。这次课程由一位专业的纪录片制作人讲授，他将阐明哪些需要避免（如平移、大量的变焦、花哨的过渡、分散对象的画面）及哪些需要关注（不被注意的细节、非焦点人物的故事、静态影像）。电影制作人还将解释如何使用电影编辑软件。

电影制作高阶课程也将由专业的电影制作人讲授，而且通常还会有其团队的其他人员参与教授。在距离电影提交还有一周半的这堂课上，制作人会点评其中一个学生的电影，通常选择一个已经对电影制作投入大量精力并即将完工的学生。如果没有自愿的学生，授课教师会使用上学期的电影。点评会指出学生做得好的地方和需要改进的地方。有些人可能会认为能够获得教授的点评是一种额外的优势，但实际上学生们并不这样想。他们都会感激愿意将自己的电影拿来接受点评的同学，并发现点评有助于他们自己节省剪辑电影的时间。学生们还可以在图书馆媒体中心获得技术支持，他们认为这也是项目取得成功的关键因素之一。

项目开展之初，学生被要求制作一段30秒的配乐视频（在第二周结束时上交）。学生们可以为这30秒的视频选择任意的主题（其中最好的一个叫作"我生命中的一天"），这打消了一些同学对于拍摄和制作电影的恐惧。课堂上将会播放这些30秒的电影，从而激励学生去提升自身作品的质量，也让他们尽早着手于纪录片的创作。

学生们在跟拍创业和编辑电影的同时也将反思写下来：项目过程中写四篇，结束时写一篇。项目进行中，学生将反思文章交给老师，让老师对学生的困难和担忧有所了解，同时也帮助学生消化其学到的东西。反思激励学生们超越他们所做的，深入研究其所学的，从而将所学运用到该项目之外更多的地方。第一周课程结束时要求完成第一篇反思文章，要求学生反思对于项目的期望：学习期望及他们所期望和关切的内容。第二篇反思文章在第三周课程结束后上交。在这篇反思文章中，学生们将分享他们是如何选择创业者并与其进行初步接触的。他们需要提供与创业者接触的相关信息。这篇反思是至关重要的，它可以帮助学生继续推进直至完成项目。第五周的第三篇反思文章鼓励他们从一个非常具体的经历思考创业。第四次反思在第七周进行，帮助学生们充分进入剪辑阶段。这篇反思文章要求他们思考技术上的挑战及艺术与学习之间的关系。顺便说一下,学生在此阶段表达的挫折感最多。第四次反思过后,最后一次反思将在电影节之后进行。这次反思要求学生思考自己从跟拍创业者和制作纪录片的过程中所学到的内容,观看其他同学的纪录片而学到的东西,以及这段经历是如何丰富他们对于创业和自身的理解的。根据之前的研究(Kreber, 2001: 225; Cooper and Lucas, 2006: 4),经历和反思的有机结合是"深度学习"的关键。

创业电影节

创业电影节为期两晚,在校园的大讲堂或剧院举行。宣传将会以海报和新闻稿的形式在电影节开幕前三到四周发布。发给创业者的手写邀请函提高了创业者们在电影节上的出席率。

学生们会帮助电影节分发节目单,制作爆米花,以及在活动中担任接待员。学生们要求必须出席电影节,而且很多人会带上自己的朋友。当学生跟拍的创业者出席时,学生们通常和这些创业者及其家庭成员坐在一起。

每晚会放映八到十部电影,因此中场休息是必不可少的。电影节是免费的,包括苏打水和爆米花也是免费的(由商业领导力学院提供)。导师担任电影放映期间的主持人,在换场间隙提供一些有趣的额外信息(例如提及为电影配乐作曲和演奏的学生)。尽管举办电影节被当作一个社区活动,但它也可以成为学生的一次创业。

挑战

技术挑战

与大多数对创业教育感兴趣的人一样,尽管我在创业方面受到了良好教育，但我对电影制作却知之甚少。尽管我就在一家媒体资源有限的小规模学校工作，我对电影制作已有基本了解。大一点的大学有老师在电影制作基础知识方面帮上忙，但是在我们的小媒体部门也有人知道如何运用视频编辑软件并愿意帮助学生和导师。如果你所在的大学没有了解视频编辑知识的媒体支持人员，学校里有这方面专业知识的其他学生或教职员工（比如，校园里或许会有电影制作俱乐部）或许愿意分享自己这方面的知识。

我们的大学属于 NITLE 高校（国家技术和文科教育机构），一个由 130 个成员学校自发组成的非营利机构，旨在促进文科院校的创新教育（www.nitle.org）。它们的许多课程本质上是技术性的。即使只参加了为期两天的电影制作和编辑培训班，但是我对电影制作仍很有信心。如果您的大学没有相关的专业，没有国家技术和文科教育机构的成员，那么你有两个获得基本电影制作技能的选择。一个是在你的社区中找到一个短期课程（通过社区大学或文艺团体）。另一个方法是去实践：带上一个数码相机去拍摄后再编辑。学会在苹果电脑上剪辑是最简单的，因为其电影剪辑程序是最直观的。学了这个之后，Windows 电影制作大师和 Adobe Premier Elements 等市面上常见的产品也不会太难了。据那些之前从来没有制作过电影的学生反馈，他们能够有效地使用现有的电影制作软件。

然而，要超越基础相当富有挑战性，因为具有电影制作专业知识的创业教授可能相当鲜见。我一直依靠本地的一家专业电影制作公司"神犬传媒"来补充自己这方面的知识。大多数纪录片、电影制作公司都热衷于自己所做的事情。我和"神犬传媒"先前并没有联系，但他们仅凭一个陌生的电话就愿意来帮助我。也有一些非营利协会可以提供援助。比如，在西雅图有一个叫作 ReelGrrls 的课外媒体和技术训练项目，专门培训年轻女性制作电影。像 ReelGrrls 这样的组织不仅愿意提供专业知识，该组织的校友也可以成为资源。在专业电影制作人和我们自己的媒体工作人员的帮助下，我的学生都掌握了电影制作软件的使用。

设备挑战

在一所较大的大学，设备挑战或许没有那么大（重申一下，可能也很大）。当我在2006年春季学期开设这项项目时，媒体中心拥有三四部数码相机，一个无线话筒，几个三脚架和四台安装电影编辑软件的电脑终端。让20个制作电影的学生同时分享这些设备是一项挑战。鼓励学生交换电话号码和邮箱地址，并且在周末统筹设备的使用会有一些帮助。我们还有一个表格供学生查阅在规定时间内使用设备的学生名单，以便他们通过电子邮件在课外时间联络。鼓励学生提早开始一直是个挑战，但是那些提前开始的学生可以避免一些设备使用方面的压力。最近有一家当地公司为这个项目的摄像机提供贷款。显然，购买更多的设备将有助于解决设备紧张情况。

也许最大的设备挑战是电影剪辑软件。安装这种软件的电脑都位于我们图书馆的媒体中心，而图书馆并不是24小时开放的。如果一个机构有安装这种软件的笔记本电脑（苹果电脑是最理想的选择）并可以借给学生几个星期，问题就解决了。如果学生使用学校的电脑，他们通常会局限于此电脑中已下载的原始素材。一旦素材存储在一台特定的电脑中，学生就必须回到那台电脑去编辑。学生们并不习惯被电脑束缚住。截止日期临近时，经常会出现几个同学为了完成项目抢占同一台电脑资源的情况。为了解决这个问题，可以购买20G大小的优盘来保存这些原始素材。然后，学生就能把他们的原始素材和未编辑完的电影从一台电脑转移到另一台电脑上。尽管电脑资源的限制有时候让人焦虑，但通过资源共享的方式，学生们也建立了一种亲密的联系：

> 我从整个过程看到了许多成长与进步。当我们最终完成的时候，我感觉非常好。因为那是我们花了大量时间和精力做完的项目。我认为我们班在媒体中心待的时间比其他班、甚至比那里的工作人员还要长。（学生反思）

潜在挑战

在一些大学，这个项目（包括举办电影节）要得到批复可能会十分困难。我很幸运地生活在一个人文科学氛围浓厚但官僚主义氛围薄弱的环境中，学校鼓励全体教员去干自己感兴趣的事。我期待，类似这种陈述项目潜在益处的方式将有助于简化审批过程。

收益

批判性分析

项目从一开始就强调批判性分析：对创业者的选择促使学生去思考他们是如何定义创业和如何确定孰为创业者的。这些定义是建立在关于创业阅读与课堂讨论的基础之上。不同的教授对于创业会有不同的定义，这取决于他们对于创业的理解的狭义程度。学生们跟拍的创业者各不相同，从国际糖果工厂（我们当地的威利旺卡公司）到零售商、会计师和高科技创业者。创业者的多样性，以及每个学生选择创业者的过程，为他们提供了学习机会。

> 我的同伴们也创作了优秀的纪录片来巩固我们在课堂上讨论的思想。比如，世上并没有所谓的"创业模板"。每个创业者都是不同的，他们也拥有不同的人格特质。当然，创业者也可以是任何年龄。我学到的另一个重要启示是，各行各业都有创业机会。（学生反思）

体验式学习（通过职业跟拍和纪录片的创作）与反思（剪辑过程和书面反思的过程）的有机结合促进了"深度学习"中必然出现的批判性分析（Kreber, 2001 : 225 ; Cooper and Lucas, 2006 : 4）。为选择合适的素材做成纪录片，学生必须不断回顾职业跟拍的经历，追问如何将创业者的行为与特定创作作品的问题框架相契合。在剪辑过程中，学生会重新分析画面和文字，创作一个小故事或电影。参与项目为学生提供了反思的机会，这些反思是学生批判性思考的重要组成部分。根据克雷勃的观点（1984，引自 Kreber, 2001 : 219），积极的实践与观察反思相互影响，产生质变。

承担风险

创业者会面临风险。撰写一个创业计划是没有风险的，而创作一部公映的电影却有风险。在这个过程中，导师需要承担风险，学生也需要承担风险，因为没有一个课堂参与者在这方面足够专业。同时做这件事还要面对许多未知数。

学生们注意到，并不是他们跟拍的每个创业者都在自己的领域做得足够突出或表现出领导力。学生们会批判地思考，在拍摄和剪辑中哪些内容应该呈现而哪些应该省略。决定哪些要舍弃和哪些要留下是同等重要的。选择拍摄开始和结束的地方、包含的画面、配乐——这些都会影响电影的含义。正如雷比格尔（Rabiger, 2001 : 64）所说，"经过编辑的东西，永远不是真实的，而是一种巧妙构造的印象"。有道德的电影制作人保留其自己的主题和故事。成功的电影制作人必须讲述一个令人叹服的故事。电影必须在电影节前一周上交的原因之一，是为了保证学生在创作电影的过程中做出正确的判断。

举办一个全是学生作品而且大部分是他们的处女作的电影节是一项

冒险之举。让学生意识到风险以及你对他们有信心,能够帮助他们理解规避风险和承担值得承担的风险的必要性。

自我效能

个人创业行为的核心是自我效能的概念(Cooper and Lucas,2006:12)。人们形容自我效能是"个体对自己是否有能力组织和执行取得特定成就所需的行动所进行的判断"(Bandura,1997:6)。这种信念相对于客观事实,会对个体的职业生涯选择或其他决策产生更大的影响(Betz,2000:215;2004:343;Bandura and Locke,2003:87)。纪录片制作的经历通过下面两种主要机制来提升自我效能。

首先,八个小时(或者更多)的职业跟拍提供了另一种创业体验。人们发现这种体验可以增加自我效能(Cooper and Lucas,2006:7)。学生们的反思表明,他们的自我效能有所提高,正如以下学生摘录所阐释的那样:

> 我过去认为创业者创办企业挣钱很容易,并且一定是得益于他们与生俱来的天赋。通过这次任务,我明白了他们也只是和其他人一样的普通人。在大多数情况下,成为创业者对于他们来说既不容易也不是天赋使然。我发现,他们的一个共性就是热爱自己所做的事。这也是激励他们前进并帮助他们最终获得成功的最重要动力。在银幕上看到他们的故事非常振奋人心,现在我希望在我人生未来的某一刻,我也可以成为一个创业者,去做一些我一直想做却迟迟没做的事。

其次,电影制作的过程提供了提高自我效能的机会,部分原因在于将原始素材编辑成10分钟的纪录片的过程需要学生深入接触创业者并挖掘他们身上的故事。学生们观看并聆听所有创业者的拍摄素材，并将其浓缩成一个个片段融入故事之中。想要发掘故事就需要学生提炼出创业者最重要的话和那些最重要的画面。一旦他们的电影里有了故事，细节的编辑就开始了。在这个过程中，他们一遍又一遍地听，试图找到最合适的时机去撷取创业者的话语。他们一边认真听，一边重温职业跟拍的经历，并从中寻找深度与意义。一个经常使用YouTube视频网站的学生评论说："在电影和采访结束之后，我忍不住又一遍又一遍地去看。这种成就感超越了我大学以来所做的所有项目的成就感。"

自我效能这部分的最后是一篇学生反思文章，我们从中可以看出该项目提高学生自我效能的各种方法：

> 我为自己创作了一部成功的电影而感到自豪。在这次任务之前，我从来没有扛过摄像机。在这短短的时间里，我学到了很多，对结果也很满意。这个项目在很多方面都有益处。它教会了学生如何学习新任务，如何寻求帮助和协调时间，这与其他大多数项目有所不同。它迫使学生离开舒适区。我记得有时候我会感到压力很大，但这个项目鞭策我要承担责任，努力完成任务。为了完成任务，我必须提高我的交际和规划能力。我需要向多媒体器材室借设备，与日程繁忙的创业者预约会面。这个项目还迫使我不得不去寻求帮助。

社区目标

和许多现代大学一样，我所在的大学重视社区参与。因为学生要为当地创业者制作纪录片，该项目及随之而来的电影节促进当地企业和大学形成了良好关系。除了学生和创业者本人之外，电影节的大部分出席者都来自于当地的商业区。其中一个当地商业区在他们的网站上发布了网络版的地区商业电影。而当地有线电视频道也向导师介绍了其在网络上播放的纪录片。①

跨学科教育与终身学习

举办一届学生创作电影的电影节听起来更像是电影制作课而非商业课的作业。电影节本可以在戏剧系或传媒系举行。在商务课程中增加制作纪录片和举办公众电影节是大学致力于推进跨学科学习的有形成果。

允许学生探索如何创造性地表达一种信息的过程使平时表现差的同学也有可能表现得出色,同时发掘他们潜在的创造力。视觉图像的选择和赋予纪录片生命的音乐使一位学生反思——"呈现方式几乎与内容一样重要"。

公共电影节为创作高质量(或者至少是有质量的)作品提供了重要动力。相对于导师的评价,学生们更关心他们的同学和创业者对他们做出的评价。学生的反思表明,于他们而言,看到高于生活的作品是一次令人满意的体验:"看到我的电影播放在大银幕上,这种感觉真的完全不同!因为这会使我更加欣赏自己的作品,同时也帮助我发现可以改进的地方"(学生反思)。

在电影节之后的班级讨论上,学生们经常要选择一个最喜欢的镜头(一个酒吧老板调酒的过程——从头顶倒酒),或者是一段最喜欢的音乐伴奏(一次,由学生作曲和表演)。对于电影的审美欣赏要比直观地观看印象更深刻,因为即使是讨论一部十分钟的电影,学生们也要很好地理解作品。

一位计算机科学领域的同事告诉我们,这个项目的跨学科性质并不局限于艺术和电影。这个项目也可以很好地满足他的课程目标:除了教

---

① 很明显,接受这个机会需要得到学生和受试者的允许,也需要向制度委员会咨询这项行动的合理性。

学生新程序和编程，他也试图打破学生对新程序的恐惧。在参加创业课程的学生中，很少有人用过电影剪辑软件。虽然他们没有得到太多指导就投入其中，但最终他们发现自己真的可以学会一个新程序。大多数学生在第四次反思中对此前的简短评论进行了补充，"剪辑肯定是一项挑战"。很多教育机构把传授学生终生学习的方法作为一个重要的目标。在最后一次反思中，另一个学生直接指出这个项目是如何帮助他走向终生学习之路的。他说："如果不是因为这个项目，我从来不会想到我可以制作电影。所以说，我的收获是无价的！因为随着时间的推移，我未来会展示出越来越好的创造性和创新能力。"

结束语

创业者工作跟拍和纪录片项目的结果完全超出了最初的学习预期。它提高了学生的批判性思考能力，示范并教授了风险承担的相关内容，促使学生探索了学科间紧密联系的重要性并促进其终生学习。除了帮助学生对创业达到了新的认知水平，提升了自我效能，同时创业者工作跟拍和纪录片项目的结果也引导了他们的自主创业。灯光就位，摄像机就位，开拍：学习！

参考文献

Bandura, Albert（1997）, *Self-Efficacy: The Exercise of Control*, New York: Freeman.

Bandura, Albert and Locke, Edwin A.（2003）, 'Negative self-efficacy and goal effects revisited', *Journal of Applied Psychology*, 88（1）, 87–99.

Betz, Nancy E. (2000), 'Self-efficacy theory as a basis for career assessment', *Journal of Career Assessment*, 8, 205-222.

Betz, Nancy E. (2004), 'Contributions of self-efficacy theory to career counseling: a personal perspective', *Career Development Quarterly*, 52(4), 340-353.

Cooper, Sarah Y. and Lucas, William A. (2006), 'Developing self-efficacy for innovation and entrepreneurship: an educational approach', *International Journal of Entrepreneurship Education*, 4, 1-14.

Kreber, Carolin (2001), 'Learning experientially through case studies? A conceptual analysis', *Teaching in Higher Education*, 6(2), 217-228.

Rabiger, Michael (2001), 'Documentary filmmakers decide how to present compelling evidence', *Nieman Reports*, 55(3), 63-65.

第十三章 创业模拟游戏研讨课：理科、文科和商科学生的感知学习效果

克里斯琴·伦德纳　朱塔·许布希尔[①]

引言

  人们普遍认为，作为革新者、雇主和风险承担者，创业者能为经济及整个社会做出具有价值的贡献。因此，培养创业精神的一个主要政策目标便是为想要成为创业者的人——"未来创业者们"提供全面的支持及培训。在很长一段时间内，学界对创业培训都持否定态度。如今，人们普遍认为，从某种程度上来说，创业者是可以经训练而成的。这个观点详见龙施塔特（Ronstadt, 1987）、蒂蒙斯（Timmons, 1990）、所罗门和弗纳尔德（Solomon and Fernald, 1991），以及克兰特和福尔克曼（Klandt and Volkmann, 2006）。很多大学已经在其商学院内部设立了创业领域的教授岗位，但通常创业课程的教授对象主要为商学院学生。因此，在进行创业教育效果科学评估时所采用的数据也较为单一，仅为商科专业学生所提供的数据集。因此，对创业教育效果的系统评估也仅仅将重点放

  [①]　我们非常感谢汉斯-林德纳研究所（www.hans-lindner-stitut.de）。这是促进林德纳家族和德国阿诺斯特林德纳集团创业的基础，感谢他们对这项研究的宝贵支持。

在商科学生提供的数据集中。但是根据我们已知创业发展的有关信息（通常是基于技术的发展，参阅 Venkataraman, 2004），这些课程也应该向诸如自然科学、工程学、文科专业等其他专业的学生开放。那些非商学院的学生可能具备必要的专业知识，可在其专业领域内产生新的商业（创业）想法。比较而言，商学院学生经常表示他们要创办自己的企业，但却缺乏合适的想法。因此，应将重点放在如何将创业教育从商学院向外推广。在本章中，我们建议将模拟研讨课作为实现这一目标的可行途径。

通过考察理科学生、商科学生和文科学生对学习的认知，我们的数据远比仅使用 MBA 或其他商学院学生的数据观点所进行的研究要深入得多。测试过程不仅包含创业课程共同的知识内容，还对其预期学习效果进行了检验，主要采用模拟游戏的方法进行测试。会计学或市场营销学等学科单一层面的知识迁移在传统课堂上是十分容易的，但是考虑到犯错后果的严重性，我们必须重视培养创业者的综合素质，如加强他们对经济间动态关系的理解等方面。而且，模拟方法必须更接近真实商业情况的复杂程度。计算机创业模拟游戏研讨课旨在缩小创业知识传递和创业培训之间在方法论上所存在的差距。

早期评估结果

第一款商业模拟游戏在 20 世纪 50 年代问世于美国。该游戏由美国管理协会引入，专为大公司的经理人设计（Li and Baillie, 1993）。因其方法迄今为止已使用半个多世纪，人们对此有两点期待：其一，该方法已经适应所教的具体科目的需求，即创业；其二，对其进行有关研究以检测此目标是否已达成。然而有趣的是，事实与期待恰恰相反，目前我们仍然缺乏相关实证依据来证明使用模拟方法进行创业教育的效度。

现有关于模拟游戏评估的研究主要分为两派，即范斯坦和坎农

(Feinstein and Cannon，2002）。一方关注模拟游戏开发的改进，其特征为提高游戏的逼真性，即其真实性。但问题是，更高水平的真实性会降低教育效能，因为学生会在大量的细节中迷失自我。模拟游戏文献研究的另一方所关注的恰好是模拟游戏的教育效能。培训成功的一个必要前提是对游戏进行检验，也就是说，程序必须像预期那样发挥作用。选择一个好的游戏是至关重要的，因为程序和逻辑错误或低劣的装备都会降低学生的热情。只有计算机程序真正可以运行时，人们才能继续问这些有趣的问题：学生从这个游戏中是否学到了什么？学到的东西是否有效？从模拟中得出的结论是否可以用于现实世界？只有确保这一点，模拟游戏才可以为创业导师提供一种有价值的方法，使他们能够在知识传递中实现理想的现实体验。

现在我们简要回顾一下模拟游戏教育效果的相关文献。在早期的研究中，沃尔夫和查宁（Wolfe and Chanin，1993）发现模拟游戏研讨课传授给学生的是概念知识。在后期的研究中，沃尔夫（1997）对模拟和案例研究进行了比较，发现模拟比其他方式更为有效。然而，李和贝利（Li and Baillie，1993）所给出的证据证明了案例研究法和模拟游戏研讨课具有相同的有效性。在《模拟和游戏》有关创业教育中模拟方法的专刊中，韦斯特和威尔森（West and Wilson，1995）表明模拟会导致模式识别和刻板印象的发展。沃什布什和戈森（Washbush and Gosen，2001）也支持模拟体验确实能够促进学习这一观点，这可能是因为与传统课堂教学相对的模拟游戏讨论课有效地提高了学习兴趣和学习动机（Tompson and Tompson，1995）。这一点与李和贝利（1993）得出的结果一致：相较于在研讨课中使用更为简单游戏版本进行学习的学生而言，在更复杂的游戏研讨课中学习的学生认为他们的学习更有价值，进一步的研究结果是关于模拟游戏中的学习环境。沃尔夫和查宁（1993）的研究报告称，相比个人游戏，小组游戏所培养的学习水平更高，但是自己组队的团队并没有随机分配的团队做得好。在回顾已使用过的游戏时，人们发现相比资质较差的学生而言，优秀的学生往往表现得更好，且运气在其中所起的作用并不明显。最后，怀德曼等（Wideman et al.，2007）表示，在决策方面提供多种用户选择的游戏可以增强学生的动机。

关于模拟游戏研讨课具体学习内容的相关文献少之又少。李和贝利（1993）认为，好的游戏应该促使学生练习长期计划技能，他们所做的决定也要反映出长期和短期考虑之间的平衡。在回顾商业政策课程中模拟学习效能的五项研究时，沃尔夫（Wolfe，1976）得出结论：学生对于战略制定的基本需求及如何规划和预测销量方面存在较多的了解，而在评估公司历史业绩方面了解较少。至于有关游戏的具体创业培训内容，费尔德曼（Feldman，1995）表示，很多诸如市场可行性分析、创业规划或创业投资/融资的游戏都与创业过程并不相关。这就是创业模拟游戏所应该具备但有时却缺少的特征。

总的来说，对该话题的相关文献综述表明，模拟游戏的确存在积极的教学效果。基于已知的研究，似乎可以很有把握地说，学生从基于模拟游戏的研讨课中学到了东西。这些研讨课有一个共同点，即学生参与到一个循环往复的过程中，该过程有模拟游戏支持，并有讲师指导，在总体上丰富了学生创业方面的相关知识。但是关于具体创业学习效果的证据则更为稀缺，比如有关初创企业融资、创业计划书设计或其他创业决策的相关知识的获得。换句话说，迄今为止，并没有太多文献关注参与者在创业模拟游戏研讨课中所学到的知识。此外，对于商业模拟方法效果研究的回顾分析，大多是基于工商管理硕士学生的意见及其对学习效果的反馈。然而，创业课程的受众对象也有非商科类学生。这些学生大多缺少关于创业管理和创业思维的原生知识，因此他们成为了与众不同的模拟培训目标群体。创业研讨课的目标之一是为非商学院学生提供创业方面的"速成课"。据我们所知，目前还没有衡量是否所有专业的学生通过模拟游戏取得了同等学习效果的相关分析。

模拟游戏研讨课是建构主义的教学手段

教授创业课程的老师经常觉得通过授课、布置阅读任务的经典教学方法与其所在学科的复杂程度并不相符。为了让课程具有真实性，他们常常决定将授课和案例结合起来，有时候是将授课和实践项目结合起来。现在计算机模拟方法使学生可以在相同的模糊程度和风险条件下，在其日常事务中体验第一手真实创业行为（Sexton and Upton，1987）。让学生在模拟游戏中体验创业行为，是一种基于建构主义学习理论的教学方法（Piaget，1950）。根据该理论，学生通过审视自身的体验来获得知识。教师在其中的作用仅限于促进学生积极主动地边做边学。理想情况下，这种学习还应该包含一个双环学习过程（Argyris and Schön，1996），这种学习过程鼓励学生去重新思考那些已被证明为不充分的概念。

创业模拟游戏可以被视为真实创业过程的动态模型，在真实创业过程中，决策变量的均衡数量需要整合几个子单元，例如市场机会或为初创企业业绩进行的新融资（Keys and Wolfe，1990）。这个游戏提供了在同一个市场环境中创业管理相互依存与竞争的一手经验。通过寻找和分配所需虚拟资源及在决策过程中把握具体虚拟市场框架中的机会，参与者白手起家，创建一个公司（Klabbers，1999）。后续问题应分别受到创业模拟游戏和所使用的软件的重视。除创业计划书和初创企业融资外，创业还包括在游戏的虚拟市场里出现的机会识别，以及争取尚未控制的资源并让其服务于机会识别。这种具体的经验及其结果被参与者观察和反映在一个具有即时反馈特点的迭代过程中。该想法是加速建立长期规划情境的行动框架，以便反映整个创业过程（Keys and Wolfe，1990）。模拟游戏之间的相似度很高，因为它们要求从那些将处理信息视为创业过程第一步的学生中获得信息。然后，参与者要面对其决策的结果，所做决策既关于收益、损失、流动性状况或市场占有率，也关于其他虚拟竞争者。标准商业游戏模型通常设计用来作为证明项目管理依存度及战略的一般原则。然而，像 TOPSIM 这样的创业模拟游戏，通过教授机会识别、撰写创业计划及初创企业融资来整合所需的新资源，超越了一般管理及小企业问题。但现有创业模拟游戏在其情境的可信度、复杂程度的适应性及它们的技术可靠性方面存在差异。

模拟游戏研讨课是一个在真实情境中为问题导向型学习提供内在激励的教学方式（Gee，2003）。与建构主义学习理论一致的是，参与者在试误过程中得出结论，有利于逻辑思维能力与解决问题能力的提升（Whitebread，1997）。但这些都是教学方法的普遍特征。

模拟游戏研讨课特别针对未来创业者的需求，创造了一个"包容失误"的环境，以理解、选择和适当地发展一套重要的创业技能。风险评估及其更深层次的综合理解是有效模拟游戏的重要组成部分。此外，创业者和学生被迫应用或多或少的从具有理论特点课程中获得的惰性知识（Krizand and Hense，2004）。这有助于记忆、理解及进一步积极运用惰性知识。因此，批判性思考替代了没有反思的学习。正是因为创业通常需要在不确定性和包容未知的情况下进行决策，所以这一点显得更为重要。最后，我们有可能将模拟游戏描述得非常逼真，因为它们通常需要团队建设的过程，比如初创企业所必需的那些过程（West，2007）。以TOPSIM 游戏软件为例，由于时间限制，只有在其进行真正的团队合作时，模拟游戏才能真正发挥作用。该游戏体现了团队创始人之间统一目标及有效地和平解决冲突的重要性，而这些冲突在不确定情况下几乎是不可避免的。

从理论的角度看，研讨课的目标不仅是要获得各种关于初创企业问题、营销和财务问题的新知识，而且需要深入了解变革过程本身。如果参与者不仅能将自己已有的知识与具体环境联系起来（Bransford et al., 2000），还能获得关于竞争对手决策的相互依赖性及其动态变化的可能性，那么创业模拟游戏就是成功的。先前获得的关于机会的信息可能并不总是正确的，对于这一事实的敏锐认知，于创业者和其他在动态环境中的行为人来说，是一个非常重要的培养目标，尤其是在竞争对手和自己的初创企业之间的动态关系，往往会带来新的机遇。最后，创业兴趣的提升是一个重要的教学目标。

然而，很多教学目标必须根据参与者先前的商业知识进行进一步划分。鉴于商科学生本就有足够的基础知识，能够在游戏进程中专注于创业中各种因素间的相互关系，而非商科学生可能最先需要的是一个全面的介绍。因此，非商学院研讨课的第一目标是帮助学生了解一些基本创业概念。同时，构建知识间的相互关系及总体了解知识也是不容忽视的。尽管不同目标的重要性可能因团体不同而有所差异，但大多数情况下，文科、理科和商科学生的教学目标都是相似的。

假设

基于上述游戏模拟研讨课的所有教学目标，我们现在有必要了解模拟游戏参与者对自身在模拟游戏中学习所获的有关认知（关于所使用软件的细节，参见下一节）。在所有可能感知到的学习效果之中，我们要集中分析创业内容及内容间的相互关系，因为这些是未来创业者最重要的培训目标。这是最基本的培训内容，因为创业者在机会识别领域或在动态环境中的企业业绩评估方面所犯的错误对于初创企业的生存来说是非常危险的。因此，我们尤其需要在这些方面通过学习获得良好效果，与此同时，普通的业务领域中此种学习效果也是我们所追求的。

对于主要商业变量及创业思考方式的积极运用和反思的重复过程可

以加速学生在模拟中的学习。在创业活动各个方面所做的决策都要求参与者能对这些方面进行思考，这就可以使他们对话题具有敏感性，并进一步让其了解学习新知识的必要性。因此，我们假设所有教育背景下参与课程的学生都要学习新的技术和能力，譬如创业计划写作、风险融资及诸如机会识别、控制、营销及理解创业决策等相关的创业初期的具体问题。那么，大学所有专业的模拟游戏参与者应该相信通过参与创业模拟游戏（H1），各个被检测领域内的能力都会得到相应增强（假设一）。当然，这种考虑软件设计的预测取决于使用计算机模拟游戏解决创业问题，而不是管理问题。

在 H1 的假设中，所有参加研讨会的学生都认为他们已经学到了一些重要的东西，除此之外，按照大学学科差异来进行进一步分析也是有必要的。具体来说，人们认为商学院的学生可以依靠已有商业知识，而理科或文科的学生通常是不能依靠其既有知识直接创业的。由于模拟研讨课的主要目标之一就是对知识进行整合，因此似乎可以合理地假定，相比较那些需要学习基础内容的学生而言，有基础知识的学生在了解关键商务技能之间的相互关系时更为容易。因此，我们假设商科学生就相互关系和其他复杂的商业问题所反馈的感知学习效果应该强于非商科学生在这几方面的感知学习效果（假设二，H2）。然而，在涉及创业模拟游戏的研讨课中，学生们可以获得有关基础知识的训练，作为一门基础速成课，它为非商科学生概述了创业问题，并使得游戏对他们具有同样的吸引力。这使我们得出第三个假设（假设三，H3），即参与课程的非商科学生将比商科学生在基础商业技能上体验到更高的感知学习效果，诸如管理、营销等各个方面。

评估方法

在 2004 年到 2006 年之间，我们收集了 2161 份创业者和学生的匿名意见，这些意见是关于 TOPSIM 模拟游戏软件中 108 节研讨课中模拟游戏方法的质量[①]。由于评估结果取决于使用的具体软件，我们简略地介绍一下它的主要内容并描述一下使用这一软件的研讨课的组织结构。

TOPSIM 软件允许参与者在它不同的版本中虚拟建立、管理冲浪板的生产和储存，运动自行车的管理和储存，以及网上商城或健身俱乐部。这是服务培训的软件版本。无论所使用的版本如何，所有研讨会的组织方式都采用英语或德语作为计算机模拟语言，并从软件设计提供的虚拟市场中寻找一个可用的机会，并以这个机会作为撰写创业计划的起点。参与者在虚拟网络（附属于游戏的具体数据库和真正的互联网）中搜索虚拟市场的信息，由此学会如何在市场中发现机会。创业模拟软件中虚拟市场的设计目的是揭示既定商业环境中的机会（冲浪板、自行车和健身俱乐部）。由于市场决定了将要建立什么样的企业类型，所以这一软件只允许初创企业在市场机遇中创业，因此它非常具有创业精神。机会可以从有关地点、劳动力和资本成本、机械成本和意外情况等各种信息中寻找。参与者需要在创业计划中结合所有这些细节，去为他们的事业收集资源，因为他们将要在一个没有任何资源的领域进行创业，所以他们不得不说服资源所有者雇用他们为初创企业工作。困难之处在于如何在财务限制中寻找创业机会。机会识别与创业者利用未知资源的结合，是创业模拟研讨会的第一部分内容（通常为期两天）。接下来是虚拟企业的创建，这也意味着已经设定了最重要的条件，例如位置、初始员工数量、机器种类和潜在补贴。第二天一整天，各企业会在虚拟市场中进行 6 个时间段的创业竞赛。首先，各团队收到新信息，该信息不一定与创业计划中的计划内容相符，并且可能出现新的机会。然后，他们通过基于电

[①] 本研究在德国南部 6 所不同的大学（包括帕绍大学、雷根斯堡大学，以及位于兰茨胡特、代根多夫、雷根斯堡和安贝格魏登的应用科学大学分校）和汉斯林德纳学院开展。

子表格软件（Excel）的工具计算不同方案，从而准备制定决策。大约一小时后，每个团队就会做出决策，模拟软件计算市场占有率、收益、单位成本和虚拟资产负债表。参与者将得到直接反馈，然后整个过程重新开始。

研讨课结束时，每个团队将在年会上向其他团队和讲师介绍公司的业绩，这个汇报非常具有教学价值。原因有两点：第一，参与者也许能从其他团队的虚拟体验中受益；第二，讲师能够检查并完善所得结论。TOPSIM所有版本的主要特征是：它是一次创业模拟，而不仅仅是一次管理或策略模拟。机会识别和创业计划书的撰写、与风险资本家和其他资源所有者进行谈判，以及永久地提升和区分虚拟产品的需要这几点将它和策略选择性游戏清楚地区分开来，同时策略问题也包含在模拟游戏之中。创业模拟游戏方法的一个主要优点是它包含创业和企业的所有关键方面，因而提供了一个全面而复杂的体验（了解更多信息，参见www.business-simulation.net.）。

我们的数据来源主要是研讨课的参与者，这些研讨课使用了TOPSIM初创企业建立的模拟游戏相关的所有版本。在预测试阶段，我们根据最新收集的数据，起草了一份主要基于李克特量表的两页调查问卷。在做了一些细微调整之后，就可以开始在创业研讨课上收集数据。创业研讨课是为汉斯林德纳研究所（一个促进创业的基金会）创业者、企业代表和六所大学的商科学生及部分其他专业学生举办的。由于这份问卷调查了参与者对模拟游戏研讨课的看法，因此它只能提供感知到的学习效果的信息，而没有反映学习效果的客观信息。检验客观学习效果需要在模拟前后针对详细知识进行测试，这就必然会缩小研究的主体和数据收集的范围。由于对创业模拟游戏研讨课中可获得知识的现有研究少之又少，所以我们决定做更多的探索式设计，这也主要取决于人们的感知，但能够允许我们在更大范围内收集数据。为了保证数据最大程度的可靠性,所有参与数据收集的讲师都要严格确保匿名性。

在模拟游戏文献中,有关可靠性的另一个问题是晕轮效应。这一效应假设参与者的模拟表现和他(她)的游戏评估存在一定关系。但是,沃什布什和戈森(2001)提出了反对这一效应的证据。为了得到真实的答案,我们决定在数据收集过程中确保严格的匿名性。遗憾的是,这一决定妨碍我们了解测试数据自身中是否存在这一效应。不过,虽然我们的设计可能无法让我们检测晕轮效应,但通过得出更多真实的答案,它可以最大限度地减少这种效应。

运用现代计量经济学的方法可以表明,本实验的结果是稳定可靠的。首先,案例数量确保我们可以不使用具有很大争议的多重填补法。我们共有846个完整的可进行多变量分析的学生案例。不同学习效果变量中的缺失值被赫克曼(Heckman, 1979)程序检验过,可以忽略不计。我们进行了方差分析,但由于数据不平衡,以及方差的异质性,我们又利用Stata 8旗舰版对参与者结构和多变量评估结果进行了描述性分析统计。

参与者特质与感知学习效果

我们的数据集结构如下:21.6%的参与者为创业者,32.8%的参与者大体对初创企业感兴趣,42.1%是必修研讨课的成员。剩下的参与者要么是没有表明参与动机,要么是选择了"其他"。我们对创业者的定义是:最近创办了企业的人(5.8%)或处于计划创业阶段的人(15.7%)。此外,"大多数时候感兴趣"和"必须参加"的范畴包括很多学生。由于研讨课被纳入课程之内,而针对创业者的研讨课并不会定期举办,因此自然大部分参与者都是学生。在下文对不同大学不同专业学生的感知学习效果分析中,我们没有将创业者纳入数据库,而是将在另一篇论文中对其进行描述。

由于研讨课主要针对毕业班,所以学生的平均年龄是 24 岁。由于大部分参与者都是男性(61.3%),所以创业似乎仍然是一个男性主导的话题。约有 45.8% 参与研讨课的学生称自己家中有创业者。这能为他们提供一个积累管理企业的实践经验和技能知识的机会。

我们根据参与学生的研究课题对数据库进行划分,得到 3 个主要子群。商科学生最多,有 406 人。排名第二的是理工科学生,有 298 人。其余 142 人是文科学生,其中包括从事教学认证的学生。这部分学生的一般性特征与上述所有学生的数据情况并没有显著差异,除了以下标准:理科学生大多是男性(87.9%),并且他们打算放弃参加商业课,因为他们中的大部分人(60.4%)是被迫参与创业模拟研讨课的。相反,65% 的文科学生是因为对这个课题真正感兴趣才参加的,那些承认被迫参加研讨课的只占 35%。大多数文科学生是女性(62.7%),但商科学生的性别比例几乎是持平的(47.5%)。另一个发现也很有意思:那些家中有创业者的学生在选择大学时更倾向于进入商学院。几乎一半(46.9%)的商学院学生称他们家中有创业者,而家里有创业者的理科生和文科生分别只占 37.2% 和 40.9%。

为了恰当地评价感知学习效果,我们还收集了参与者的商业教育背景数据。平均来说,43.2% 的参与者表示他们已有的商业知识是"良好的",甚至是"非常好的"。然而,对子群的分析则展现了一个非常不同的画面:三分之二(64.2%)的商科学生表示他们已有的商业知识良好或非常好,对于理科生和文科生,这一比例分别降到仅有 16% 和 12%。因此,大部分非商科参与者需要在参加模拟研讨课之前,先积累商科基础知识,然后再从研讨课最重要的方法中获益,也就是识别创业机会、看到工作中关键变量之间相关性的复杂体验。

我们既然已确立模拟参与者的背景,接下来就可着手研究感知学习效果。我们让参与者陈述研讨课是否丰富了他们关于创业教育课题的知识，包括创业计划书的撰写、创业过程中应注意的特殊问题、策略、金融和投资者关系，以及管理和营销方面。另外，我们想知道参与者在参加完模拟研讨课后，是否能够更好地理解复杂的商业和跨学科、创业决策和管理之间的相互关系（参见表13-1）。由于大学里学习和研究课题的选择因性别不同而有所不同，所以我们将分别展示不同性别参与者的学习效应。

经测试，感知学习效果有很多相符之处（分为"完全符合"和"大致符合"），包括知识内容（表13-1中第二组变量），以及复杂的高层次训练目标（表13-1中的第一组变量）。在调查对象中，73.9%的商科学生和73.8%的文科学生都承认存在上述感知学习效果。稍少一些的理科学生（平均68.5%）认为有学习效果。值得一提的是，尽管大多数理科学生是被迫参加研讨课的，但是有三分之二的学生还是学到了一些创业内容和技能。因此，根据参与者的感知（假设一），我们可以发现，理论上假设存在的这种知识内容的学习过程，以及对复杂的相互关系和创业决策的理解，都是可以通过模拟游戏研讨课来实现。但这并不是说不同子群学生的学习方式是相同的，而是说在这一点上有必要强调的是，我们衡量主观感知的学习效果，即能力变化率，使商科学生和非商科学生都可以感知到同等的学习效果，并在不同水平上相应地提高自身能力。

我们仔细观察表13-1就能够发现差别。通过学科及性别划分的方式进行研究仍具有重要的意义，且对于商科专业的学员几乎相同；但在非商科专业中，性别起到了一定作用。有趣的是，在理科方面，男性在模拟活动中表现出更高的平均学习效应；相比之下，文科专业的女性表现出更高的平均效应。因此，"学生性别"这个独立因素无法充分预测模拟研讨游戏的主观学习效果。

表 13-1　不同学习效应之间的符合率（%）

符合率	商学 男性	商学 女性	自然科学 男性	自然科学 女性	人文学科 男性	人文学科 女性	方差分析
概述	90.2	85.9	82.1	80.6	83.0	89.9	
团队合作	83.4	85.1	78.4	76.5	75.9	84.3	**
创业思维与行动	82.8	83.9	78.0	73.5	76.7	92.3	
跨学科相互关系	67.2	82.3	56.4	59.4	66.1	64.8	
实践经验	69.8	70.8	47.1	38.2	64.4	71.9	***
经济关系	81.9	81.1	75.8	58.8	81.7	84.6	
管理	70.1	64.8	66.9	66.7	71.7	68.1	
经济认知	77.0	69.9	67.9	61.8	75.0	75.8	
创业问题	81.4	79.6	77.7	79.4	69.0	85.6	
商业目标	61.9	57.7	57.3	43.8	59.3	58.4	
控制	66.5	62.3	63.7	52.9	75.0	67.8	*
策略	78.8	76.3	80.2	91.2	81.4	79.8	***
营销	80.5	80.6	81.5	67.6	67.9	83.5	
商业计划	69.8	74.9	70.8	64.7	78.3	75.8	*
了解投资者	63.4	54.6	61.8	38.2	49.1	55.6	**
信息超负荷	61.0	70.2	59.3	69.2	66.0	66.7	
性别均值	74.1	73.8	69.1	63.9	71.3	75.3	
均值	73.9		68.5		73.8		
n	193	213	262	36	53	89	

注：* 10% 显著性；** 5% 显著性；*** 1% 显著性。

最重要的感知模拟学习效率也随着学习科目和学生性别的变化而变化，至少在非商科专业中是这样；然而，所有商科学生在三个最重要的学习效果中处于相同层次。学生最明显的学习效果就是大致了解创业都需要什么，其次是团队合作经验，第三是实践创业思维和行动的机会。对于那些非商科学生，尤其是对于文科女生来说，最重要的感知学习效果是创业思维及行动上的实际经验；然而，对于理科女生来说，策略学习是最重要的。对于所有非商科女生来说，了解如何创业占第二位。对于理科女生来说，第三重要的是对于创业相关问题的学习，对于文科女生来说则是了解经济方面的互相关系。了解经济方面的相互关系对文科男生来说占第二位，关于策略的学习则占第三。在这方面，理科男生和文科男生相同：理科男生也把关于策略的学习放在第三位，但把对营销的认知放在第二位。总结这些研究成果，我们得出结论：各学科的学生都愿意通过模拟游戏对创业相关知识有一个大致了解；商科学生尤其喜欢有团队合作和创业思考的经历，而文科学生则在经济相互关系中取得了较高的学习成效，作为未来科学家的理科学生则对于策略学到很多。

由于概述变量通常是最高的，所以我们可以得出如下结论：创业模拟研讨课使大多数参与者（超过80%）对于专职创业有了更多了解，并且使他们在某种程度上熟悉了创业中的突发事件。而且，长期的学习促使学生们更好地了解了经济的相互关系、初创企业的相关问题、创业计划书的撰写、战略规划及市场相关问题。因此，创业模拟研讨课的确能够使学生快速入门，熟悉创业内容及相互关联的复杂关系。

由于学生分组不同，最主要的问题就是当结果有很大区别的时候，学习目标是否存在。在解释表13-1中一致性的百分比时需要注意的是，不同学生群体之间的百分比差异仍然包含其他因素的影响，例如创业者家庭背景、既有商业知识水平，以及源于兴趣的自愿参与程度。因此，对于表中所提及的所有学习目标，我们制定了一个多变量方差分析模型，用以检测主要学科对不同感知学习效果研究的主体、控制变量，以及学生性别的影响。大学课程对于感知学习的重要性在表13-1中的16个方差模型中得以体现，其中占显著性水平10%、5%和1%的比重水平分别用一星、二星和三星标记。对于大多数学习目标而言，大学课程的影响并不明显。这说明如果考虑到控制变量（主要是研讨课程自愿参与程度与既有知识掌握程度）的影响，不同领域的学生感知到的学习体验并无差别。虽然影响是相对的，但在他们主观看来，参加研讨课的工程学院学生所学到的关于商业的相互关系、创业管理及市场方面的知识和商科学生及文科学生所学到的一样多。在附录中的表 13A-1 中可以看到很多关于不同感知学习效果的方差模型分析。该表体现了各个因素的平均平方和，以及在 10% 和 1% 水平上的显著性。影响最大的控制变量是自愿参与程度，也就意味着参与者对研讨课表现出了极高的兴趣。接下来是既有商业知识水平，第三是参与者的性别。女性倾向于拥有更高的感知学习效果。在对创业内容和创业思维的感知学习方面，创业家庭背景因素没有显著影响。

考虑到这些不同学生群体学习成绩存在显著差异，最初的有趣结果涉及测量复杂高阶效应的分析变量的前半部分。而感知学习的显著差异只能通过一些方法论变量才能找到，即团队合作和实践练习。后者尤其受到科学家相关意见的影响，显然这些科学家不会将计算机模拟研讨课作为实践经验。任何学生都可以通过模拟游戏来完成所有其他复杂的学习目标，如概览、创业思维及行动、相互关系或者管理等。因此，由于其他学院学生在该领域相对于商学院的学生没有任何优势，假设二被否定。

仔细观察创业内容变量（表 13-1 的下半部分），情况发生了变化。感知学习目标变得更加明确、显著，并且随着学生组别的变化而发生明显变化。内容变量反映了创业的基本知识及商业知识，我们观察到商科学生反馈的感知学习效果稍低于我们在假设三中假设的效果水平，因为这些学生在之前已经获得了这两方面的知识。出人意料的是理科学生和文科学生这两组非商科学生分组也表现出不同的感知学习结果。此外，在表 13-1 中，如果在不同变量方差模型中控制自愿参加、创业家庭背景、性别和既有知识等因素，学科的重要影响就变得很明显。在创业计划写作和控制问题方面，文科学生在所有组别中表现出最好的感知学习效果，且效果很显著；反之，当涉及投资人的时候，理科学生在两组非商科学生中取得了更好的感知学习效果。因此，假设三仅仅对于有策略的感知学习发挥作用，这可能是创业活动一个出乎意料的方面，比为非商科学生做营销工作更加令人感到意外。这也可以解释不同感知学习的重要性。有趣的是，对于其他创业内容变量，假设三并不适用。这或是因为这两组非商科学生在学习上有显著差异，或是因为商科学生和非商科学生在主观学习效果上没有差异。

关于内容变量有两个有趣的结果：在创业问题、商业目标及市场和信息处理方面，创业模拟能够使各学科学生收获同样的高质量学习效果。这些学习目标的共同之处在于他们很少受到实践项目或任何其他面向应用的教学方法的限制，所以学生们需要学习的还有很多。因此对于所有学生来讲，还有许多亟待学习的东西。另一方面，在控制、创业计划撰写及投资者这三个感知学习目标方面的结果也会导致学生群体之间存在差异。这可能是由理科学生和文科学生不同的学习方法和心态造成的。草拟一个以感知机会为基础的创业计划需要创造力和歧义容忍度，这两种特质是从文科学习而不是理科学习中习得的，所以，文科生在这个领域更易于获取知识，而理科生在学习过程中会很快发现资金问题，进而可能对投资者的需求更加敏感。但是，尽管感知学习的结果在内容变量上存在着显著的差异，但仍然需要注意的是，感知学习效应可以在所有参与者身上观察到，并且普遍处于较高水平。

结论

考虑到我们所有的研究结果，并借鉴我们作为模拟研讨课教师的经验，我们建议商学院内外都应用创业教育模拟游戏研讨课。通过我们的846名模拟讨论课参与者的数据集，我们可以看出参与者在学习新的创业内容及复杂的创业思维时，会经历主观学习过程。对于那些可以利用既有知识经验的商科学生和非商科学生（如未来的科学家或者文科学生）来说，情况均是如此。在学生反馈的学习水平方面，在同一水平上的参与学生群体经过学习之后会产生复杂多样的学习效果，例如他们对创业相互关系的理解或对创业思维和行动的理解就会有所不同。对于一般创业内容，学生的感知学习水平仍然普遍较高，但在被测学生群体显示出显著差异。因此，创业模拟可用于获取更深层次的洞察力，也可用于激发学生对创业基础知识和该领域快速入门课程的兴趣。通过这种方式，非商科学生可以敏锐地感知到整个创业领域的行为。这些知识有助于建立非商科领域的模拟游戏研讨课，而且该模拟研讨课只需为期一周的时间安排。本次研讨课的优势在于，它不会在非商科学院的工作周期间让学生脱离自己的主学科或混淆已建立的课程时间安排。因此，从实用性的角度来看，创业模拟很容易被接受，即使在非商科课程中也是如此，并且教师可以向学生推荐创业模拟研讨课。创业教育模拟游戏研讨课被视为广谱式创业教育中一个极具价值的激励教学法。

参考文献

Argyris, C. and D. Schön（1996）, *Organizational Learning II: Theory, Method, and Practice*, Reading, MA: Addison-Wesley.

Bransford, J.D., A.L. Brown and R.R. Cocking（2000）, *How People Learn: Brain, Mind, Experience, and School,* Washington, DC: National Academies Press.

Feinstein, A.H. and H.M. Cannon（2002）, 'Constructs of simulation evaluation', *Simulation and Gaming*, 33（4）, 425–440.

Feldman, H.D.（1995）, 'Computer-based simulation games: a viable educational technique for entrepreneurship classes?', *Simulation and Gaming*, 26(3), 346–360.

Gee, J.P. (2003), *What Video Games Have to Teach Us about Learning and Literacy*, New York: Palgrave Macmillan.

Heckman, J. (1979), 'Sample selection bias as a specification error', Econometrica, 47, 153–161.

Keys, B. and J. Wolfe (1990), 'The role of management games and simulations in education and research', *Journal of Management*, 16, 307–336.

Klabbers, J.H.G. (1999), 'Three easy pieces', in D. Saunders and J. Severn (eds), *The International Simulation and Gaming Research Yearbook 7*, London: Kogan Page, pp. 16–33.

Klandt, H. and C. Volkmann (2006), 'Development and prospects of academic entrepreneurship education in Germany', *Higher Education in Europe*, 31(2), 195–208.

Kriz, W. and J. Hense (2004), 'Evaluation of the EU-project "SIMGAME" in business education', in International Simulation and Gaming Association (ed.), *Bridging the Gap: Transforming Knowledge into Action through Gaming and Simulation,* Munich: SAGSAGA, pp. 352–363.

Li, E.Y. and A.S. Baillie (1993), 'Mixing case method with business games: student evaluations', *Simulation and Gaming,* 24(3), 336–355.

Piaget, J. (1950), *The Psychology of Intelligence*, New York: Routledge.

Ronstadt, R. (1987), 'The educated entrepreneurs: a new era of entrepreneurial education evolves', in C.A. Kent (ed.), *Entrepreneurship Education*, New York: Quorum Books, pp. 69–88.

Sexton, D.L. and N.B. Upton (1987), 'Evaluation of an innovative approach to teaching entrepreneurship', *Journal of Small Business Management*, 25(1), 35–43.

Solomon, G.T. and L.W. Fernald (1991), 'Trends in small business management and entrepreneurship education in the United States', *Entrepreneurship Theory and Practice*, 15(3), 25–39.

Timmons, J. (1990), *New Venture Creation: Entrepreneurship in the 1990's,*

Homewood, IL Irwin.

Tompson, G.H. and H.B. Tompson (1995), 'Using simulations for group projects in business school education', *Journal of Education for Business*, 71(2), 97-102.

Venkataraman, S. (2004), 'Regional transformation through technological entrepreneurship', *Journal of Business Venturing*, 19 (1), 153-167.

Washbush, J. and J. Gosen (2001), 'An exploration of game-derived learning in total enterprise simulations', *Simulation and Gaming*, 32(3), 281-296.

West, G.P. (2007), 'Collective cognition: when entrepreneurial teams, not individuals, make decisions', *Entrepreneurship Theory and Practice,* 31(1), 77-102.

West, G.P. and E.V. Wilson (1995), 'A simulation of strategic decision making in situational stereotype conditions for entrepreneurial companies', *Simulation and Gaming*, 26(3), 307-327.

Whitebread, D. (1997), 'Developing children's problem-solving: the educational uses of adventure games', in A. McFarlane (ed.), *Information Technology and Authentic Learning*, London: Routledge, pp. 13-37.

Wideman, H., A. Owston, C. Brown, A. Kushniruk, F. Ho and K. Pitts (2007), 'Unpacking the potential of educational gaming: a new tool for gaming research', *Simulation and Gaming*, 38(1), 10-30.

Wolfe, J. (1976), 'The effects and effectiveness of simulations in business policy teaching applications', *Academy of Management Review*, 1, 47-56.

Wolfe, J. (1997), 'The effectiveness of business game in strategic management course work', *Simulation and Gaming*, 28 (4), 360-376.

Wolfe, J. and M. Chanin (1993), 'The integration of functional and strategic management skills in a businessgame learning environment', *Simulation and Gaming*, 24, 34-46.

附录 13A

表 13A-1　不同感知学习效果的方差分析——各因素的平均平方和报告

平均平方和	学科	自愿性	既有知识	性别	家庭	模型
概述	0.03	12.57***	0.32	0.06	0.45	2.43***
团队合作	2.01**	4.27***	2.94***	1.60*	0.00	2.03***
创业思考 & 行动	0.14	8.20***	0.39	1.04*	0.40	1.90***
学科间相互关系	0.35	4.02***	1.34**	2.55***	0.01	2.47***
实践经验	5.11***	10.78***	2.82***	1.81**	0.37	6.02***
经济关系	0.88	4.55***	0.65	0.90	0.02	1.57***
管理	1.03	8.10***	1.27**	1.45*	0.58	2.03***
经济认知	0.83	4.93***	1.36***	0.17	0.46	1.52***
创业问题	0.54	5.34***	1.17**	0.51	0.03	1.32***
商业目标	0.29	4.96***	1.12**	1.47*	0.08	1.52***
控制	1.55*	7.65***	1.59**	0.29	0.01	2.07***
策略	2.59***	7.21***	1.46**	0.73	0.14	1.78***
营销	0.65	3.68***	0.58	0.66	0.11	1.89*
企业规划	1.79*	4.35***	2.03***	1.41	0.15	1.97***
理解投资者	2.09**	7.74***	1.14*	0.69	0.05	1.87***
信息过载	0.27	5.53***	0.32	1.39*	0.37	1.54***

注：* 代表显著性，其中 * 为 10%；** 为 5%；*** 为 1%。

第十四章 创业与法律的交叉：一场体验式学习交流

马修·M. 马尔斯　谢里·霍斯金森

引言

创业被看作美国高等教育体系中发展最为迅速的研究领域之一（Katz，2003：284；Kuratko，2006：484）。而创业教育的这种迅速发展并未局限在商学院中。具体来说，创业教育课程已经被正式纳入技术领域中，如工程学、生物科学、光学及一些文科类科目中，包括历史学、社会学和美术（Hynes，1996：11；Katz，2003：295；Mars，2007：43）。因此，开设新的创业课程、选修课程，进行弱结构化的认证，能够将创业原则、创业思想融入高等教育课程体系中。

本章重点关注的是一种体验式学习模式，该模式在临床环境下将创业教育学院的学生与法律系学生联系起来。具体来说，本章描述亚利桑那州图森市亚利桑那大学的创业和法律专业交流项目实施第一年的情况。这次交流将麦奎尔创业中心的创业专业学生和詹姆斯·E. 罗杰斯法学院（James E. Rogers College of Law）的法律专业学生组织在一起，旨在通过运用课堂知识直接解决模拟的"现实世界"问题，形成强大的创业与法律的技能组合。对这次交流的讨论主要包括学生和指导教师的报告及对这种交流方法的优缺点分析。另外，讨论还包括本次交流是如何反映当前知识经济环境下的创业和法律条件的。最后，本章还给出了如何在科技领域及文科领域中复制这一交流方法的建议。

背景及相关文献

当代的经济环境使在市场中寻求竞争优势的创业者有必要高度重视和管理其保护知识产权的手段与方法（Kwan and Lai，2003：854；Landjouw and Schankerman，2004：45）。所谓的"知识经济"的高度竞争本质，很大程度上是全球化和商业创新的大爆炸与快速消亡产生的（Powell and Snellman，2004：201）。为了把握新兴市场机会，创业者比以往任何时候都需要深刻了解知识产权保护领域和风险机会的法律影响。

促进知识经济发展的创新，大部分是通过应用科技研究领域中的硬技术实现的。然而，以人际交流、合作、创新和战略网络为中心的软技能，对知识的传播及商业化也起着决定性作用。奥德雷奇（Audretsch，2007：91）说道：

也许，对知识经济的最重要的一种理解，就是知识经济并非仅仅指代科学和技术知识，还指代所谓的软技能和能力，比如：创造能力、交流技能、情商，这些都可能已经被经济学家打上了知识的标签。

然而在当今的知识经济时代，这些所谓的软技能常常被我们所忽视。跨学科创业教育模型的产生和传播，能够促进这些软技能的发展。施拉姆（Schramm，2006：121）将高等教育视为国家维持其全球经济和政治力量的方程式中一个不可或缺的变量。古往今来高等院校都是知识和智慧资本的宝库。人们认为，这些资源的社会价值和经济价值是通过创业道路来实现的，这些创业道路将创新从学院引入自由市场中。创业教育就是这样的一条创业之路，近年来，随着跨学科合作和学生创业者的机构逐渐增多，创业教育得到了加强（Mars et al., 2008）。

创业教育的跨学科延伸已经孕育出一种学习环境。这种学习环境在参与面和话题面上都十分广泛。创业理论、原则和实践的教学方式与多种多样的课程相融合，这些课程又与同样多种多样的科技、经济、社会问题有关（Mars，2007：43）。比如，创业原则和应用都已经被并入自然科学及工科课程之中（Creed et al.，2002，185等）。除此之外，在2005年春季版的《同行评审》中，一篇名为《文科教育及创业精神》的文章将创业教育确定为促进领导能力、公民参与和在文科课程内外解决创新问题的可行机制。

尽管在各学院和大学的课程中开展了将创业教育制度化的重大举措，但并非所有现行学科领域都是作为创业学习的平台，其中一个尚未建立的交叉学科就是创业和法律。因此，本章记录和描述了在麦奎尔创业中心研究创业的学生和在亚利桑那大学詹姆斯·E. 罗杰斯法学院研究法律的学生之间进行的一次学习交流，由此进一步鼓励在全校范围内开展创业教育。一方面，学习创业的学生具有多方面的创业兴趣，涵盖技术、环境及社会领域。另一方面，学习法律的学生对知识产权的保护和管理、税收及合约协议等法律领域很有兴趣。

本章的交流学习主要探讨模拟市场环境下发生在有抱负的创业者和未来律师之间的交易。创业学生主要受益于这种交流，因为他们对在知识经济中开展市场活动的法律复杂性有了更明确的理解。法律系学生获得了在以下领域为创业者提供法律指导的机会，包括公司税、知识产权管理和保护、证券和组建公司等领域。此外，交流双方的学生都接触到了另一种学科文化和专业文化，否则他们都不会有这样的教育经历。

理论框架和方法

本章讨论的学习交流以体验式学习理论为基础。体验式学习理论（ELT）起源于杜威（Deway，1938）和皮亚杰（Piaget，1952）的著作，大卫·A.科尔布（Davie A. Kolb，1984）继而将之发展为一个综合性的学习框架。科尔布将体验式学习定义为一种多样化学习过程，这一过程发生在知识与经验的多样交叉及观察、反思和行动中。这一过程包含四种学习方式，通常我们将这四种方式归纳为两组，每组两种。这两组学习方式让学习者都能够参与到实践中，并且在实践中将经验转化为有意义的知识。体验式学习循环中的第一组学习方式，即具体体验方式和抽象概念化方式，阐述个人如何获得体验。其中具体体验方式是个人通过有形互动来获取新体验的学习方式。抽象概念化方式指的是个人通过系统化的过程及分析来获得和储备经验的方式。第二组学习方式，即反思观察方式和主动实验方式，阐述人们是如何将体验转化为知识的。反思观察方式涉及通过观察和内在反思将经验转化为知识的过程。主动实验模式以亲身实践的实验方法为中心，通过体验来确定知识内涵。这四种模式构成一个学习循环，描述实验和加工如何将经验转化为有意义的内在知识（见图14-1）。

选择将体验式学习理论作为在设计和实施创业法律交流过程中的主要框架，这点是有文献支撑的。琼斯和英格利希（Jones and English，2004，416）将创业描述为一种扎根于体验式学习原则的研究领域。霍尼格（Honig，2004：263）强调体验式学习的有效性，它能为创业学生提供所需的技能，以应对创业环境本身常见的流动和不可预测的市场状况。体验式学习模式也被认为是法学院采用的一种有效学习策略（MacFarlane，1992：293）。鉴于体验式学习理论已为增强创业和法律交流提供了理论框架，本章对前面的文献有所贡献。

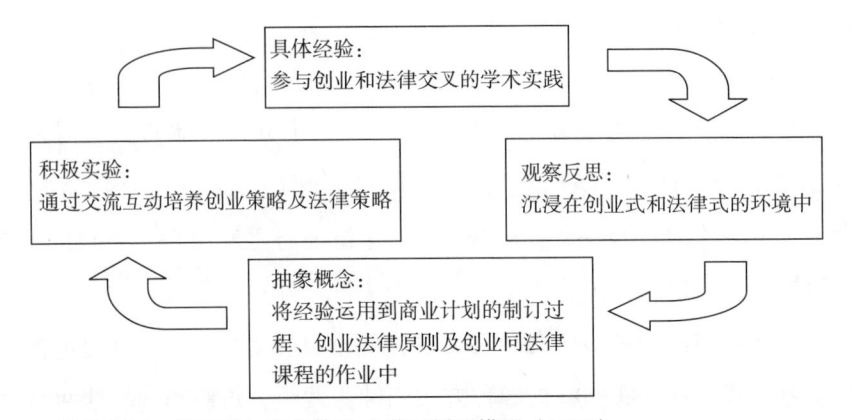

```
         ┌──────────────────────┐
    ┌───▶│ 具体经验：              │───┐
    │    │ 参与创业和法律交叉的学术实践  │   │
    │    └──────────────────────┘   ▼
┌──────────────┐              ┌──────────────┐
│ 积极实验：      │              │ 观察反思：      │
│ 通过交流互动培养  │              │ 沉浸在创业式和   │
│ 创业策略及法律策略 │              │ 法律式的环境中   │
└──────────────┘              └──────────────┘
    ▲    ┌──────────────────────┐   │
    │    │ 抽象概念：              │   │
    └────│ 将经验运用到商业计划的制订过 │◀──┘
         │ 程、创业法律原则及创业同法律 │
         │ 课程的作业中             │
         └──────────────────────┘
```

资料来源：基于科尔布的体验式学习循环模型（1984）。

图 14-1　创业和法律学生的体验循环模型

用于探讨交流第一年的结果的定性数据是通过以下方式收集的：个别访谈、学生和指导教师组成的小型焦点小组及对学生进行互动观察。访谈和焦点小组都包含开放式问题，这类问题旨在获取参加首届交流的学生和教师的体验。在个别访谈中提出的问题促使学生反思和报告交换所得（或未获得）的结果，是如何将先前获得的信息转化为有意义的知识的。此外，通过观察学生的交流，可以记录下在交流中产生的明显的学习成果。最后，通过一个基于体验式学习理论模式和交流项目目标的编码结构对收集的数据进行分析。

案例

交流项目的设计和结构

在创业和法律交流项目中，一方参与者是来自多种学术背景的本科生和研究生，包括商业、生命科学、医学、工程学、社会科学、人文学科和光学。另一方是大三的法律系学生，他们对与创业紧密相关的法律感兴趣，比如知识产权、税务、合同协议和企业结构。在第二学年期末，部分法学院的法律专业学生通过选拔参与交流项目。当时，他们即将完成一项针对创业的法律层面的实习课。该实习课是参与创业和法律交流的先决条件。在交流开始前的一个学期，双方交流生会通过创业中心举办的定向交流彼此认识。

当创业学生团队参与到这次交流中时，已经具有了一种确立的创业观念。更具体地说，通过暑假里在常驻导师指导下进行的一系列可行性研究，各队都已经确立了一个创业概念。可行性研究初步证实，每个选定的创业概念都包含潜在可行的经济机会，特定的参照标准是创新性、可扩展性和可持续性。因此，在同法律专业学生正式互动前，创业院系的学生已经参与到创业课程中。

在符合体验式学习理论的前提下，创业和法律交流的成功与否取决于学生对通过传统的教学活动获得的知识的应用。在交流期间，创业专业的学生还参与了一场创业发展研讨会，并完成两门针对企业融资和创新营销的讲座式课程。体验进程包括两部分，其中创业发展研讨会是第一部分，旨在带领学生了解企业建立过程。这种体验式研讨会由常驻导师教授。这些导师在指导创业型企业方面具有丰富经验，并且会以全职和常驻的形式参与到这个项目中。金融和营销课程由各自院系的教师教授，他们在课程的设计和传授方面能够将理论与技术相结合。因此，创业学生通过课堂和研讨会获得了多样化的知识，并在有经验的创业者的指导下成为像更传统的教授一样的导师。

在参与这场交流活动前，法律专业的学生们已经具备一些创业与法律的交叉知识。除了已经修完专门针对知识产权保护和管理的法律课程之外，参与者必须在交流开始前的一学期提前完成专门针对创业过程的法律实习。这次实习会使法律专业的学生对企业建设过程中可能产生的法律问题有一个大体框架性的了解。本课程由三位终身教职的法律教授进行教授，一些在为创业者提供法律指导方面具有丰富经验的律师也会做展示。本课程以公司法、税收法、合同法和创业法及知识产权保护和管理为依托。因此，法律专业的学生们会给这场交流带来一些有关创业法的基础知识，通过与创业学生之间的交流，这些知识将被进一步精炼和内化。

第二次实习将会以模拟法律事务所的形式进行，立足于创业和法律交流的一端，为学生提供在"临床情境"下运用已学法律知识的机会。该实习由一位经验丰富的创业法执业律师带领，并辅以第一次实习中的三位法律教授的意见。这次实习机会能够使学生将早期学习及培训中所学到的知识投入实践，这使得法律专业的学生能够将自己视为真正的律师，并在模拟职业环境中实践并运用法律。第二次实习的指导者也是一位杰出的执业律师，他如此评价创业和法律交流项目的价值：

> 从事法律工作与其他工作并没有什么不同；你从书本上学到的知识只有这么多。有时，我们必须摆脱一切辅助手段。最重要的是，法律学生可以学习如何与非律师人士沟通。他们必须面对真实的、实际的情况，而非假设的情境。他们用从法律教授那里学到的知识来处理从"客户"那里听到的信息。最后，他们将那些复杂又混乱的概念通过实用的、可理解的方式传达给那些没有受过法律教育的人。与法律教授和其他法律学生交流法律知识是一方面；而运用这些知识来与那些没有学过法律的人进行交流才是法律实践成功的关键。这次交流的经验将会在未来帮助法律专业的学生与客户进行有效的互动和沟通。

学习环境

创业和法律交流在创业中心进行。创业中心的这幢大楼象征着知识经济的创新商业环境，有数间高科技实验室和多间教室，并都由赞助的知名企业命名。创业中心反映的是一个创业工作环境,有一个学生实验室,设有非正式和正式的会议空间、八个技术工作站,源源不断的创业学生经常在此开展交流和活动。这种环境与法学院中常见的较为保守的氛围非常不同,从而使法律系学生了解到他们最终可能从事法律工作的工作环境。尽管正式的交流发生在创业中心,创业学院的学生有时也确实会去法学院同法律专业的学生们见面,以获得法律参考材料。与创业中心相比,法学院反映了与法律职业相关的结构和程序。因此,创业学生能够有机会接触到创业过程中更加具体客观的法律要素。

创业中心与法学院之间存在着物理环境方面的差异。这对于交流模式的体验性本质来说是重要的细微差异。然而,学习环境是非常重要的,其重要性不仅仅体现在物理位置和条件上。人际交往和人际沟通能够为创业学生和法律学生提供同等重要的经验,并进一步发展为在知识经济中获得成功所必需的技能组合。在谈到知识背景下直接沟通在推进创新进程中的重要性时,奥德斯表示:"知识是模糊的,难以编码,并且往往只是偶然地被发现"。(2007:94)此外,人们在新经济环境中获取和利用知识的程度高度依赖于人际网络。在创业和法律交流的背景下,参与的学生能够接触到另一方的学术和职业文化,并且有机会将现有知识和新的知识应用到适用的、高度战略化的技能组合中。

创业课程是围绕如下创业发展阶段的顺序来组织的:构思、验证、发展战略、制订创业计划及流利性、融资和应用的改善。创业课程内容要体现完善的法律策略对当代创业过程具有的重要性,尤其是在知识产权保护和管理领域的法律策略。常驻创业导师能够向大家介绍一些影响企业创立的法律问题,除了知识产权外,还包括合同、违约问题、税收,以及组织机构的形成问题。然而,向创业学生提供创业法律等方面的工作知识超出了他们的能力范围。据导师表示,创业和法律交流在最初阶段就有效地为创业学生提供了更全面的了解和经验,使他们能够通过组建和推进创业过程而开展法律方面的相关工作。一位导师说道：

> 我可以教给（创业）专业的学生在创办企业时需要考虑哪些重要的法律问题。法律专业的学生能够带领创业专业的学生对创业法律的实际操作有更加深入的理解，这使我的（创业）专业的学生能更好地了解何时及如何获得法律指导。

交流对创业专业的学生同样有好处。五名创业专业的学生组成的焦点小组积极参加了模拟法律事务所的活动。在与他们交谈时，他们都表示通过这次活动，自己对精心设计一个创业战略需要做出的法律考量有了更具体的了解并都积极参与了模拟法律培训课程的服务。学生表示创业课堂帮助他们熟悉了创业法的重要原则，还从法律专业学生那里学会了在创业过程中应当如何更好地应用所学知识。比如，一名创业专业的学生说道："我知道知识产权需要通过专利或版权的方式进行保护，但我却不知道该如何着手。法律专业的学生能够向你详述如何一步一步采取行动来保护你的发明。我现在明白该如何去做了。"另一名学生说道："虽然法律专业的学生不能向我们提供法律咨询，但是他们确实提供了几点有关责任方面的建议，这值得我们认真思考。现在我们知道若是有人在使用我们的产品的过程中受伤，我们应该采取什么措施来保护自己。"这些评价表明，通过体验式的交流过程，学生可以将在课堂上学到的知识转化为有意义的可应用的知识，并将其应用到实践中。

结果和注意事项

正如奥德斯（Audretsch，007：65）强调过的，知识经济是一个复杂的全球性社会结构。另外，希特等（Hitt et al.，2001：480）也说明了在新兴经济体中创业者获得竞争优势的重要性。针对这种环境下的战略风险和预期风险的课程已被纳入麦奎尔创业课程中,该课程形式包括课堂教学和实践活动。然而,如前所述,创业法中技术方面的知识和细节方面的知识却超出了创业导师的专业知识范畴。尽管一些学生过去会单独向执业律师寻求法律咨询,但这种努力常常不能达到令人满意的效果,且有时花费高昂,这往往与创业项目的学习目标不一致。在过去,缺乏全面的法律指导往往导致学生耗费巨大成本。这些费用常常发生在创业计划完成后学生团队试图建立企业的过程中。例如,一些学生团队由于签订了有问题的合同协议而不得不重新组建公司,或者因为与第三方签订了有缺陷的谅解备忘录而在新兴企业中失去了优势地位。

在初期阶段,创业和法律交流作为一种创新和有效的方法,为创业学生提供了更全面的针对初创企业的法律方面的学习体验。首先,法律专业学生为创业专业的学生提供了更为详尽的技术原则和实践方面的法律意见,比如执行、谅解、备忘录和保密协议,法律承认的企业形式及收购和退出策略的谈判等。其次,交流活动的灵活性使得法律专业的学生能够对创业学生不断变化的需求做出积极响应。最后,法律专业学生要在法学教授和执业律师的严密监督和指导下模拟律师事务所开展实习。通过这次交流,学生们形成了高质量的、成熟精细的法律策略。所以,创业学生有机会为他们的创业发展计划制订内容更全面的、技术上更合理的法律框架。

法律专业的学生在付出了自己不断增长的专业知识的同时也获得了回报。他们的投入和指导换来的回报不是金钱,而是体验;创业者在知识经济里寻求成功的过程中会有共同的需求,法律专业的学生在解决这些需求的过程中获得体验。知识经济在本质上远比以前的管理经济更具创业性(Audretsch,2007:16)。因此,通过参加交流活动,法律专业的学生获得了有关知识经济的宝贵见解。在体验式学习的背景下,交流为法律专业的学生提供机会,使其可以在模拟创业的环境下,为在课堂上学到的法律、知识产权与创业交叉的知识构建有形的意义。

　　交流双方都可从中受益，但是事实上所有的参与者都是学生，而不是受过充分教育的从业者。因此，可以预见该交流有一定局限，且这些局限根植于此次体验式交流学习的目标中。例如，在与法律专业学生会面之前，创业专业的学生并没有足够的能力去充分调查创办企业过程中可能会遇到的潜在法律问题。因此，在每次同法律专业学生会面之前，创业专业的学生必须在常驻导师的指导要求下安排会议议程并准备会议问题。导师在审阅议程时，不仅要对创业学生已完成部分进行严格评估，同时还要帮助学生改进问题，力求每一次交流对双方学生尽可能富有成效并且有所裨益。此外，导师不仅要向学生证明了解创业法的主要原则的价值，还要证明并了解如何最大化地利用这方面的知识价值。除了为课堂教学提供实质内容，这些准备工作也很好地模仿了市场环境下创业者和律师之间的实际交易。在市场中，律师依据交流时间提供计费服务。

　　作为交流的另一方，法律专业的学生同样面临着缺乏实战经验的问题。具体来说，法律专业的学生太过保守，以致他们停留在最标准化的问题上，例如知识产权、合约协议和组织结构问题。因此，他们讨论潜在法律策略和果断选择的能力受到了限制。在体验式学习的背景下，这种限制是可以预见的，这为法律专业的学生提供了一个理想的学习机会。因此，在交流中，法律专业的学生会受到来自法律指导团队的严格监督和指导。这种帮助也鼓励法律专业的学生迈出自己的舒适区，并开始将他们的法律知识和发展技能付诸实践，方式更类似于在"仿真"市场中律师与创业者的交流活动。

　　在与体验式学习理论一致的前提下，人们在交流模式设计之初就意识到了需要对交流过程进行密切监督，并且交流双方的学生及双方的指导团队也需要大量的接触时间。然而，学生在项目中对创业和法律知识的应用缺乏经验而由此造成的限制证明，交流过程需要比预期更多的监督和接触时间。对即将开始的交流制定的策略是招募一支由学者和专业人员组成的团队来增强创业专业学生和法律专业学生的互动，并提高交流的整体经验价值。这些辅助人员由商学院和法学院中具有创业或商业法方面专门知识的教授组成，还包括一些自愿与学生一起参与这次交流的当地律师和创业者。

除了对交流学生实行更严格的监督，创业和法律领域的专家也向学生们传授更多的专业知识，这将有助于学生更彻底地了解在知识经济环境下创办企业所面临的复杂挑战。例如，知识产权的划定和管理是一个流动的过程，而不是线性的过程，它往往需要复杂的专利调查、高级合同协议、相应的谅解备忘录及坚定的谈判策略。在麦奎尔计划中，创业学生在历史上一直面临着与意想不到的第三方相关的障碍，这种障碍主要是在于部分知识产权曾被认为不是专属于大学就是属于已经确定的外部第三方。通过增加专业指导和提高交流的复杂性，在面对复杂情况和知识型创业所固有的无法预料的法律问题时，无论是创业学生还是法律学生都将能够对其进行更为精细和深入的探索。

增加教学支持需要更多的人力成本，这对普遍存在资源短缺问题的高等院校来说是一个潜在的壁垒。对于增加教学支持这一战略，麦奎尔中心的技术指导项目中有一个先例。这个项目包括一名工程师和两名受过训练的科学家，他们拿着最低的薪酬，以帮助创业学生评估概念和发明的科学有效性和技术有效性，而这些概念和发明被视为是创业型企业发展的平台。这个技术指导项目效果斐然，它在验证新兴科技概念的整体性和实用性的过程中，为创业专业的学生提供了宝贵的科技投入。该模式将会被用作模板，用来建立一个低成本、高质量及为创业和法律交流的扩大提供专业支持的系统。

从本质上来说，创业和法律的交流旨在将两个在学术和专业方面截然不同的领域联系起来。作为交流的一方，创业专业的学生接受培训、进行社交，目的是迅速推进自己的理念，以便更好地利用市场机会。为了达到这个目标，创业专业的学生变得思维敏捷，并被鼓励使用战略性的且适时的方法来应对风险和不确定性因素。作为交流的另一方，法律专业的学生接受培训、进行社交，目的是能够系统谨慎地解决问题。就这一点而言，法律专业的学生学习的是花费必要时间来规避风险和不确定性，而不是最小化风险和不确定性。因此，在创业专业学生和法律专业学生之间存在一种内在的推拉力。尽管这种推拉所产生的冲突会给双方学生带来挫折感，但是双方解决问题的跨学科方式或专业方式差异对彼此来说也是一种宝贵的学习经验。更确切地说，这种适应用不同方式解决问题的能力，以及适应多变的职场环境的能力，在创业过程中是一个很关键的组成部分。

为了更好地突出此次交流的学术基础，行政管理框架得到了强化。首先，大家制定了内容清晰明确的多方协议（商学院和法学院，教师和导师及学生）。这些协议中进一步阐明了创业专业学生和法律专业学生之间进行的交流仅限于学术练习，并不具备法律效力。此外，创业专业的学生签署声明，同意若其所在创业小组决定进一步将他们创办的企业推入市场，那么必须从有执照的执业律师那里得到法律建议。换言之，在交流学习的过程中，法律专业学生所提供的法律信息和建议不会作为实际的法律咨询，因此，若创业专业学生参与到现实的市场活动中，法律专业的学生对此没有任何潜在责任。而交流的另一方——法律专业学生需要签署保密协议，以防止未经授权便使用创业专业学生的想法。关于再次开展此交流的一个潜在经验教训是，在实施相似的模式之前，必须先制定一个完备的权限声明。通过这种做法，学生、讲师及其他学术和专业支持人员在参与体验式交流学习的过程中不必受过多的责任约束。

更广泛的应用

　　创业和法律交流是一种创新的创业教育传播方法的狭义应用。正如本章所示，创业是一个"亲身实践"的过程，这使得体验式学习在教育有抱负的创业者方面起了很大的作用。在很多高等院校中，创业是一个跨学科领域（Katz，2003：295；Mars，2007：43）。尽管创业教育具有多样化特点，但是其内容并不充实，这种空缺也意味着那些还未参与到创业教育中的学生将失去学习的机会。在上例中，参与到此次创业和法律交流中的法律专业学生对建立企业可能并不感兴趣。但是，法律专业的学生渴望去实践那些有关知识产权和创建新企业的法律知识。这种强烈的愿望恰恰符合创业专业学生的需要。除了发展和完善专业技能外，还鼓励即将成为学习型专业人士的交流双方以对自己有意义的方式对知识进行编码。

　　科技领域的研究生越来越倾向于在私企谋求职位（Slaughter et al.，2002：283）。这一趋势常常被解读为越来越多的高校毕业生倾向于到私营企业中去应用所学的科技知识。对于那些想要在知识经济背景下充分利用科技创新的潜在价值的创业学生而言，他们在判定高科技概念的功能有效性时往往需要专家的指导。通过建立模拟科学顾问委员会，可以为创业专业学生提供机会，培养与科学家合作的兴趣及获得与科学家合作的经历。这一委员会包括在诸如生物技术、生命科学、工程和光学领域受过高级培训的学生。模拟科学咨询委员会有可能为创业学生提供关于科学的概念和/或技术完整性的宝贵见解，同时向科学和技术学生提供模拟专业科学和技术咨询的同等宝贵经验。

　　最后，人们通常认为文科并不符合创业原则和创业理念，但该模式能为文科教育内的学科领域提供潜在价值。例如，一个将创业专业的学生和有兴趣促进社会改变和社会公正的文理科学生联系起来的交流模式，很可能会使交流双方的学生产生有意义的学习成果。这种交流模式鼓励创业专业学生为新兴的社会创业者提供指导，以获得并扩展其创业技能。另外，这些学生也有机会对创业在改善社会状况方面所扮演的角色有更加全面的理解和认识。同时，文理科学生将创业效能作为社会变革的工具，同时他们也将习得可能有用的创业策略，这将有助于推动新型社会企业的创立和成功。

结论

总而言之，创业和法律交流项目代表了一种全新的方式，它为非管理学领域的学生提供了接触创业教育的机会。尽管与包括选修课程、证书、辅修课程、第二专业在内的传统教育相比，交流模式更加微妙，但它也为创业专业学生提供了强大的体验式学习平台。一部分学生通过指导和咨询对创业产生了强烈兴趣，另一部分学生采用原本领域外的方法和框架力求提高自己的技能和效力。通过在亚利桑那大学进行创业和法律交流，我们已经展示了经验交流的原则，但是它的潜在应用已经延伸到模拟科技咨询委员会模式和将创业专业学生和文科学生结合起来的学习模式上。最后，通过论证跨学科创业教育模式的价值，我们进一步提高了知识经济背景下广谱式创业教育的地位，这对所有学科研究领域的学生都有价值。

参考文献

Audretsch, D.B.（2007）, *The Entrepreneurial Society*, New York: Oxford University Press.

Creed, C.J., Suuberg, E.M. and Crawford, G.P.（2002）, 'Engineering entrepreneurship: an example of a paradigm shift in engineering education', *Journal of Engineering Education*, April, 185-195.

Dewey, J. (1938), *Experience and Education*, New York: Macmillan.

Hitt, M.A., Ireland, R.D., Camp, S.M. and Sexton, D.L. (2001), 'Strategic entrepreneurship: entrepreneurial strategies for wealth creation', *Strategic Management Journal*, 22 (6-7), 479-491.

Honig, B. (2004), 'Entrepreneurship education: toward a model of contingency-based business planning', *Academy of Management Learning and Education*, 3 (3), 258-273.

Hynes, B. (1996), 'Entrepreneurship education and training: introducing entrepreneurship into non-business disciplines', *Journal of European Industrial Training*, 20 (8), 10-17.

Jones, C. and English, J. (2004), 'A contemporary approach to entrepreneurship education', *Education+Training*, 46 (8/9), 416-423.

Katz, J.A. (2003), 'The chronology and intellectual trajectory of American entrepreneurship education 1876–1999', *Journal of Business Venturing*, 18, 283-300.

Kolb, D.A. (1984), *Experiential Learning: Experience as the Source of Learning and Development*, Englewood Cliffs, NJ: Prentice-Hall.

Kuratko, D.F. (2006), 'A tribute to 50 years of excellence in entrepreneurship and small business', *Journal of Small Business Management*, 44 (3), 483-493.

Kwan, Y.K. and Lai, E.L.C. (2003), 'Intellectual property rights protection and endogenous economic growth', *Journal of Economic Dynamics and Control*, 27, 853-873.

Lanjouw, J.O. and Schankerman, M. (2004), 'Protecting intellectual property rights: are small firms handicapped?', *Journal of Law and Economics*, 47, 45-74.

MacFarlane, J. (1992), 'Look before you leap: knowledge and learning in legal skills education', *Journal of Law and Society*, 19 (3), 293-319.

Mars, M.M. (2007), 'The diverse agendas of faculty within an institutionalized model of entrepreneurship education', *Journal of Entrepreneurship Education*, 10, 43-62.

Mars, M.M., Slaughter, S. and Rhoades, G. (2008), 'The state-sponsored student entrepreneur', *Journal of Higher Education*, 79 (6), 638-670.

McGuire Center for Entrepreneurship (2007), 'Entrepreneurship. From idea to reality', http://entrepreneurshiparizona.edu, August 3, 2007.

Piaget, J. (1952), *The Origins of Intelligence in Children*, New York: International University Press.

Powell, W.W. and Snellman, K. (2004), 'The knowledge economy', *Annual Review of Sociology*, 30, 199-220.

Schramm, C.J. (2006), *The Entrepreneurial Imperative: How America's Economic Miracle Will Reshape the World (and Change Your Life)*, New York: HarperCollins.

Slaughter, S., Campbell, T., Holleman, M. and Morgan, E. (2002), 'The "traffic" in graduate students: graduate students as tokens of exchange between academe and industry', *Science, Technology, and Human Values*, 27 (2), 282-312.

第十五章　创业教育影响评估：一种方法论和法国工程学院的三个实验

阿兰·法约尔[①]　贝努瓦·加伊

引言

创业已经成为重要的经济现象和社会现象，同时也是当下流行的研究课题。从世界范围来看，有兴趣从事创业的学生越来越多（Brenner et al.，1991; Hart and Harrison，1992; Fleming，1994; Kolvereid，1996a），而愿意进入大企业从事传统工作的人逐渐减少（Kolvereid，1996b）。鉴于世界各国提供创业教育课程的大学数量迅速增长，创业教育也成为了学术和教学领域的重要组成部分。然而，创业课程的设计、实施及评价，仍面临着一些教学困难和实际挑战。

在这种环境下，本研究的目的在于更好地理解创业在教学领域中的角色，尤其是在非商业环境下。随着创业教育课程（EEPs）的数目在各大学和教育机构中不断增加，分配给这些课程的公共资源和私有资源分量也越来越重，所以如何更好地理解创业课程的作用和影响也就变得至

[①] 我要感谢我的同事弗兰克·詹森。他在 2007 年 11 月 8—10 日，在维克森林大学组织的"广谱式创业教育大会"上宣读了我的论文。遗憾的是，由于我父亲身体不适，我未能出席该大会。

关重要。这在非商科教学环境中更是如此，因为非商科环境中的创业教育可能无法具有商学院创业教育的合法性，因此必须在所提供的各种课程中为创业教育争取资源和（或）合适的地位。

就目前而言，我们所掌握的有关创业教育影响力的科学知识还无法给教师和其他利益相关者带来什么帮助。对于创业课程的真正影响我们知之甚少。它们如何影响创业者未来的行为？如何影响他们的认知、价值观和情感态度？从所动用的资源来看，它是否有显著的影响？不同的课程是否会产生不同的影响？

想要解决这些问题，研究人员面临的首要挑战是创业教育课程巨大的异质性问题。有的创业课程旨在培养学生的创业意识并让学生接触创业情境，使越来越多的学生将创业作为潜在的职业选择；有的创业教育课程更明确地关注和创业过程本身相关的具体技能和知识（Johannisson，1991）。两者相较而言，后者通常解决与"为什么"有关（创业前因、阻碍因素、创业动机）、与"是什么"有关（创办新企业的关键步骤）、与"如何做"有关（创业的主要成功因素）、与"谁"有关（有价值的联系人及关系网）和（或）与"何时"有关（开始创业生涯的最好时机）的各种相关问题。

第二个挑战涉及选择恰当的评判指标[①]（我们衡量什么？）和对评估时点的把握。事实上，并非每个学习创业教育课程的学生在毕业后的第一天都可以创办企业，尤其是那些非商科专业的学生。因此从理论上看，在衡量创业课程的影响力时要考虑延迟效应。但是随着时间的推移，从环境、具体事件或商机等其他因素的影响中总结创业教育课程的影响变得愈发困难。所选取的评判指标包括直接的微观经济影响措施，如新企

[①] 恰如一位审稿人指出的，使用哪些指标给教育机构排名是个大问题，而如今这在大众媒体中极为普遍。

业的数量或创造的就业岗位数量。其他间接性指标包括学生的创业心态和未来创业的意愿。然而，由于上文提到的延迟效应，这些指标受到了影响，教学功能和随后的创业行为之间就很难建立明确的联系。最后，其他因素，如受众的本质、学院环境和当地文化等因素，也可能对创业教育课程的成果产生影响。

这些因素突出表明有必要制定并发展一个关于评价、比较和最终改进创业教育课程的概念框架。该框架应包含明确的指标来描述、评估各种类型的创业教育课程及有效的衡量标准。几位作者尤其强调了制定新的评估标准和指标的必要性（Hytti and Kuopusjarvi, 2004; Moro et al., 2004）。同许多非创业领域的教育课程一样，这些衡量指标可能与学生所获得的知识及技能水平，或者与掌握特定工具和概念的能力有关。其他典型标准，如学习动机、意识水平、课堂参与情况、出勤率等，也可以作为评价的相关指标。

类似的观察结果推动了 2004 年一项研究计划的产生。该计划旨在通过衡量参与者创业态度、认知和创业意向的变化，建立一项评估创业教育课程影响力和有效性的新方法论。在这里我们要列出该方法论的主要特征，同时讨论该方法论在给非商科专业的学生开设的三门创业教育课程上的应用。下一部分呈现的是对所使用的理论框架、三个实验，以及对实验结果及其影响的讨论。

创业教育课程的评估

根据可能对学生取向和行为产生影响的个人及环境因素，众多研究者已经尝试对创业教育课程的影响力进行实证评估（Lüthje and Franke, 2003）。值得一提的是，研究人员已经表明良好的教学环境可能会改善学生把创业作为职业选择的方式。约翰尼森（Johannisson, 1991）和奥蒂奥等（Autio et al.，1997）强调学生对创业的认知、大学环境中可利用的资源和其他支持机制对学生创业态度所产生的影响。其他研究表明创业活动和情境的社会地位的重要性（Begley et al.，1997），以及学生创业意向水平和参与其他课程的学生选修管理课程的数量间的统计联系（Chen et al.，1998）。

另一方面，研究发现参与过创业教育课程和未参与过该课程的学生之间有显著的差异，因此表明创业教育课程会影响学习者当前的行为和未来的创业意向（Kolvereid and Moen，1997；Tkachev and Kolvereid，1999；Fayolle，2002）。诺埃尔（Noel，2001）特别关注创业培训对创业意向发展及自我效能感建立的影响。研究样本所选取的学生都参与过创业教育课程且均毕业于创业、管理等相关学科。诺埃尔的发现至少证明了他的部分假设，即相比其他专业的学生，创业方向的学生创办企业的可能性更大，且具有更强烈的创业意向和更成熟的自我效能感认知。其他研究人员试图解释创业课程与个人性格之间的关系，如成就需求和心理控制源（Hansemark，1998）或自我效能感（Ehrlich et al.，2000）。研究发现创业教育具有积极的影响，能够增强人们的成就需求及自我效能感，并提高他们在未来某个时期进行创业的可能性。

一些研究人员试图证明特定的教育因素（如课程内容、教学方法、教师形象、资源和辅助手段等）是否可能在态度、价值观或知识等方面对课程的成果产生重大影响。例如，瓦雷拉和希门尼斯（Varela and Jimenez，2001）在一项纵向研究中选择哥伦比亚等三所大学来自五个不同课程项目的学生为研究对象。研究发现，在创业指导和培训方面投资最多的大学，学生创业率也最高。迪尔茨和福勒（Dilts and Fowler，1999）试图证明采用特定的教学方法帮助学生做好创业准备更能获得成功。最后，吕捷和弗兰克（Lüthje and Franke，2003）讨论了在大学环境中阻碍或促进学生创业行为的因素。研究结果验证了法约尔（Fayolle，1996）和奥蒂奥等人（Autio et al.，1997）通过可比样本得出的结论。

评估创业教育课程的方法论

我们的方法论是基于计划行为理论确定的（TPB，Ajzen，1991，2002）。作为理性行为理论（Ajzen and Fishbein，1980）的一种延伸，计划行为理论包括"感知行为控制"因素。这种社会心理学理论的核心是个人行为意向。意向是一个人准备好执行某个特定行为的认知表征，也是任何自愿行为的直接前提。因此，对行为的意向等级进行评估也是间接地对此行为未来是否可能发生进行评估。计划行为理论的基本要求是，执行特定行为的意向是三个概念性决定因素共同作用的结果：对行为的态度、主观规范和感知的行为控制。我们现在来介绍这三个因素，并在创业背景下对其进行详细说明。

首先，对某种行为的态度表明一个人对该行为赞许或不满的程度（Ajzen，1991）："我认为那是一件好事吗？"当出现新的问题需要评估时，人们可以利用记忆中的相关信息（或信念）来判断。因为记忆中的每个信息（信念）都具有评估的作用，在此基础上态度自动形成。在创业环境中，创办新企业的意向将随着时间的推移，受到不同时间阶段个人价值观和态度的影响。这些价值观和态度受到各种积极的或消极的经历影响，并由个人独立承担或与关系亲密的人共同承担。一个人的专业、学习环境和社会环境，以及他（她）所接触到的能够提高创业意识的活动，都可能影响他（她）对创业行为的态度。

第二，主观标准是进行或停止创业时感知到的社会压力（出处同上）。换言之，主观标准是个人关于重要他人对创业所持看法的认知。"那些对我来说重要的人会觉得创业是个不错的想法吗？"亲戚、同事或朋友对创业的看法会影响个人的决定。例如，在法国，人们对公司的失败往往持负面态度；而在美国，一个人屡败屡试仍然会再次尝试创办一个企业。这些文化差异会体现在个人的主观标准中。

最后，感知行为控制是对创业难易度的一种判断（出处同上）："当我想创业时，我是否有能力去实现它？"这个概念被人们引入计划行为理论，用来解释所有行为中所固有的、至少是潜在的非意志因素（Ajzen, 2002）。在创业环境中，这个概念与创办企业难易程度（如所需技术能力、金融风险、管理负担等）及对个人的资源和能力的评估有关。这个概念也涉及对创办新企业难易程度的预判（如所需的技术能力、财务风险、行政负担等），以及对其资源和能力的评估。克鲁格和迪克森（Krueger and Dickson, 1994）强调增加对新创企业的感知行为控制，会增强对商机的感知。例如，几年前的"网络泡沫"期间，人们普遍认为创业是相对容易的，这也促使很多人开始尝试去创业。

总之，人们创办新企业的意向是由该行为的内外部需求水平（态度和主观规范）及对外部可行性感知预估（行为控制）驱动的。创业教育课程会潜移默化地影响个人的创业意向和创业可能性，因此，可以通过评估学生参加创业教育课程之后相关因素受课程影响而发生的变化来对课程影响进行评价。

在这种模式中（如图15-1），自变量是创业教育被评估的特征。它们既可能与学生的投入程度有关，也可能与更具体的参数有关。如受众的特质、该创业教育课程的目标（Gibb, 1988；Wyckham, 1989；Gasse, 1992；Ghosh and Block, 1993）、教学内容、所用的教学方法或体制的设定（Safavian-Martinon, 1998）。因变量是阿杰恩定义的创业行为的前因，如态度、主观标准、感知行为控制、意愿程度本身。这些因变量可分别在参加创业教育课程之前和之后进行衡量，而观察到的变化则可以和上述自变量相联系。

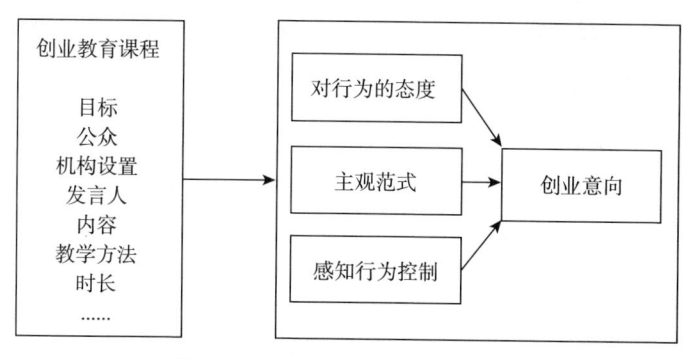

图 15-1 创业教育课程评估模式

总之,我们研究方法的核心就是衡量创业者的创业态度、主观标准、知觉行为控制或创业行为意向等因素,并以此判断参与者在完成创业教育课程后是否提升或降低了这些因素的水平,以及这些差异和创业教育课程的特征之间的联系。该方法的主要优势和特征是:我们不必直接衡量创业行为。事实上,正如上述讨论的,行为是多维的,可能会有所延迟、可能会受到环境因素或个人选择的影响。因此,我们很难用一种系统的方式来描述和衡量行为本身。相比之下,通过分析已经验证的问卷(Kolvereid,1996b)并考虑一些独立的相关变量,可以在不同的时间点测量阿杰恩模式的关键因素。这样可以对比不同课程对学生产生的影响。我们的研究方法也可以通过分析教学法的具体变化如何影响创业意向这一过程,来改进创业教育课程的设计。因此,具体研究问题可包括:

● 创业教育课程会极大地影响参与者对创业行为的态度吗?会影响他们的创业意向吗?

● 受众自身的特点(比如前期对创业的接触)是如何影响创业教育课程的影响力的?

● 课程设计上的变化(如目标、教学方法等)是如何影响创业教育课程的影响力的?

● 创业教育课程的影响力是如何与其内容相联系的?尤其是约翰尼

森（1991）所定的五个学习水平：原理知识、事实知识、技术诀窍、人际知识和时效知识。

下面我们会在给法国工程专业学生开设的三门创业教育课程的案例中，讨论上述方法是如何应用到对这些问题的检验中来的。

实验

实验背景

我们将上述评估方法应用到针对法国技术和工程学院学生的三门创业教育课程上，这些课程分别由格勒诺布尔（Grenoble）、里昂（Lyon）、里摩日（Limoges）的三个研究生学院开设。这三门创业教育课程都是"创业意识"课程，因为它们有共同的教育目标，即增加把创业看作是潜在的有吸引力的职业道路的学生数量。

另一方面，这三门创业教育课程在教学方法上有着明显不同：

- 格勒诺布尔的创业教育课程仅为期一天，采用的是传统教学方法，即由一位教授进行授课。参加课程的是 20 名年轻工程师（只有男性），平均年龄 22 岁，其中 19 名是法国人。

- 里摩日的创业教育课程为期 7 个月，采用的是参与式的教学方法（理论结合实践），并有不同学科的学者、创业者和专家团队的支持。参加课程的是 43 名来自技术专业的学生（3 名女性、40 名男性），平均年龄 24 岁，全部是法国人。该课程还包括一次期末考试。

- 里昂的创业教育课程为期三天，采用的是团队合作和案例研究的方式（评估潜在的新商机），并有不同学科的学者、创业者和专家团队支持。参加课程的是 144 名年轻工程师（10 名女性、134 名男性），平均年龄 23 岁，其中 90% 是法国人。

这三组学生参与了两次问卷调查，分别在参与创业课程之前和课程结束之后。这些调查问卷包括与阿杰恩意向模式中的参量相关的 47 个李克特量表中的项目问题（对待行为、主观标准、知觉行为控制的意向的态度），还包括与学生背景（年龄、性别、创业经历等）相关的 23 个问题。用于衡量阿杰恩的创业意向模型参量的调查问卷，是从科尔沃雷德（Kolvereid，1996b）开发并验证的问卷调查表中衍生出来的。每个项目都从 1 到 7 进行分级，并且选择不同的模式参量作为对应项目的平均分。应该注意的是，因为每组中女生数量都非常少，且非法国籍的参与人数也不多，所以参与者的性别和国籍都不能作为该统计的参量。

这三个实验主要用来探究三个研究问题，其结果将在下一节呈现。这三个问题是：

1. 创业教育课程对创业意向有什么影响？
2. 创业教育课程的影响力是否与学生此前有过创业经历有关？
3. 创业教育课程的影响力是否受到学生最初创业意愿的影响？

这里应该注意的是，由于一些现实因素，部分问卷调查是在格勒诺布尔课程之后进行的，在里摩日课程之前没有进行问卷调查。因此，在说明性案例中收集到的数据是不完整的。同时，这些案例的设置也在一定程度上阻碍了我们对控制组学生进行问卷调查，而对控制组的调查通常会有助于为期几周或几个月的对于创业教育课程的评估。然而，我们认为该实验仍然提供了有趣的结果，如下所示。

结果

针对上述第一个研究问题，表 15-1 分别列出了在每个课程开始和（或）刚刚结束后，这三组学生创业意向的平均水平和因变量（从 1 级到 7 级）的结果。所观测到的差异被标识在括号中，对于明显的差异则通过 T-检验的均值，对比"上课前"和"上课后"的平均结果而得来的。该表还呈现了里昂课程中意向的各因变量和意向本身（与阿杰恩模式一致）之间的相关性。

结果表明，格勒诺布尔的创业课程对学生创业产生了积极影响。参与里昂创业教育课程的学生的创业意向和其因变量之间的相关性呈明显上升趋势，这表明由于参与了创业教育课程，学生的创业意向和他们的态度、标准和认知更好地达成了一致。

表 15-1 创业意向和创业前因的平均水平

	格勒诺布尔（n=20）	里摩日（n=43）	里昂（n=144）	里昂（相关系数）
初始值				
态度	4.49	n.a	5.01	0.37**
主观标准	4.12	n.a	3.69	0.55**
控制	3.41	n.a	3.86	0.34**
意向	2.94	n.a	3.90	—
最终值				
态度	n.a	4.6	5.00（−0.01）	0.42**
主观标准	n.a	4.2	3.67（−0.02）	0.60**
控制	3.73（+0.32*）	4.3	3.95（+0.09）	0.40**
意向	3.58（+0.64*）	4.2	3.97（+0.07）	—

注：*$p < 0.05$，**$p < 0.01$。

另外，相比之下，里摩日学生的终值要高于参与另外两门课程学生的终值，尽管这些课程的目标学生群体都是相似的。一个可能的解释就是创业教育课程的时长和所采用的教学方法不同。里摩日课程时长实质上要更长一些，且采用的是参与式学习方法，学生群体相对较小，最后还有期末考试。尽管我们期待较长课时的里摩日课程影响更加持久，但是我们无法检测该影响的持久性是否稳定（通过后续对意向的衡量）。

因此，尽管上述数据主要是说明性的，但它们强调了所选用的方法是如何评估创业课程对学生的影响,主要针对参与者对创业行为和他们的创业意向方面进行的评估。

关于我们的第二个研究问题,即参与者特点对创业的影响,尤其是他们早期对创业的接触。针对这个问题我们对参加里昂课程的学生进行了实验,用于研究创业课程对学生的影响是如何受到以下这些可能影响创业意向度的因素干扰的,而这些因素都与学生的早期经历有关:

- 近亲中有人是创业者;
- 参与过学生会的创办或管理;
- 长期在国外生活(文化、职业和地理流动性);
- 以前参加过创业教育课程。

我们通过均值比较(t-检验)和相关性来检测这些因素的影响。表15-2 详细列出了这四个因素分别对最初意向和创业教育课程意向变化的影响。最后两列中的值表明了有以上特征的学生和其余学生样本间的平均差异,每一个特征都是独立检测的。

表 15-2 学生特征的影响(里昂群组,$n=144$)

因素	学生份额(%)	对初期意向的影响	对意向变化的影响
创业者亲属	63	+0.38	+0.16
学生会	54	+0.37	+0.06
国外居住	47	+0.08	+0.01
早期创业教育课程	23	+0.48	-0.02

尽管参与实验的学生数量太少,可能无法得到有价值的实验结果并检测这些因素间的相互影响,[1]但是这些结果表明学生早期对创业的接触可能会影响到学生最初的创业意向度(这与这些因素会影响学生的创业

---

[1] "亲属中有创业者"和"学生会"(0.18,$p<0.01$)及"以前的创业教育课程"(0.20,$p<0.01$)都有显著相关性。其他的所有相关性都低于9%,并不显著($p>0.10$)。

意向程度的事实相一致）。事实上，参与过学生会创办或管理的学生，或在国外长期居住过的学生，他们面临着和创业相似的情况。在工科学生中，学生的这两种经历同最终创办或收购企业有很强的相关性（Fayolle，1996）。

学生前期接触创业的情况可能也会影响创业课程对学生创业意向的影响，尤其是对于近亲中有创业者的学生而言（这种情况的 $p=0.2$）。出身创业世家的确是文献中提及最多的影响创业意向的一个因素，因为学生每天和创业者接触，可以培养创业心态。事实证据表明，绝大多数申请选修创业教育课程的学生确实有亲属是创业者（里昂课程中有63%）。

尽管上述数据并不是十分具有说服力，且在得出肯定结论之前应进行进一步研究，但它们还是说明我们所提出的方法是如何用于检验学生的某些特征的，尤其是发现了学生早期接触过创业对于创业课程的结果会产生什么影响这一特征。

在里昂案例中，我们进一步调查了初期创业意向程度对创业课程结果的影响。事实上，初期的意向程度对于衡量学生对创业的早期接触应该是个很好的衡量标准，这种标准对衡量创业意识的敏感度也一样适用。在对上述个人因素的衡量中，这种"直接"衡量与"间接"衡量相比，其提供的结果更加准确。举例来说，家庭成员中创业者的存在（上文中提及的第一个衡量标准）并不能说明创业者能否成功，因此也不能表明他（她）是否对创业学生的初期创业意向度产生了积极或消极的影响。因此，直接衡量初期意向所提供的结果应该更为准确。

表15-3列出了所有学生创业意向的平均变化和因变量，以及和初期意向的四个四分位（从最低到最高）相对应的四个子集。其中，概率指的是存在显著不同的子样本。

结果表明，对于初始意向度最低的学生，创业课程在提高其创业积极性上有很明显的效果（前两个四分位数分别增加了0.25和0.27），这些学生以前对创业的接触也是最少的。相比之下，对于初期意向度最高的学生，创业课程却对其造成了很大的负面影响（最后一个四分位差，-0.36）。这里需要注意的是，这种结果并不能用简单的均值回归来解释，因为第一个四分位数和第四个四分位数的平均意向在完成创业课程后产生了显著差异（$p<0.001$）[①]。

表 15-3　创业教育课程对初期意向各种程度的影响

样本	n	初期意向	创业教育课程的平均影响			
			态度	标准	控制	意向
所有学生	144	3.90	0.00	0.02	0.09**	0.06
第一四分位数	36	2.39	0.00	-0.08	0.11	0.25**
第二四分位数	36	3.39	0.09	0.05	0.19**	0.27*
第三四分位数	36	4.29	-0.05	-0.01	0.03	0.09
第四四分位数	36	5.56	-0.07	-0.04	0.06	-0.36***

注：*$p<0.10$，**$p<0.05$，***$p<0.01$。

因此，在这种特殊情况下，我们的结果表明，学生最初的创业意向度似乎对创业教育的最终效果有显著影响。这些结果可以和格勒诺布尔样本的结果（表 15.1）进行比较，因为该样本的初期意向度很低（2.94），在创业课程结束后，其意向度却有了显著提升（10.64）。

结论

本章的目标是：1. 强调评估创业教育课程的重要性，尤其对非商科学生来说；2. 提出原创方法评估创业课程的结果，并强调一系列涉及的研究问题；3. 通过针对法国非商科学生的创业课程进行的三门实验来对

[①]　平均意向的标准差实际上仅略有增加，第一个四分位数从 0.07 到 0.11，第四个四分位数从 0.09 到 0.14。

该方法进行阐述。

第一个观察结果是：所提出的方法能够对创业课程的短期影响进行实证测量。

第二个观察结果是：创业课程效果可能会受到学生的某些特点的影响。尤其是在里昂课程中，学生的初期创业意向度和创业课程对其意向度的影响之间的关系呈负相关。

对这些发现的一种解读是：创业意识课程，比如之前提及的这三种创业教育课程，可能会产生"追赶"或"协同"效应。创业意向度低的学生（因为他们之前很少接触创业活动或是有过一些负面经历）似乎更会受到创业教育课程积极且强烈的影响，会多少产生一些赶上其他组员的步伐的想法。与之相反，对那些原本具有高度创业意向的学生（受到创业的积极影响或是之前接触过创业）的学生来说，创业意识课程对他们的影响是不明显的甚至是负面的，因为在经过创业课程后，他们会更加严肃地思考创业对他们来说意味着什么。通过观察创业意向和创业前因（表15-1）之间的关系，这种解读得到了加强。

针对非商科学生开设的创业教育课程通常是选修课，并且大部分选修这些课程的学生以前对于创业都有过接触。因此，这就要求我们针对这些学生的课程和分配到的资源相关性方面进行更多的探索。考虑到设置创业课程最初的目标（增加创业学生的数量），这种为提高创业意识而开设的课程不仅可能出现对学生错误定位的问题，甚至会对一些学生产生适得其反的影响。

结果显然有待进一步测试，但这也表明，增加这类创业意识课程的数量可能并不是增加创业学生数量的一种有效方式。

因此，我们提出的方法不仅适用于对上述问题感兴趣的研究人员，而且也适用于那些旨在设计、实施、评估创新性教学方法的教育实践者。他们的目的是改进创业课程效果、优化创业教育有限资源的分配。或许这些方面还存在改善空间：选择更适合的学生（这对一些机构来说可能是革命性的举动），以及调整教学方法以适应学生初期的创业意向度。因此，设计出一种能够针对合适学生群体并获得令人满意的教学效果的创业教育课程更像是一门学问，而不是手段，同时还要遵循严格的评估方法。这不仅涉及学者、课程管理人员，也涉及所有为创业教育课程提供支持、帮助和资金的利益相关者；而且显然也涉及参与课程并想要实现个人和职业目标的学生们。

如果对研究启示进行更详细的探究，这些初步结果会引领我们提出一些全新的重要研究问题。例如，根据创业课程的类型，是否有一些可供非商科学生选择的方法和工具，能帮助他们找到符合个人情况和背景的适当的创业课程？在某些情况下，旨在培养基本创业意识的创业课程可能对于某类学生来说成效甚微。对这些方面进行进一步探究，可以加强我们对这些问题的理解。另外，我们对于在创业教育课程中发挥作用的主要因素的影响力还不甚了解。进一步的研究将使我们更明确教学、教育变量和感知行为控制之间的具体关系。其中，通过加入能够影响一个或多个阿杰恩因变量的新型自变量，将使我们的研究模型得到进一步改进。

参考文献

Ajzen, I.（1991）, 'The theory of planned behavior', *Organizational Behavior and Human Decision Processes*, 50, 179–211.

Ajzen, I.（2002）, 'Perceived behavioral control, self-efficacy, locus of control, and the theory of planned behavior', *Journal of Applied Social Psychology*, 32, 1–20.

Ajzen, I. and Fishbein, M.（1980）, *Understanding Attitudes and Predicting*

Social Behavior, Englewood Cliffs, NJ: Prentice-Hall.

Autio, E., Keeley, R.H., Klofsten, M. and Ulfstedt, T. (1997), 'Entrepreneurial intent among students: testing an intent model in Asia, Scandinavia and USA', *Frontiers of Entrepreneurship Research*, Babson Conference Proceedings, Babson Park, Wellesley, MA, www.babson.edu/entrep/fer.

Begley, T.M., Tan, W.L., Larasati, A.B., Rab, A., Zamora, E. and Nanayakkara, G. (1997), 'The relationship between socio-cultural dimensions and interest in starting a business: a multi-country study', *Frontiers of Entrepreneurship Research*, Babson Conference Proceedings, Babson Park, Wellesley, MA, www.babson.edu/entrep/fer.

Brenner, O.C., Pringle, C.D. and Greenhaus, J.H. (1991), 'Perceived fulfillment of organizational employment versus entrepreneurship: work values and career intentions of business college graduates', *Journal of Small Business Management*, 29 (3), 62–74.

Chen, C.C., Greene, P.G. and Crick, A. (1998), 'Does entrepreneurial self-efficacy distinguish entrepreneurs from managers?', *Journal of Business Venturing*, 13 (4), 295–316.

Dilts, J.C. and Fowler, S.M. (1999), 'Internships: preparing students for an entrepreneurial career', *Journal of Business and Entrepreneurship*, 11 (1), 51–63.

Ehrlich, S.B., De Noble, A.F., Jung, D. and Pearson, D. (2000), 'The impact of entrepreneurship training programs on an individual's entrepreneurial self-efficacy', *Frontiers of Entrepreneurship Research*, Babson Conference Proceedings, Babson Park, Wellesley, MA, www.babson.edu/entrep/fer.

Fayolle, A. (1996), 'Contribution à l'étude des comportements entrepreneuriaux des ingénieurs français', PhD thesis, Université Jean Moulin de Lyon.

Fayolle, A. (2002), 'Les déterminants de l'acte entrepreneurial chez les étudiants et les jeunes diplômés de l'enseignement supérieur français', *Revue Gestion 2000*, no. 4, 61–77.

Fleming, P. (1994). 'The role of structured interventions in shaping graduate entrepreneurship', *Irish Business and Administrative Research*, 15, 146–157.

Gasse, Y. (1992), 'Pour une éducation plus entrepreuriale. Quelques voies et moyens', Education Entrepreneurship Workshop, Centre d'Entrepreneuriat du cœur du Québec, Trois-Rivières, May.

Ghosh, A. and Block, Z. (1993) , 'Audiences for entrepreneurship education: characteristics and needs', in F. Hoy, T. Monroy and J. Reichert (eds) *The Art and Science of Entrepreneurship Education*, vol. 1, Berea, OH: Project for Excellence in Entrepreneurship Education, pp. 65-82.

Gibb, A.A. (1988) , 'Stimulating new business development', in A.A. Gibb, *Stimulating Entrepreneurship and New Business Development*, Geneva: Interman International Labor Office, pp. 47-60.

Hansemark, O.C. (1998) , 'The effects of an entrepreneurship program on need for achievement and locus of control of reinforcement', *International Journal of Entrepreneurial Behavior and Research*, 4 (1) , 28-50.

Hart, M. and Harrison, R. (1992) , 'Encouraging enterprise in Northern Ireland: constraints and opportunities', *Irish Business and Administrative Research*, 13, 104-116.

Hytti, U. and Kuopusjärvi, P. (2004) , *Evaluating and Measuring Entrepreneurship and Enterprise Education: Methods, Tools and Practices*, Turku: Small Business Institute.

Johannisson, B. (1991) , 'University training for entrepreneurship: a Swedish approach', *Entrepreneurship and Regional Development*, 3 (1) , 67-82.

Kolvereid, L. (1996a) , 'Organizational employment versus self-employment: reasons for career choice intentions', *Entrepreneurship Theory and Practice*, 20 (3) , 23-31.

Kolvereid, L. (1996b) , 'Prediction of employment status choice intentions', *Entrepreneurship Theory and Practice*, 20 (3) , 45-57.

Kolvereid, L. and Moen, O. (1997) , 'Entrepreneurship among business graduates: does a major in entrepreneurship make a difference?', *Journal of European Industrial Training*, 21, (4) , 154-160.

Krueger, N. and Dickson, P.R. (1994) , 'How believing in ourselves increases risk taking: perceived self-efficacy and opportunity recognition', *Decision Sciences*, 25 (3) , 385-400.

Lüthje, C. and Franke, N. (2003) , 'The making of an entrepreneur: testing a model of entrepreneurial intent among engineering students at MIT', *R&D Management*, 33(2), 135-147.

Moro, D., Poli, A. and Bernardi, C. (2004), 'Training the future entrepreneur', *International Journal of Entrepreneurship and Small Business*, 1(1/2), 192-205.

Noel, T.W. (2001), 'Effects of entrepreneurial education on intent to open a business', *Frontiers of Entrepreneurship Research*, Babson Conference Proceedings, Babson Park, Wellesley, MA, www.babson.edu/entrep/fer.

Safavian-Martinon, M. (1998), 'Le lien entre le diplôme et la logique d'acteur relative à la carrière: une explication du rôle du diplôme dans la carrière des jeunes cadres issus des grandes écoles de gestion', PhD thesis, Université Paris I Pantheon-Sarbonne.

Tkachev, A. and Kolvereid, L. (1999), 'Self-employment intentions among Russian students', *Entrepreneurship and Regional Development*, 11(3), 269-280.

Varela, R. and Jimenez, J.E. (2001), 'The effect of entrepreneurship education in the universities of Cali', *Frontiers of Entrepreneurship Research*, Babson Conference Proceedings, Babson Park, Wellesley, MA, www.babson.edu/entrep/fer.

Wyckham, R.G. (1989), 'Measuring the effects of entrepreneurial education programs: Canada and Latin America', in G. Robert, W. Wyckham and C. Wedley (eds), *Educating the Entrepreneurs*, Faculty of Administration, Simon Fraser University, Burnaby, British Columbia, pp. 1-16.

第十六章　领导力研究、公民参与及创业：探索博雅教育实践层面的协同效应

小塞缪尔·M. 海因斯

  文科教育可被视为创业的一种象征。人文学科认为创业者是艺术家。历史学将创业者视为科技变革、经济变革和社会变革的真正革命者。文科教育蕴含丰富的比喻，能够体现创业者的多角度生活。电影或戏剧课可能会将创业者比作一名戏剧或电影的导演，而体育课则会将创业者比作一名教练……大学生创业教育不应该被视为一种狭隘的职业追求，而应被视为赋予文科教育传统以新的生命。

——雷（Ray, 1990:80）

导言

  本章标题中指出的几个主题在学院中通常不会被联系在一起。文科教育和服务型学习看起来似乎是自然契合的，但是领导力和创业与前两个主题并没有明显的关系。本章主要展示几个学术研究的突出线索，涉及如下内容：领导力及创业精神，公民参与中的流行学派及学生社交活动项目，以及以多种方式相关联的博雅教育的崇高目标。此外，我们认

为它们提供了有助于发展创新型大学、文化和课程等方面协同作用的潜能。而且，领导力研究、以学生为导向的负责任的公民参与及服务学习，以及对创业精神的研究项目实际上能够将新举措连结起来，这些新举措能够充实博雅教育与创业的研究和实践。鉴于21世纪高等教育即将面临资源匮乏的巨大挑战，有观点表示在当前的高等教育背景下，高等院校必须更加注重创业教育（Breneman，1993；Engell and Dangerfield，2005；Zemsky et al.，2005；Hines，2008；以及《高等教育纪事报》每期刊登的记录高等教育财政危机的文章）。这种财政危机的状况不容忽视，因为它为学术界内部各种活动的联系提供了令人兴奋的背景。

我的分析基于下述假设。首先，创业是一项正当的学术探索，也是整个大学课程的组成部分，这不仅适用于某些部门、院校和商学院，而是针对整个高校而言。鉴于以下特性（通常与博雅教育有关）与创业精神、领导力和公民参与同等重要，我们很容易看到学校如何在博雅教育内容中增加跨学科课程，即各个部门及院校中的创业教育课程。

- 批判性思维技能；
- 整体性和语境化思维；
- 伦理及道德责任；
- 主动学习；
- 同伴/小组学习及集体努力；
- 个人真实性及特质的发展；
- 愿景和战略视野。

其次，博雅教育的基础内容对"创业思维"的发展及各个领域领导者的发展来说都是必不可少的。许多人都清楚，对创业者和领导者来说拥有一个前瞻性、整体性、综合性、战略性和远见性的心态是多么重要，但是有必要强调这里提到的领导者与传统的管理、行政、策略型"领导者"有所不同。伯恩斯（Burns，1978，2003）对"变革型"和"事务型"

第十六章　领导力研究、公民参与及创业：探索博雅教育实践层面的协同效应　*323*

领导者进行区分的时候对这种不同进行了部分阐释。在一篇重要的文章中，希特等人（Hitt et al., 2002）探索了创业者需要的新思维模式，使他们能够在一个飞速运转的、快速变化的、高度竞争的环境中取得成功。在这种环境中，不确定性因素占主导地位。他们还强调战略思维的重要性。任何一个在社会中担负责任的领导人均越来越意识到战略思维对生存、适应能力和成功的重要性。

第三，创业研究和博雅教育的目标能够使课程内外的活动互相助益，这些活动旨在通过服务型学习和公众参与（当然还包括实习经验）发展学生的领导潜力。在一些研究案例中，积极参与当地社区的活动，甚至有时参与全世界活动的学生数量的增长幅度非常惊人。课内课外教学大纲的不断扩充表明在我们的高等院校中的公民参与度有多高，课堂内外的教学大纲让学生作为积极的学习者和参与者来置身世界之中，在各行各业扮演各种角色，如实习生、救灾人员、观察员及志愿者。

我想先对这章节小标题的重要概念进行简要的定义（博雅教育、领导力、公民参与及创业），并详细说明他们之间的共同点和连通点。然后，我将回顾产生这些想法的活动和课程，并提出可能出现的协同效应案例。最后，我们将探讨创业型大学在寻求一般高等教育，尤其是博雅教育支持的过程中所面对的一些机遇。

博雅教育

由独特的通识教育核心课程所界定的博雅教育，其概念可追溯至十八世纪早期殖民时期在美国建立的第一家私人文科院校。这些早期的大学都坚定地致力于培养具有道德和公民意识的公民。当然，这些学院的课程都基于经典的博雅书院教育，其中包括四艺（算术、几何、天文、音乐）和三艺（文法、修辞、辩证法）。事实上，人们很容易就会将博雅教育的起源追溯到古希腊（Rothblatt, 2003年）。正如罗斯伯雷特（Rothblatt）所述，博雅教育的实质不易分辨："一个可以肯定的结论就是，识别博雅教育的标志是教授和学习课程的方式、内心的收获，以及从教与学中所学习到的态度"（第15页）。他给博雅教育下了这样的定义："博雅教育为学生提供智力和情感基础，在此基础之上培养学生的决策能力。人们一直寻求以这种方式来解读世界或者对世界有一个全面的认识"（第15页）。他还引用巴德大学（Bard College）校长利昂·博特斯坦（Leon Botstein）的话，即博雅教育是"一种超越物质所得、钱财名利及权利的一种价值观。它所关注的是人类作为个体和公民时支配自己生活的方式"（第15页）。我们所想的可能与利奥·斯特劳斯（Leo Strauss，一名保守的政治哲学家）在他著名的毕业演说"什么是博雅教育？"中对博雅教育的重要定义有所不同（Schaub, 2002：53）：

- 要在民主的大众社会中建立精英教育，博雅教育是很必要的尝试；
- 博雅教育在于提醒人类自己的卓越和伟大；
- 博雅教育在于聆听最伟大思想家之间的对话；
- 博雅教育让我们体验美好的事物。

对于斯特劳斯（Strauss）和许多博雅教育的早期拥护者来说，博雅教育仅仅是提供给少数学习者的。这些学习者的家庭条件往往足以负担他们完成高等教育，同时他们具有足够的学习能力，能够参与到经典著作的学习中去。然而，这一现实已经发生改变，许多致力于博雅教育的高校如今也同样致力于教育的获取方式和教育公平，并笃信所有学生都可以从博雅教育中受益。这正是公共文理学院理事会[①]的25所院校中真实存在的情况。

利用大量的资源，我们可以对理想中的"21世纪接受博雅教育的学

---

① 更多内容详见 www.coplac.orgwww.coplac.org。

第十六章 领导力研究、公民参与及创业：探索博雅教育实践层面的协同效应

生"进行如下描述：接受博雅教育的人一般都具有开放的思想、忍耐力、求知欲、勇气、自我实现的愿望（具有获得个人成长的能力、健康的身体和心理、富足的精神），并且是一个终身学习者。他（她）秉持这样的价值观：教育是为了自身的目的、自然世界及其他个体的权利、文化和民族的多样性、社区的需要、对共同利益的尊重等。接受过博雅教育的人将会作为学习者和公民积极参与到复杂多样的、动态的世界中来。他（她）具有开放好奇的心态，并且不断努力地为人类的未来做出贡献。

博雅教育应当使学生具备如下技能：口语、写作、非言语交际能力（包括外语）；科学方法和定量方法；研究能力和专业技能；综合思考能力，包括伦理的、批判性的、逻辑的、分析的及综合的思考和解决问题的能力；人际交往能力和领导力，以及审美能力。除此之外，学生还要掌握大量历史、哲学、数学、科学、文化、文学、政治、社会和经济方面的知识。通过帮助学生掌握这些技能，博雅教育证明自身在所有教育中的最佳实用性，因为它既可以帮助学生适应事物的变化，又能使学生更好地接受新鲜事物。正如施乐（Xerox）公司首席执行官最近观察到的：

> 在当今世界中，唯一不变的就是变化本身。唯一能够帮助我们适应这种变化的教育就是博雅教育。在变化的时期，在变革的时期，狭隘的专业化使我们陷入了僵化——这绝不是我们想要的。我们要凭借灵活的智力工具来解决问题，来继续学习。重要的不仅仅是你的知识，运用知识的能力才是最重要的。只有这样，知识才成为力量——在你适应新要求的时候运用专业知识的能力（Ramaley and Leskes et al., 2002:28）。

综上所述，作为博雅教育的支持者，我们寻求一种方式来激发学生的学习动力——积极寻求新的认知方式和新的知识。学生一生中应当致

力于整合学到的技能及实质性的知识，并且运用这些知识改善人类的生存环境，进而更好地管理自然界。

拉马利和莱斯克斯等（Ramaley and Leskes et al.）这样定义21世纪最好的教育：

> 以博雅教育为基础，培养有能力、有见识、有责任、关注学习与生活的人。为了达到这些目标，博雅教育要通过两种主要方式改变先前的模式。首先，它必须将自身定义为：以改变世界为目的、努力达成目标的最好的、最实用的学习方式。其次，博雅教育需要面向所有学生开放，不能像过去那样只接纳那些自选和有"相对特权"的群体（出处同上：25）。

除上述提到的，虽然博雅教育还有许许多多的定义，但是我们应当采纳美国高等院校协会（AAC&U）权威报告中给出的定义，报告名为《更高的期望：国家发展高等教育中一种全新的学习愿景》（Ramaley and Leskes et al., 2002）。此报告中将博雅教育定义为：

> 一种教育理念，它使人们充满力量、摆脱无知、释放心灵、培养社会责任感。其特点是通过一系列的挑战，让参与者面对并解决重大问题，不仅仅是教会学生一些特定的内容，更是培养学生的一种学习方式。博雅教育适用于任何类型的高等院校（出处同上：25）。

博雅教育中的一个重要组成部分就是通识教育，通识教育是指"所有学生均须学习的那部分博雅教育课程。它不仅使学生可以广泛地接触各类学科，并且可以为形成发展重要的知识和公民能力奠定基础"（出处同上：25）。有的观点认为，博雅教育的特点是使学生有能力解放思想和

第十六章　领导力研究、公民参与及创业：探索博雅教育实践层面的协同效应　327

培养道德，这使博雅教育能够达到其期望的培养内容：自由独立、有原则、能够独立思考和学习、会反思，通过一系列的价值观教育，让学生明白知识本身是值得追求的，以及在这个越发复杂多样的世界中应成为有社会责任感的人。

正如所有美国高等院校协会发表物及拉马利和莱斯克斯等人所表明的那样，近来人们越来越强调博雅教育对生活、工作和管理的重要性。一些坚持传统的博雅教育方式的捍卫者不愿意承认文科的实用价值。然而，所有博雅教育的拥护者都应支持这一观点，那就是追求知识本身就具有价值，毋须从中追求其他任何价值。让学生、家长和公众参与对话，探讨博雅教育的关联性及其力量显得越发重要。我认为，21世纪的自由教育对于我们实现和平与繁荣及提供世界所需的管理人才来说是至关重要的。博雅教育帮助学生们积极应对当前时代的问题，帮助独立学习者获得现在或者未来最需要的职业能力与技能。因为博雅教育致力于教育的广度（通识教育）和深度（专业），教授学生历史、哲学、科学、数学和修辞等方面的知识，同时让学生在不断的挑战中提高书写和口头交流技能。因此，博雅教育是培养有责任感的公民和领导者的最佳方式。拉马利和莱斯克斯等提醒我们：

> 新世纪博雅教育的视野，不应只局限于校园，而应当关注社会和工作中出现的问题。它的教育目标应是培养具有全球视野的思想家。高质量的博雅教育应当使学生积极地投身于各种私营企业或公共部门，参与各种形式的民主制度，甚至应置身于更加多样化的地球村中（出处同上：25）。

在比较背景和历史背景下讨论博雅教育，谢尔登·罗思布拉特（Sheldon Rothblatt）指出博雅教育的传统之一是培养领导力："作为博雅教育最古老的传统之一,培养政治领导人这一传统可追溯到希腊时期,并且与整体论和品格的形成相关"(2003:28)。下面让我来谈谈领导力这一主题。

领导力

近年来,有关领导力的研究在商业领域和领导力新兴交叉学科领域取得了长足进展。另外,在社会心理学及组织理论与行为方面的工作,不断加深了我们对人的动机、领导力和跟从者角色、领导力与组织文化之间关系等方面的理解,尤其是在决策、战略性思维、创新和视野等方面的理解。里士满大学(University of Richmond,弗吉尼亚州里士满)是第一批正式开办领导学课程的大学之一,现在它的杰普森领导力学院(Jepson School of Leadership Studies)非常有名,并且十年前就开始授予领导学专业跨学科学士学位。里士满大学的院系目前在研究领导力学院和商学院之间的其他关系。领导学这门课程早已与历史学、政治学、国际学研究及商学有着密不可分的关系。并且,正如上述博雅教育章节中提及的,领导力早在古希腊时期就已与博雅教育联系在一起了。

虽然"领导力"在很大程度上已经嵌入很多学科之中,但是它已经逐渐被视为一门独立的学科。例如,《领导力研究杂志》和《领导人季刊》已经成为这一新领域目前研究的首要文献来源。在企业管理中,更加资深的、有知名度的刊物(比如,《哈佛商业评论》和《管理学报》)定期发表关于领导力主题的文章,管理学会的出版物亦是如此。

对领导力的研究已经从最初侧重于领导人的特性发展转变为对领导力行为的考察,最终发展成为研究领导力的权变理论,并意识到是背景或环境衍生出了领导力。在领导力研究领域中,另一个比较显著的趋势就是人们意识到领导力最初往往都是发生在领导者和追随者的互动关系中的。在联邦军事院校和要塞军事学院中,一切都服务于与博雅教育相

第十六章　领导力研究、公民参与及创业：探索博雅教育实践层面的协同效应　329

关的核心课程要素，领导力教育是贯穿于所有课程内外的活动。在要塞军事学院，我们已经发展出一套综合全面的四年制领导力培养模式，让实习生能够在一个结构化的环境中承担更大的责任、接受更强的挑战。第一年让他们从"追随者"做起，第二年同学之间相互指导，大三开始进行小型的领导单位实践，大四担任组织领导。其目的在于培养各行各业中的领导人才。领导力辅修科目囊括商学院的一些科目，其中包括领导力、管理及创业研究。

许多受欢迎的关于领导力秘密和原则的书籍常常提及匈奴王阿提拉（Attila the Hun）、科林·鲍威尔（Colin Powell）、马基雅弗利（Machiavelli）、特蕾莎修女（Mother Teresa）、亚伯拉罕·林肯（Abraham Lincoln）、摩西（Moses）、乔治·华盛顿（George Washington）等名人。除此之外，还有数不胜数与领导力和管理知识相关的书籍[①]。或许当今在领导力著作方面最权威的思想家莫过于政治科学家詹姆斯·麦格雷戈·伯恩斯（James MacGregor Burns，他可以与彼得·德鲁克（Peter Drucker）和约翰·加德纳（John Gardner）的贡献相提并论）。尤其是他在"变革型领导力"理论方面的贡献，强调愿景的作用及追求社会进步的重要性。确实，"远见卓识"已经成为领导工作方面的一个重要主题。伯恩斯的首次研究中，对"事务型领导"（管理和行政）和"变革型领导"做出了区分。在他后来的领导力转变过程中，他（2003）继续研究了许多具有首创精神、身处任何企业之中都可以做出准确转变的领导者的例子。他尤其关注"创造性领导力"：

> 最简单的创造性领导力始于一个人开始思考尚未发生的事情。这种初步的创造性洞察力或火花被阐述成更广泛的变革性愿景，构想可

[①] 参考文献参见 Yukl（1998）。

能的完成方式,并且在一个关键性的领导行为中将这种愿景传递给他人。因为大部分显著性变革的理念都会出现跟随者,同时也会出现一些反对者,这时冲突就出现了。正是这种冲突为领导者和跟随者提供了强有力的动机,使他们一起满怀动力地追求变革(第135页)。

当然,我们可以给出许多完全符合伯恩斯所描述的领导者和创业者的例子。此处列举一个尤因·马里恩·考夫曼的例子(Ewing Marion Kauffman)。考夫曼做过售货员,一份完全依赖提成的工作,而他的老板没有认识到他对于销售量的贡献,这也导致了他的老板没有正确认识到他的价值。当董事长意识到销售员考夫曼取得的不可思议的成功,并且他的工资远高于董事长的工资后,他借故将夸夫曼调到了别的部门。考夫曼很快就辞职了,开始创办自己的公司(马里恩实验室),其愿景与他之前就职的公司完全不同:

> 我在脑海中想象公司会成为什么样,并以此为基础创建公司。当我们雇用了员工,这些员工就会成为我们的"合伙人",他们也会与我们共享公司的成功。再次强调一下,两条原则指引了我的整个职业生涯,它们是我在第一家制药公司工作时总结出的,即:"生产者应当共享收益""己所不欲,勿施于人"(Kauffman,引自 Bolman and Deal,1997:117)。

因此,考夫曼成为波尔曼和迪尔所说的具有"人力资源"领导风格的早期领导者之一。这些开创型领导者都是在追求一种愿景——拥有激励自己的一个或一系列目标——反过来也激励他人怀有这样的愿景。[①]伯恩斯

[①] 更多"有远见卓识的领导"的内容,请参见纳努斯(Nanus-,1992)。

第十六章 领导力研究、公民参与及创业：探索博雅教育实践层面的协同效应　*331*

（2003）还认为：就像个人主义对创造力起源的解释一样有趣，对于能够产生创造力文化的创造是更为重要的。由于领导力是情境性和偶然性的，促进文化创新就是领导者（创业者）的一个尤为重要的目标，因为他们理解自己要应对的挑战是不断变化的。成功的领导者明白自己的组织一定要能够适应变化，由此必须有一个"学习型组织"（Senge，1990）。

构建创新性的文化和学习型团队需要领导者和跟随者具备全面的、系统的、从人本主义角度出发思考的能力，其特点是随着对复杂环境理解的加深，不断地更新现有的愿景、核心价值观和组织任务。正如史隆管理学院 MIT 专业的管理学教授埃德加·H. 沙因（Edgar H. Schein）所述，这种领导力需要领导者充当"鼓舞者"（一种能量的来源）、文化的创造者和维持者、变革的推动者（Schein，1996）。他接着说道：

> 一旦一个组织有生存下来的潜力，创业者的信念、价值观及基本设想将会转移至其下属的思维模式中。这种文化建立的过程表现为三种途径：（1）创业者只雇用那些与自己想法相同的下属；（2）他们向自己的下属灌输且要求下属适应自己的想法和感受；（3）他们自己的行为就是示范榜样，鼓励下属按照自己所做所想的去做，使下属将其信念、价值观和设想内化于心（第61页）。

但是沙因也指出组织也可能形成功能失调的文化。因此，成功的领导者（创业者）必须具备在变革中出色领导的能力。这就需要"真正理解文化动态及其组织文化性质"（出处同上：64页）。

最后，沙因列举了几种未来领导者可能具有的特质：
• 对现实世界和自身具有非凡的感知和洞察力；
• 具有非凡的动机水平，使他们能够经受学习和变革带来的不可避免的痛苦，尤其是在一个界限更加宽松的、忠诚更加难以界定的世界里；

● 具有强烈的情感说服力，所以当学习和变革越来越多地出现在生活中时，可以有效地安抚自己及他人的焦虑情绪；

● 掌握多种新技能，包括分析文化假设、识别功能正常和功能失调的假设、推进通过不断发展其优势和功能要素来扩大文化的过程；

● 具有呼吁和号召别人参与的意愿和能力，因为任务太过复杂、信息过于冗杂，领导人单枪匹马很难处理；

● 具有根据人们的知识和技能来分享权力和管理的意愿与能力，即允许和鼓励领导力在组织中蓬勃发展。

在对领导力的研究中，出现了一些探讨"诚信领导力"的文献。特里（Terry，1993）在公共管理方面探索勇敢、有道德的领导者的研究成果与伯恩斯的变革型领导者的研究成果不谋而合。在管理方面的作品中，瓦卢姆瓦等（Walumnwa，2008）提出了诚信领导力观点，即结合领导者的个体心理能力和积极的道德氛围优势，为领导者和跟随者创造满足互利共赢目标的自我发展框架。上述讨论的这些不同领导力研究之间的相似之处，以及创业学生和博雅教育倡导者的双重兴趣——即关于领导者和追随者准备积极参与对社会有价值的目标和问题（无论是经济、社会、文化还是政治需要）上——让我们最终回归到对有志于领导或创业的人进行博雅教育的基本价值上。

博雅教育的真正价值在于受过博雅教育的领导者能够透过教育的深度和广度对自身、文化动力及组织所在的复杂环境的本质有一个真正的理解。博雅教育认真对待学生的需求，为学生创造接触社会的机会，搭建起从学校到社会的桥梁，让学生成为有责任心的公民，这些将会为他们未来成为出色的变革领导者和创业者提供经验和体验式学习。21世纪接受过博雅教育的公民，远不只是在狭隘领域内培养的专家，而是会表现出沙因（Schein）认为的在未来会需要的一些特质。

那么这种教育是如何让学生为未来做准备的呢？我们可以从查尔斯

顿大学国际商务专业的案例中找到答案。查尔斯顿大学要求学生修完与国际商务课程相匹配的商学和经济学课程。但是，为了满足博雅教育的需求，他们必须同时完成一项为期三年的外国语言研究（建立在两年外语学习的通识教育要求之上），还需要参与一个地区研究项目（非洲研究、亚洲研究、欧洲研究、拉丁美洲和加勒比地区研究）。在这些项目中他们需要完成跨学科课程及人类学、社会学、历史学、政治学、科学和文学课程。他们有许多出国留学和到国外实习的机会。同样，外语专业的学生也可以辅修语言和国际商务课程。查尔斯顿大学的外国语言课程也不是仅仅局限于语法和文学，也包括关于文明和文化的课程及一些专门课程，例如商务德语课程。学生甚至可选修外语商务课程（如 LeMarketing——法语营销学）。这种国际商务的学习方式在当今经济全球化的环境下，为创办成功企业提供了必要的背景条件。

公民参与

近年来，从体验式学习和应用型博雅教育的角度来看，博雅教育最有力的进展之一莫过于重新致力于全国校园的服务学习和公民参与（有关这些进展的概述，详见 Ehrlich，2000；Schneider，2000）。这就构成了一种创新，因为最早期的文科大学旨在精挑细选出出类拔萃的学生以使其成为有责任心的社会公民。这是博雅教育一贯的目标，但是近些年来这一目标变得越来越含糊不清了。正如美国高等院校协会（AAC&U）的《更高的期望》一文中所述，培养 21 世纪有责任心的公民是当下博雅教育的重中之重。这方面最明显的实例是一个组织——校园联盟[①]，它目前拥有 100 个成员院系提供的广泛和不断发展的课程，旨在促进大学生

[①] 更多内容详见 www.compact.org。

参与到包括实习、志愿者活动、大学生对社会和社区问题的研究，以及越来越多的包括勤工俭学在内的社会实践中去。校园联盟的刊物——《校园联盟读本》，给出了许多关于其成员院系如何有效地组织学生参与到社会活动中的例子。AAC&U 作为高等教育的领军组织，促进了博雅教育的发展，独立出版了许多刊物，发起了一些旨在帮助高等院校提升他们在保持大量课外课程上的投入度的项目。这些课外课程将博雅教育与公民和工作联系起来，并且通过院系/学生/社会合作来鼓励体验式学习和应用性研究[①]。波特兰州立大学就是这样一个佳例。它是城市大学中的典范，以文科的通识教育为基础，开办各种各样的课程，旨在帮助学生以互惠的方式融入社会[②]。

越来越多的文科院校鼓励这种方式，学生也对自己未来在社会中将要面对的诸多挑战有了更加充分的了解，并且他们也会明白为什么这个社会迫切需要新的想法、新的科学技术和新的应对措施。他们中的一部分人会遇到出色的领导，而另一部分人可能会遇到糟糕的领导。他们可能会身处文化失调的组织中，或者身处学习型的组织之中。当结合他们在学校接受过的博雅教育时，这些校外的课外学习经历能够使他们做好未来承担领导责任的准备，成为我们所需要的创业者。

创业

若要了解创业教育的现状，只需登录尤因·马里恩·考夫曼基金会网页[③]去找到几篇有关创业教育的论文。在一系列可下载的报告中，可以

---

① 更多内容详见 www.aacu-edu.org/civic_engagement 及美国民主国家高等院校协会。www.aascu.org/programs/adp。

② 更多院校名单参见 Colby et al.（2003）。

③ 见 www.kauffman.org。

找到大量有关致力于创业研究和实践的项目、中心、课程体系方面的资料。在考夫曼大学创业的网站首页上有这样一段摘要性陈述：

> 15年前，在美国开办创业课程的学校屈指可数。而现如今，2000多所高校都已开设不同形式的创业培训课程。这是始于20世纪90年代的一种潮流，现在仍旧不断繁荣发展。创业教育已经延伸到非商务课程中，如工程学、生命科学及人文科学。这些专业中很多学生都有在未来成为创业者的想法。

这确实表明专门探索创业的课程和项目急剧增加（Fairweather，1988；Slaughter and Leslie，1997；Clark，1998）。尽管考夫曼在报告中也提及文科，可事实上除了非商科课程中的工程学和生命科学外，只有极少数致力于博雅教育的院校参与到这场高等教育的巨大浪潮。如果创业教育要发挥其全部潜力，那么人文学科必须要参与最后的对话，讨论如何在那些致力于提供博雅教育的校园里培育创业生活。

抛开一些学校和商学院想要保留创业教育的真实可能性，我猜测大多数文科院校忽视创业教育的主要原因有以下几种：(1)两者之间目标不具一致性；(2)两者相互忽视；(3)没有具体的计划及资金用以探索两者之间的融合点。已由考夫曼基金会确定发起的在大学中创办艺术与科学学院这一计划，现在已经开始着手解决跨院校合作的最后一项阻碍。AAC&U通过一个联合体及其赞助的工作坊（Hines，2005），努力让知名文科院校和高等教育机构的院系支持博雅教育及AAC&U，希望至少能为参与院校解决其余两个阻碍。

正如考夫曼报告中所述，虽然有证据表明在学校和学院以外的创业教育进行了探索，但几乎没有提供创业和文科方面的实证，尽管最近考夫曼基金会对大学的资助在纠正这一不足上做出了尝试。这与雷（Ray，

1990）在他的文章"创业者的博雅教育"一文中提供的观点形成了鲜明的对比，如本章开头引用的雷的文章所证明的。他认为：

> 在一门单独的学科中可能不会找到与创业生活和职业生涯相关的核心学习内容；它可能涉及重新调整、重新排列、阐明在典型的文科院校或本科生中需要学习的许多东西。实际上，文科院校在创业教育方面应该具有优势，因为它们本就不是以培养具有职员技能或者性格的人为目标。创业教育本不应被视为机械或者技术过程，而是应视为一个整体的、综合的过程，最终将人从职员的身份定位中解放出来（第80页）。

我由衷地赞同他的说法。

我不会评述创业的起源及其当下的含义——迪斯（Dees，1998）在《社会创业的含义》一书中对此进行了一个简单的评述。然而，社会创业的概念应该被给予更多关注，因为它与博雅教育的目标十分契合。迪斯对社会创业的定义如下（Dees et al.，2002：5）。

社会创业者通过以下几点在社会中扮演着变革推动者的角色：
- 肩负着创造与维系社会价值（不仅仅是个人价值）的使命；
- 能够意识到并不断追求新的机会来完成这一使命；
- 不断地创新、适应及学习；
- 不局限于当下的有限资源而大胆行动；
- 对服务对象负有高度的责任感，尽力创造最好的结果。

博雅教育旨在培养有责任感的公民，因此在博雅教育和社会创业之间有一种特殊的紧密关系。迪斯关于社会创业的最后一点特别关注了博雅教育期待的结果，代表博雅教育与创业教育目标之间强有力的联结点。通用汽车前执行总裁罗杰·史密斯（Roger Smith）在其文章《文科与管理艺术》中得出结论："因此，文科对管理艺术的最终影响是对伦理和人文资本主义发展的重大贡献——即一种鼓励创新、追求卓越、富庶社会和尊重工作的制度"（Smith，1987：33）。彼得·德鲁克认为，创业的概念应当归入"创新"的标题之下。就像我提到过的其他具有领导力的学生一样（Burns；Schein；Nanus；Yukl），德鲁克认为"致力于系统的创新实践"（Drucker，2002：95）是所有创业者的共同点。他表示，与创业者的事业相关的特殊活动能够为创业者下一定义："这项活动的核心是创新：努力在企业的经济或社会潜力上创造有目的、有重点的变革"（第96页）。

创造创新所需的协同效应

雷（Ray，1990）认为，文科院校或大学会提供满足潜在创业者需求的全面教育体验，这主要是因为潜在创业者需要面对的各种观点、研究范式、道德规范，以及通常与"受过博雅教育的学生"相关的批判性思维和沟通能力。潜在创业者不需要接受"培训"，而是要体验在博雅教育中包含的各种学科和跨学科视角。此外，当代文科院校致力于培养将在日益复杂和多样化的世界中占据一席之地的负责任公民。大多数文科院校致力于各种形式的跨学科、跨文化教育及跨国教育。博雅教育的支持者也同样致力于为学生提供成为独立、积极学习者的机会，使他们能够保持终身学习。理想的文科教育模式是不断适应和创新的过程，在个体生活及职业生涯中体现出来。因此，正如丹尼斯·雷（Dennis Ray）所述，博雅教育是"创业的一种隐喻"。

协同效应的概念在商科教育中十分著名。史蒂芬·R. 柯维（Stephen R. Covey）的畅销书《高效人士的七大习惯》将"协同效应"作为其第六个习惯。柯维将协同效应定义为整体大于各部分之和这一原则："这意味着这些部分之间的关系本身就是其中的一部分。它不是唯一的一个部分，但却是最具推动力、最能使人团结、最统一、最令人激动的部分"（Covey，1989：263）。柯维表示，协同效应最大限度地增加了信任与合作并实现双赢。科宁（Corning）写了大量有关协同效应力量和协同效应角色演变的文章——包括自然协同效应和社会协同效应（Corning，1983，2003；Corning and Corning，1986）[①]。在指出协同效应来源于希腊词汇"*synergos*"（意思是"一起工作"或字母之意的"合作"）之后，科宁将协同效应定义为"在特定背景下各种力量、粒子、元素、部分和个体之间的关系产生的综合或合作效应——这些效应原本不能产生（2003:3）。

我们一直在谈论有关博雅教育、领导力、创业和公民参与的问题。这些话题都可以单独进行研究。把这几者放在一起时，我们发现，虽然这几方面看起来截然不同，但是综合在一起会对学生、教职员工、行政人员及整个组织产生协同效应进而产生比这几个部分加在一起更强大的结果。为了实现这一目标，我们需要的是另一种类型的领导力。卡普拉（Capra）对领导力的看法如下：

> 领导力涉及促进新奇事物的出现。这指的是创造条件而不是给出方向和用权威去指挥他人……作为领导者意味着要创造一个愿景；意味着要走前人没走过的路；意味着团结整个团队创造出新事物。促进新事物的出现就是提高创造力（2002：122）。

这就是我们需要的学术领导力和创业精神，用来在我们一直在讨论的分散领域之间创造出新的协同效应。从课程这一角度上来看，探索领导力和创业精神存在着许多激动人心的可能性，因为可以将公民参与同

---

① 另见卡普拉（Capra）最近的著作（2002年）。

博雅教育结合起来。当学生的领导力培养课程与针对领导力和创业的课程相结合时，再辅以使学生参与到组织中的课外课程，就可以培养出受过博雅教育的社会创业者。他们倾向于通过创新性方式解决面临的社会问题，得到对双方都有益的互利共赢的结果。甚至这些协同效应可以改变那些将它们创造出来的机构，并将它们重新建立为与其社区、经济体、各级政府和非营利组织相关联的参与型大学。

使大学成为创业型学习组织

在文科院校（或任何一所大学）的学术组合中引入创新文化的一个优势被忽略了，那就是在学院内创建一个领导团队，致力于建设一个更有创业精神的组织，能够支持创新实践并演变为真正的"学习型组织"，正如彼得·森格（1990）的《第五学科：学习型组织的艺术与实践》所述。现今的高校面临着巨大的挑战，因为它们不仅要力求维持自己崇高的使命，同时还要对外界与日俱增的要求与期待做出回应。并且，当他们被要求这样做的时候，来自联邦政府和州政府的支持却日益减少。公立学校与私立学校都正在激烈地争取慈善机构的支持和资助，并且积极探索那些迄今为止还未使用过的创收方式。南卡罗来纳州的公立高等教育部门例证了这一点，如查尔斯顿学院 1973 年的预算是州拨款的 68%。2007 年，这一比例已降至 18%。《高等教育纪事》每周都会记录 2008—2009 学年即将到来的预算削减情况。今年三月，《纪事》尤其提到肯塔基州和佛罗里达州都面临严峻的预算削减形势。南卡罗来纳州也预计将会出现预算的大幅削减，预计会出现 1.5 亿美元的缺口。说今日的高校面临着财政挑战一点也不为过。

伯顿·R. 克拉克（Burton R. Clark）是一名杰出的学生，也是高等教育实践方面的学者。他得到过美国梅隆基金会和斯宾塞教育基金会的资助,致力于研究欧洲五所大学中有关创新的最佳实践。这些大学敢于冒险,并制定创业策略来解决上述财政问题。他的研究成果《创建创业型大学》(Clark, 1998)非常值得一读。这里我只列举一个例子来说明这五所大学是如何打破传统和接纳创业的。英国的华威大学预算缩减得很快,但是它并没有选择通过提高学费来弥补财政空缺。相反,大学领导做出了一个不同的选择:

> 华威大学转而采取的是一种创收计划,在这一计划中,该大学的一些老牌学院或新兴学院自负盈亏,每年创造可供整个大学使用的盈余资金。这个想法称为"创收政策……"。随后,这个理念带动了华威大学许多院系的创造和发展,甚至带动了周边地区更大的发展,因而在组织层面上得到了立足点。该理念最与众不同也是为创收做出最突出贡献的一点,当属成立于1980年的华威制造集团(WMG),它由该校工程系的一位具有超凡魅力的教授库马尔·巴塔查里亚(Kumar Bhattacharyya)主管……(出处同上:17)

克拉克接着描述了一个获得巨大成功的会议中心和科技园,并回顾了使得这些创业取得成功的领导和管理实践。应我们的需要,他还讨论了"创收政策"最有趣的一个方面——备受激励的学术中心:

> 创业从来不局限于某几个领域,比如工程与商务领域;也不是局限于那些专注于赚钱的管理团体,它几乎成为学术领域的特征。核心学术参与单位展现出四大特点:从边缘融入核心;扩建各部门研究中心;建设大学内的研究生院;引入不循规蹈矩、极具吸引力的全校研究奖金计划(第27页)。

他继续描述了社会科学、人文学科和艺术领域的创举：

> 这些院系和中心充满创业精神。比如，戏剧研究的负责人教授戴维·托马斯（David Thomas）在接受采访时说，他是一个"幸福的机会主义者"，选择加入华威是因为这里带给他"一种创业的感觉。"他将前往国际艺术节参加实验展示（可能会包括本科生在内），一边筹集资金，一边在"研究主导部门"的高级项目中培训"文化管理员"。有了自筹资金的课程，该院系基本上是自食其力：自营自管（第28页）。

克拉克研究的其他4所大学中也有一些这样的例子。

我想说的关键点是，在博雅教育通过研究课程促进创业思想和精神的形成过程中，各种各样的协同效应都会随之出现。学生、教职员工和管理人员的创业精神反过来又会引领创新实践和整个院系创业文化的形成。

这种互惠主义将同时为博雅教育和专业教育带来新的可能性。学生和教师团队以自己的教育经验为基础，参与这种大学转型的冒险行动时，协作教学、研究和社会服务所面临的壁垒全都会被打破。

博雅教育与创业临界点

格拉德韦尔（Gladwell，2002）的《临界点：小事如何大不同》引起了广泛关注。此书的封底文字这样解释道："临界点是一个神奇的时刻，在这个时刻，一个想法、趋势或社会行为跨越一个临界值和极值，或像野火一样蔓延。"格拉德韦尔列举了大量例子来说明这一现象。最令人吃惊的是，我们可能正身处博雅教育与创业协同效应的"临界点"之间。

格拉德韦尔列举出三种不同的变化动因，他认为这几个因素是临界点出现的原因。首先，他所谓的"少数人的法则"（信使），指的是一些有着极其密切联系和相互关联的个体，在传播疾病、购买 Hush 小狗鞋等各种东西时所能产生的难以置信的影响。其次，他指的是"黏性因素"，涉及一些想法（信息）比其他想法更加"黏着"的方式。也就是说，消息的内容很重要，但"包装"消息的方式同样重要。最后他提到了《语境的力量：第一部分和第二部分》，这意味着：（1）趋势"对其产生的时空条件和环境是十分敏感的"（第 139 页）；（2）团体在社会趋势（蔓延）中起着至关重要的作用。

如果你考虑当下校园中的创业研究、领导力研究和校园公民参与项目的当前准备状态，以及 AAC&U 设想的新学院的博雅教育议程，加之本书作者所提到的考夫曼基金会和机构领导力及其他支持各自校园项目的人，那么在我看来，我们正处于格拉德威尔所描述的临界点上。谈到少数法则时，格拉德威尔将一类相互关联的个体称为"Maven"。"Maven"（专家）是意第绪语，意思是知识丰富的人。专家往往是一个重要的信息源，其对信息和语境的理解至关重要。今天我们正致力于帮助人们辨别谁是"专家"，谁又是"关联者"，并激发学术领军人物的兴趣，使他们愿意将创业和博雅教育联系在一起，进而为学生们谋求福利，实现博雅教育的潜在价值。通过一个对开发"协同创新"感兴趣的机构联盟，我们会有机会在制定课程、教学大纲，计划进一步共享日程的过程中支持彼此做出的努力。彼得·伯恩斯坦（Peter Bernstein）在最近的作品《违抗神：非凡的冒险故事》中提醒我们，"定义现代与过去之间界限的革命性思想是对风险的掌控：未来不仅仅是众神的心血来潮，人类在自然面前并非是被动的（1998：1）。作为一个政治理论家，我想到马基雅维利（Ledeen，1999）所探讨的王子的美德与命运之间的相互作用，即运气之风刮跑了风险。这样，我确实认为我们应该冒险去建立一个由文科、理

第十六章 领导力研究、公民参与及创业：探索博雅教育实践层面的协同效应 343

科学院和大学组建的联合体，致力于通过各种手段探索创业与博雅教育结合的多种可能性。

为创新而建设校园、文化和课程

我试图揭示领导力和创业研究与公民参与的"最佳实践"是潜在结合且密不可分的。博雅教育与商业教育在探索创业精神和创业思维过程中的结合是利益互通的。的确，我十分清楚地了解这种协作可以产生新的协同效应，面对当下环境给予的压力和挑战，它能帮助当今的文科院校提升自己的地位。通过建设致力于实验、冒险和创业的"创业型校园"，大学可以扩大选择的范围以进行策略选择，从而避免潜在的资源短缺危机。我们通过伯顿·克拉克针对五所欧洲大学进行的研究及我们在许多大学中看到的一些举措（比如：斯坦福大学、哈佛大学、波特兰州立大学、汉普郡大学、锡拉库扎大学等）可以获知，对营利型企业和那些致力于解决社会问题及满足消费者或委托人需求的"社会创业"来说，它们有着许许多多的机遇。所有这些举措都能够帮助学生更好地学习文科知识，而且他们作为组织中的一员，会制定个人职业发展规划。虽然很少有因果解释表明协同效应将为大学或学生贡献积极成果，但在商业和创业项目方面有越来越多的证据表明，交叉学科和学科项目以外的其他项目可以有效地促进领导力的培养、学生创业的研究和公民参与项目的实现（特别是实习），这在很大程度上促进了课程的学习。这些努力不断缩短着教育和职场之间的距离，且根本不会威胁到教育，反而会创造出新的、鼓舞人心的交叉学科，而这种探究和服务学习之路最终会得到回报。长期以来，博雅教育能够使学生获得一个更加整体的视角，在对生活的思考中培养选择未来的职业方向的思维。

最后，我想引用美国前联邦储备委员会主席艾伦·格林斯潘（Alan

Greenspan)的一段话作结。这是他在纽约国际教育协会举办的"国际理解奖"颁奖宴会上所做的演讲,格林斯潘在演讲中强调了博雅教育对未来经济和人类前景的重要性。我认为他的观点是正确的(Greenspan, 2003:53):

> 创造性智能……推动我们的社会不断向前发展。经济进程中的附加价值的概念持续增长,抽象思考的能力在广泛的职业领域内将会变得越来越重要。批判意识、推断能力、说明能力、交流能力都是概念型经济创新成功的要素。尽管没有定论证据,但一个显著而广泛的推论是可以通过哲学、文学、音乐、艺术和语言的接触来培养概念思维的能力。所谓的博雅教育的任务就是让学生深入了解生活,而这对拓宽一个人的世界观是至关重要的……大多数概念上的进步是跨学科的,并且涉及不同专业的协同效应。然而,文科所体现的不仅仅是增加技术层面上的智力效率的一种手段。文科对人们生活阅历上的影响远超过物质福利。事实上,这两者是相对而言的,并且是相辅相成的。

参考文献

Bernstein, Peter(1998), *Against the Gods: The Remarkable Story of Risk*, New York: John Wiley & Sons.

Bolman, Lee G. and Terrence E. Deal(1997), *Reframing Organizations: Artistry, Choice, and Leadership*, 2nd edn, San Francisco, CA: Jossey-Bass.

Breneman, David(1993), *Higher Education: On a Collision Course with New Realities*, Washington, D C: Association of Governing Boards.

Burns, James MacGregor(1978), *Leadership*, New York: Harper & Row.

Burns, James MacGregor(2003), *Transforming Leadership*, New York:

第十六章 领导力研究、公民参与及创业：探索博雅教育实践层面的协同效应 345

Atlantic Monthly Press.

Capra, Fritjof（2002）, *The Hidden Connections: Integrating the Biological, Cognitive, and Social Dimensions of Life into a Science of Sustainability*, New York: Doubleday.

Clark, Burton（1998）, *Creating Entrepreneurial Universities: Organizational Pathways of Transformation*, New York: IAU Press and Elsevier Science.

Colby, Anne, Thomas Ehrlich, Elizabeth Beaumont and Jason Stephens（2003）, 'Educating undergraduates for responsible citizenship', *Change*, 35（6）: 40–48.

Corning, Peter（1983）, *The Synergism Hypothesis: A Theory of Progressive Evolution*, New York: McGraw-Hill.

Corning, Peter（2003）, *Nature's Magic: Synergy in Evolution and the Fate of Humankind*, Cambridge: Cambridge University Press.

Corning, Peter and Susan Corning（1986）, *Winning with Synergy: How America Can Regain the Competitive Edge*, San Francisco, CA: Harper & Row.

Covey, Stephen R.（1989）, *The 7 Habits of Highly Effective People: Powerful Lessons in Personal Change*, New York: Free Press.

Dees, J. Gregory（1998）, 'The meaning of social entrepreneurship', www.gsb.stanford.edu/services/news/ DeesSocentrepPaper.html.

Dees, J. Gregory, Melissa Taylor and Jed Emerson（2002）, 'The question of scale: finding an appropriate strategy for building on your success', in J. Gregory Dees, Jed Emerson and Peter Economy（eds）, *Strategic Tools for Social Entrepreneurs: Enhancing the Performance of Your Enterprising Nonprofits*, Greenwich, CT: John Wiley, pp. 235–266.

Drucker, Peter（2002）, 'The discipline of innovation', *Harvard Business Review*, 80（8）: 95–102.

Ehrlich, Thomas（ed.）（2000）, *Civic Responsibility and Higher Education*, Phoenix, AZ: American Council on Education/Oryx Press.

Engell, J. and A. Dangerfield（2005）, *Saving Higher Education in the Age of Money*, Charlottesville, VA: University of Virginia Press.

Fairweather, James S.（1988）, *Entrepreneurship and Higher Education*,

Washington, DC: Association for the Study of Higher Education.

Gladwell, Malcolm (2002) , *The Tipping Point: How Little Things Can Make a Big Difference*, Boston, MA: Back Bay Books/Little, Brown.

Greenspan, Alan (2003), 'Remarks on the liberal arts', *Liberal Education*, 89 (3): 52–53.

Hesselbein, Frances, Marshall Goldsmith and Richard Beckhard (eds)(1996), *The Leader of the Future*, San Francisco, CA: Jossey-Bass.

Hines, Samuel (2005) , 'The practical side of liberal education: an overview of liberal education and entrepreneurship', *Peer Review*, 7 (3) : 4–7.

Hines, Samuel (2008) , *The Entrepreneurial University in Support of Liberal Education*, Washington, DC: Association of American Colleges and Universities.

Hitt, M.A., R.D. Ireland, S.M. Camp and D.L. Sexton (2002) , *Strategic Entrepreneurship: Creating a New Mindset*, Oxford: Blackwell.

Johnston, Joseph S. Jr, Stanley Burns, David Butler, Marcie Schorr Hirsch, Thomas Jones, Alan Kantrow, Kathryn Mohrman, Roger Smith and Michael Useem (1987) , *Educating Managers: Executive Effectiveness Through Liberal Learning*, San Francisco, CA: Jossey-Bass.

Ledeen, Michael A. (1999) , *Machiavelli on Modern Leadership*, New York: St. Martin's, Griffin.

Nanus, Burt (1992) , *Visionary Leadership*, San Francisco, CA: Jossey-Bass.

Ramaley, J. and A. Leskes et al. (2002) , 'Greater Expectations: A New Vision for Learning as a Nation Goes to College', National Panel Report of the Association of American Colleges and Universities, Washington, DC: AAC&U.

Ray, Dennis (1990) , 'Liberal arts for entrepreneurs', *Entrepreneurship Theory and Practice*, 15 (2) : 79–93.

Rothblatt, Sheldon (2003) , *The Living Arts: Comparative and Historical Reflections on Liberal Education,* Washington, DC: Association of American Colleges and Universities.

Schaub, Diana (2002) , 'Can liberal education survive liberal democracy?', *Public Interest*, 147 (Spring) : 45–60.

Schein, Edgar H. (1996), 'Leadership and organizational culture', in Hesselbein et al. (eds), pp. 59–69.

Schneider, Carol Geary (2000), 'Educational missions and civic responsibility: toward the engaged academy', in Ehrlich (ed.), pp. 98–123.

Senge, Peter M. (1990), *The Fifth Discipline: The Art and Practice of the Learning Organization*, New York: Doubleday.

Slaughter, Sheila and Larry L. Leslie (1997), *Academic Capitalism: Politics, Policies, and the Entrepreneurial University*, Baltimore, MD: Johns Hopkins University Press.

Smith, Roger B. (1987), 'The liberal arts and the art of management', in Johnston et al. (eds), pp. 21–33.

Terry, Robert W. (1993), *Authentic Leadership: Courage in Action*, San Francisco, CA: Jossey-Bass.

Walumbwa, F.O., B.J. Avolio, W.L. Gardner, T.S. Wernsing and S.J. Peterson (2008), 'Authentic leadership: development and validation of a theory-based measure', *Journal of Management*, 34 (1): 89–126.

Yukl, Gary (1998), *Leadership in Organizations*, 4th edn, Upper Saddle River, NJ: Prentice-Hall.

Zemsky, R., G.R. Wegner and W.F. Massy (2005), *Remaking the American University: Market-Smart and Misson-Centered*, New Brunswick, NJ: Rutgers University Press.

译后记

经过近二十年的发展，中国高校创业教育积累了一定的经验。但与中国社会经济的巨大需求相比，高校广谱式创业教育发展明显滞后，大学生创业意识不强、知识欠缺、能力薄弱，针对发展新阶段内的创业教育模式机制的构建，也还远远没有达到预期的效果。为此，作为高校创业教育的研究者，我深感有义务努力译介国外有关著作，提供相关借鉴，以解燃眉之急。

在学院内构建一项稳定的创业课程计划是十分困难的。虽然在各大高校中新课程呈爆炸式增长，但创业教育在整个学术界仍然缺乏广泛的认知度。创业教育一直被认为是"傻瓜学科"。一些人质疑从事创业教育的人是将智慧和时间精力投入到一个不能被称之为"学科"的领域中，尤其是在文科领域内。这使我产生了这样一种思考：创业教育究竟是什么？它能给高校不同学院的学生带来什么？当我读到《跨校园的合法性：又一个创业挑战》《从商业到文化：主流中的创业》《提高真实性：知识型创业与商学院在艺术创业课程设计中的角色》《创业学习与教育的微观基础：创业认知的体验性本质》和《创业——一门人文学科》《学术创业：可能性与缺陷》这些文章时，立即被作者们提出的创业教育理念深深吸引，他们对于创业教育的本质、角色、目的、价值等问题的深入探讨与我产生了强烈的共鸣。我便尝试着分享、翻译这些文章，希望同奋斗在高校创业教育前线的老师和专家们一同学习借鉴。希望在分享这些文章后，会促成大家对于创业教育观念的转变和对创业教育认知水平的提高。

除此以外，如何真正建立完善的高校创业教育机制也是我所思索的问题之一。之后的一段时间，我又接触到一些带有详细案例和利弊分析的文章，包括《创业教育：满足爱尔兰毕业生的技能需求》《创建创业型大学：应用新型创业发展方法的案例研究》《通过科学为导向的团队与项目开展创业教学：三个案例研究》《油醋汁案例：文理科领域的创业》《广谱式创业教育的跨学科性》《灯光、摄像机就位，开拍：通过创业推进人文价值观》《创业模拟游戏研讨课：理科、文科和商科学生的感知学习效果》《创业与法律的交叉：一场体验式学习交流》《创业教育影响评估：一种方法论和法国工程学院的三个实验》《领导力研究、公民参与及创业：探索博雅教育实践层面的协同效应》。这些文章在相关领域致思颇多，以丰富的典型个案和独创性的理论思考在诸多方面做了精辟论述。它们详细记述了创业教育模式的科学构建，企业家精神传授的方法和学生自我效能的提升，以及对创业教育的过程框架进行审查和评估的方式。比较特别的一点是，大部分文章都探讨了创业教育课程的跨学科维度，这种"大融合"方式提倡互动性和嵌入式的学习方法，将有效提升学生的认知学习效果，结合不同专业的知识长处，帮助他们去解决实际商业问题中的复杂性。

翻译是一项艰苦的工作。从外文到中文的翻译，常需要译者对原文有深邃的理解，有严密的逻辑思维及深厚的专业背景，否则译文也很难让人理解。而要真正做到上面三点，绝非一朝一夕之功。因此，在翻译的过程中，我同我的翻译团队始终抱着谨慎的态度，夜以继日，认真对待，一句一句地讨论，反复琢磨用什么样的表达才能既真实地反映原文的思想,又符合中国人的阅读习惯。我们希望通过自己的倾心付出和不懈努力,为中国高校创业教育的蓬勃发展添砖加瓦。最后还要郑重感谢商务印书馆,在其大力支持下,本书才得以顺利出版。

孔洁珺

2019 年 11 月

图书在版编目（CIP）数据

广谱式创业教育 /（美）G.佩奇·韦斯特三世，（美）伊丽莎白·J.盖特伍德，（美）凯利·G.谢弗编；孔洁珺，王占仁译.—北京：商务印书馆，2020
（创新创业教育译丛）
ISBN 978-7-100-18752-7

Ⅰ.①广… Ⅱ.①G…②伊…③凯…④孔…⑤王… Ⅲ.①创造教育—研究 Ⅳ.①G40-012

中国版本图书馆CIP数据核字（2020）第126492号

权利保留，侵权必究。

创新创业教育译丛
杨晓慧 王占仁 主编

广谱式创业教育

G.佩奇·韦斯特三世
〔美〕伊丽莎白·J.盖特伍德 编
凯利·G.谢弗

孔洁珺 王占仁 译
陈 欣 李佳璐 王 祎 韩 蕊 校

商 务 印 书 馆 出 版
（北京王府井大街36号 邮政编码100710）
商 务 印 书 馆 发 行
北京艺辉伊航图文有限公司印刷
ISBN 978-7-100-18752-7

2020年8月第1版	开本 787×960 1/16
2020年8月北京第1次印刷	印张 23

定价：88.00元